Leichte 4000er Alpen

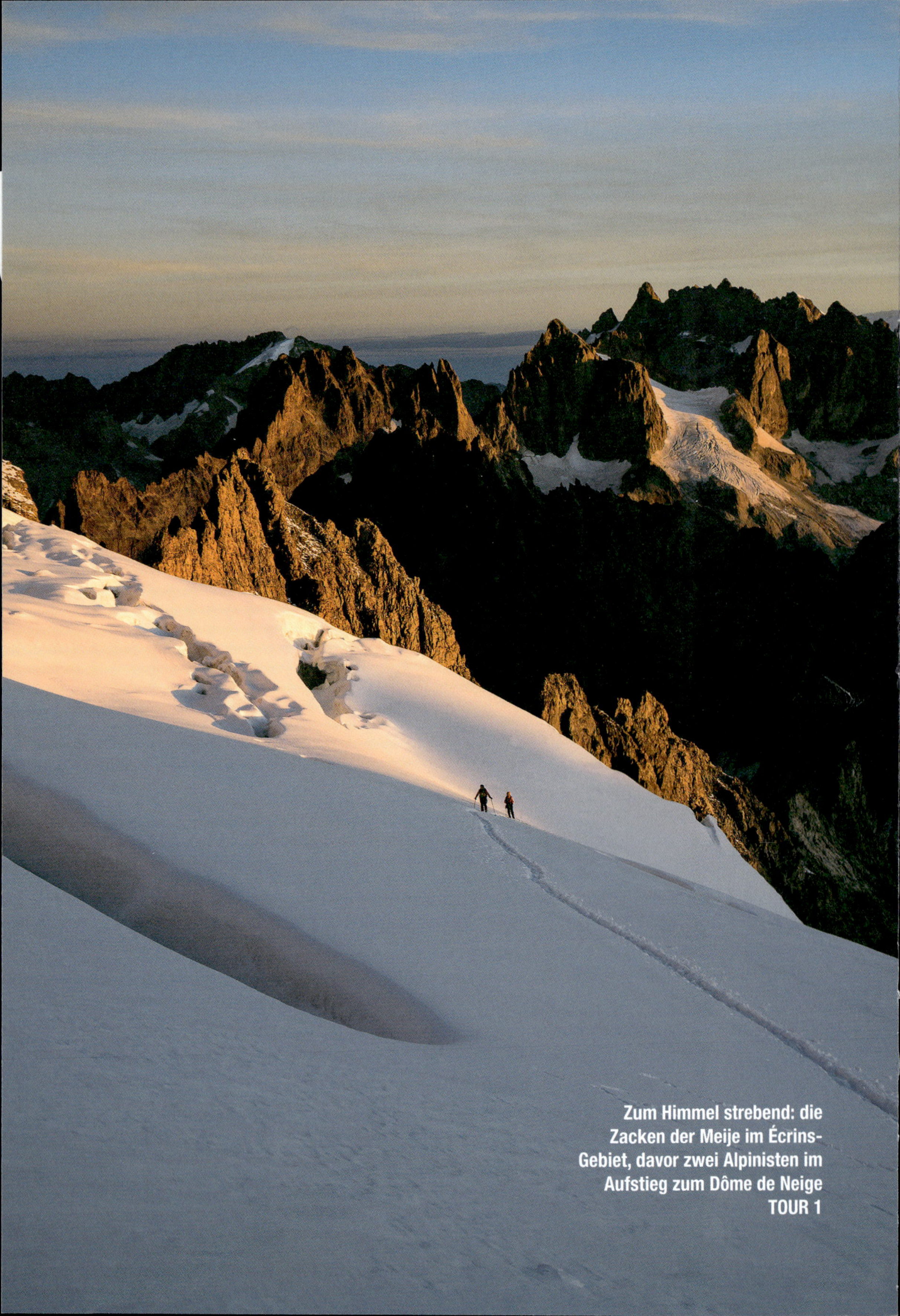

Zum Himmel strebend: die Zacken der Meije im Écrins-Gebiet, davor zwei Alpinisten im Aufstieg zum Dôme de Neige
TOUR 1

Caroline Fink

LEICHTE 4000ER ALPEN

Die Normalwege auf 35 hohe Gipfel
vom Dôme de Neige bis zum Piz Bernina

BRUCKMANN

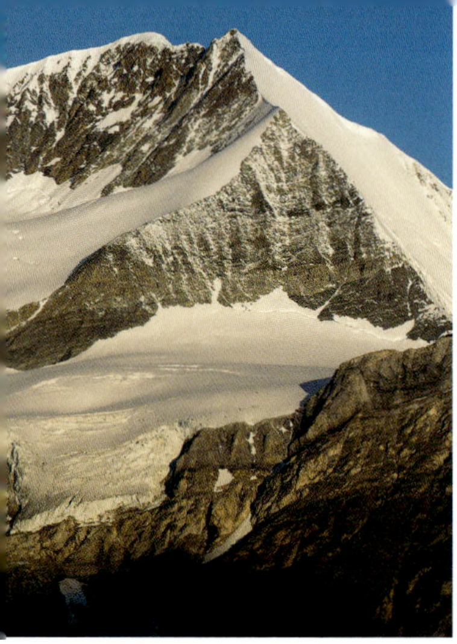

Das zahme Bishorn von seiner wilden Seite
TOUR 4

Rauf und schnell wieder runter: Das Breithorn lässt sich im Frühjahr bestens mit Ski besteigen.
TOUR 5

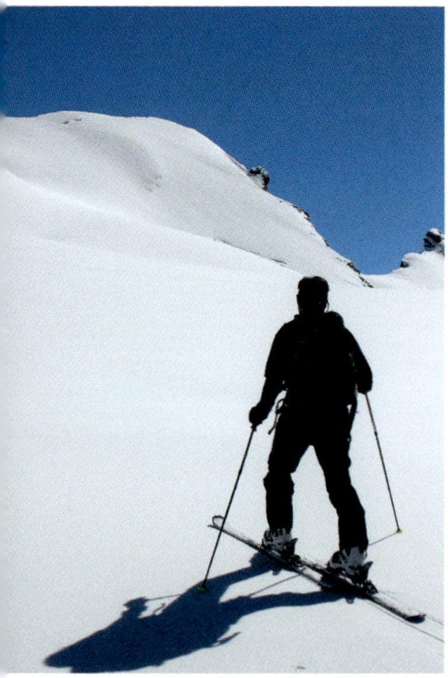

Inhalt

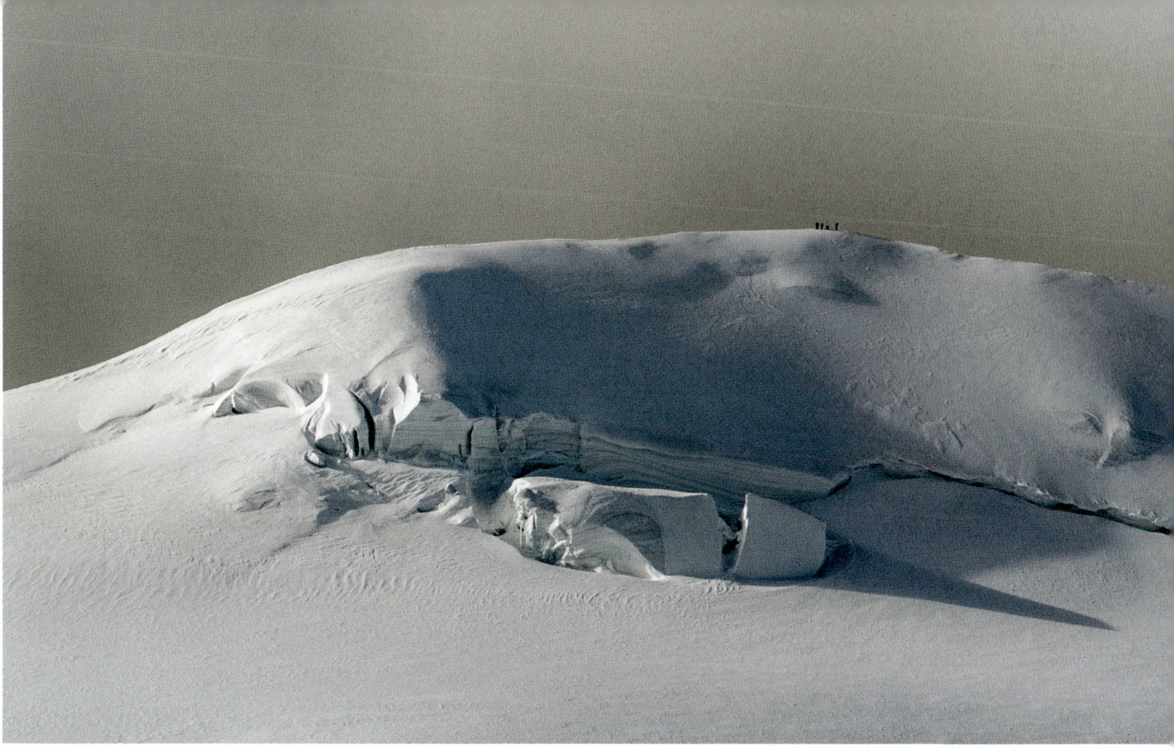

Kleine Menschen auf großen Bergen: Alpinisten auf der Parrotspitze im Monte-Rosa-Massiv
TOUR 15

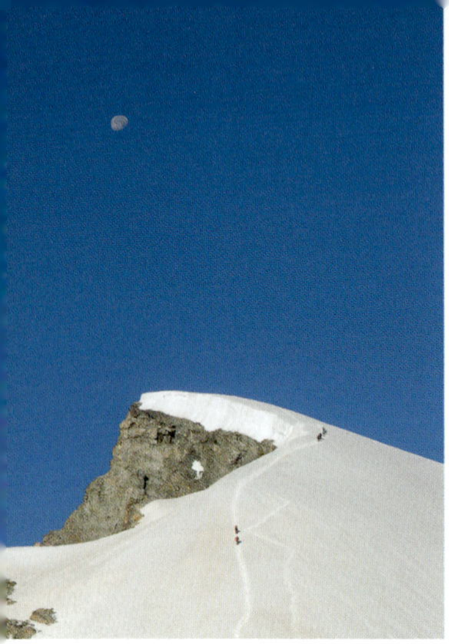

Der Hohlaubgrat am Allalinhorn bietet eine schöne Variante zum einfachen Normalaufstieg.
TOUR 26

Steiler Zacken: das Finsteraarhorn in den Berner Alpen
TOUR 32

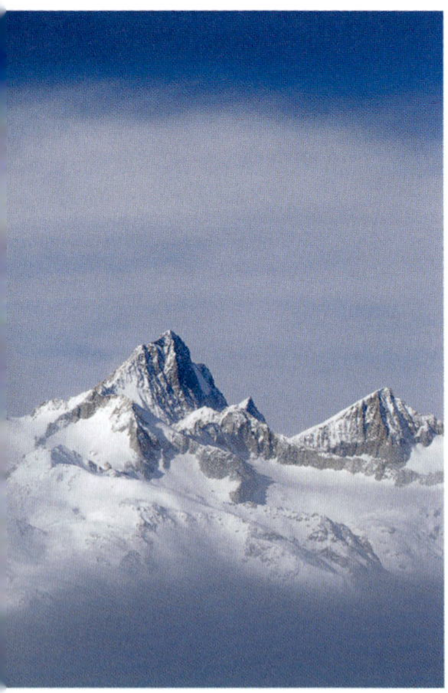

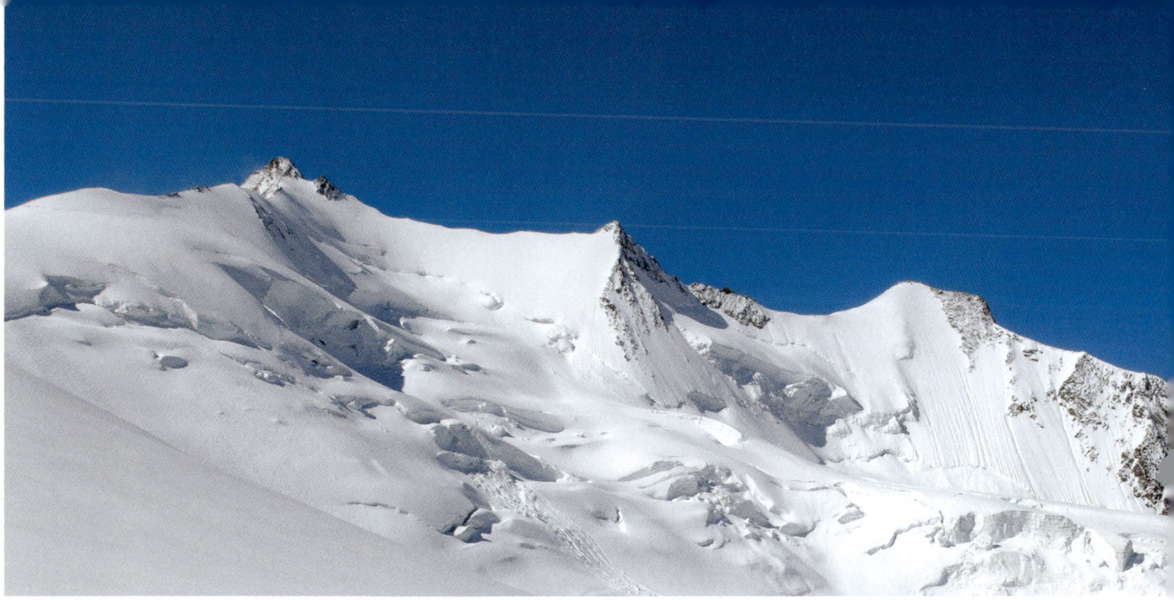

Dreimal Viertausend: Verbunden durch den Nadelgrat, hängen Hohberghorn, Stecknadelhorn und Nadelhorn (von re. nach li.) zusammen. TOUR 21, 22, 23

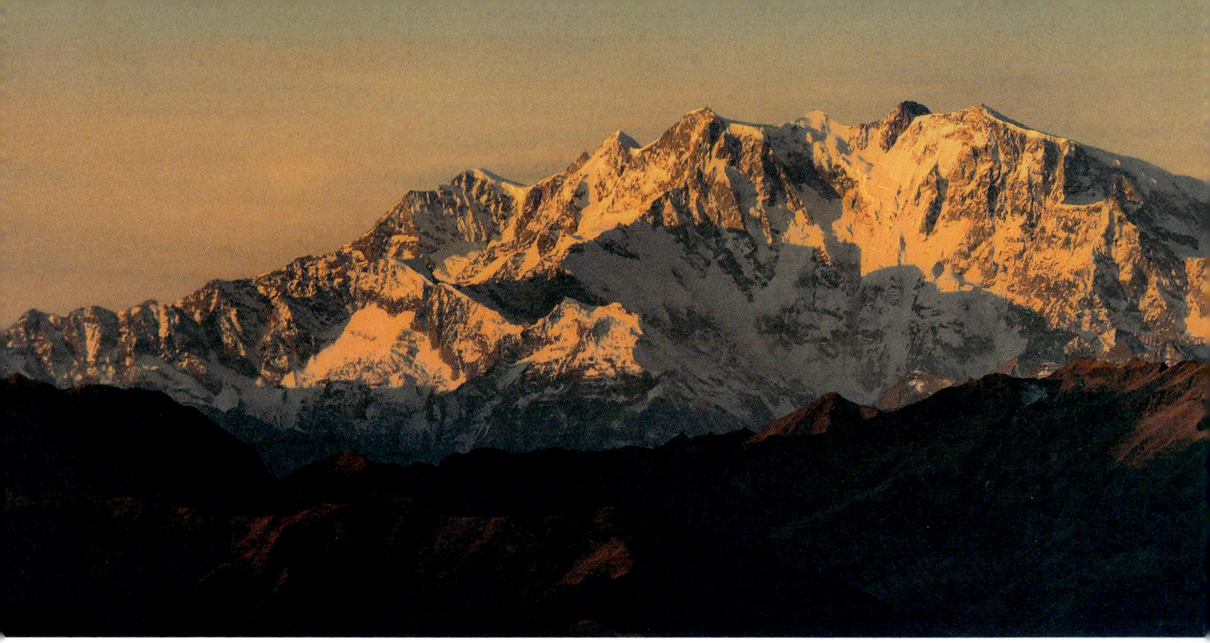

Vorwort

Langweile ich mich während eines Aufstiegs, wird der Höhenmeter zum Vexierspiel: Alle zehn Meter schweift mein Blick auf sein Zifferblatt. Dann verberge ich ihn unter dem Ärmel und beschäftige den Kopf mit Rechenaufgaben. Kalkuliere, wie lange wir für die nächsten hundert Höhenmeter brauchen, wenn wir mit acht Metern pro Minute steigen. Wie viel Höhe wir in zehn Minuten schaffen, wenn wir mit zehn Metern pro Minute steigen. Wie groß die Differenz ist. Was dies bedeutet, wenn die Höhe des Gipfels minus die Höhe der Hütte einen Wert von 1580 ergibt und man diesen durch 5,5 Stunden teilt, nachdem wir um halb vier … So geht das, bis der Höhenmesser 3980 zeigt. Dann betrachte ich ihn, als wäre er ein sicherer Lottogewinn. Bei 3990 freue ich mich wie ein Kind, das in der Metzgerei ein Scheibchen Lioner gereicht bekommt, und bei 3995 lasse ich ihn nicht mehr aus den Augen. Denn ich will den Moment erleben, wenn die Glücksziffer aufleuchtet: 4000 – die magische Zahl der Alpen.

Mit dieser magischen Zahl hat auch meine Bergsteigerei angefangen. Damals, vor knapp 20 Jahren, als ich mich während eines Trekkings entschied, hohe Berge nicht bloß anzuschauen, sondern auf sie zu steigen. So unternahm ich mit einem Bekannten, der sich mitten in der Bergführerausbildung befand, meine allerersten Ausflüge ins Hochgebirge. Und sie alle führten auf Viertausender: den Pollux und das Breithorn, die Breithornzwillinge, das Bishorn, das Täschhorn, das Weisshorn. Wenig später entdeckte ich das selbstständige Bergsteigen, und so nahm ich mir vor, Touren ohne Hilfe eines Bergführers zu unternehmen. Ich kaufte mir ein Buch von Richard Goedeke mit dem ansprechenden Titel »4000er« und legte mir in Kursen das nötige Rüstzeug zu. In den folgenden drei Jahren stieg ich mit Freunden und Freundinnen dann auf alle Gipfel dieses Buches, deren Schwierigkeit mit L oder

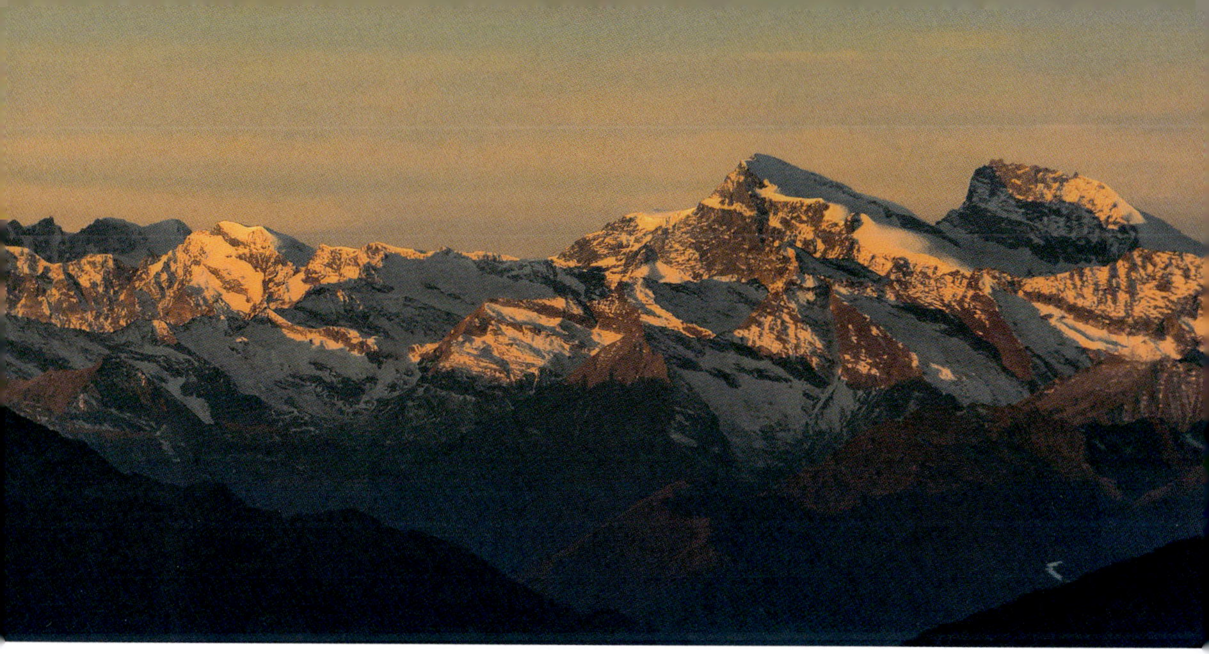

Die erwachende Majestät: Das Monte-Rosa-Massiv und, weiter rechts, Strahlhorn und Rimpfischhorn, leuchten im ersten Licht der Sonne.

WS– bezeichnet war. Und danach? War ich erst mal ratlos, denn an die schwierigeren Berge traute ich mich noch nicht und andere leichte Viertausender schien es keine zu geben. Erst zu diesem Zeitpunkt entdeckte ich, dass es auch tiefere, ebenso spannende Berge gibt.

Seither sind bald zwei Dekaden vergangen, in denen ich auf so manchem genialen Zweitausender, Dreitausender und in Island oder Schottland gar Siebenhunderter und Achthunderter stand. Auch diese Berge bieten interessante Touren und sind in fast allen Fällen viel einsamer als die Viertausender, was ich sehr schätze. Dennoch sind mir die Viertausender immer lieb geblieben: Sie sind die unbestrittenen Majestäten der Alpen. Sie fordern uns allein durch ihre Höhe heraus, sie überragen ihre Nachbarn und liegen mitten im Hochgebirge, das so karg und rau wie die Pole der Erde ist. Und bis heute erweise ich diesen Gipfeln gerne die Ehre, bewege mich gerne in diesen Landschaften in dünner Luft und träume noch von einzelnen dieser Königinnen und Könige.

Denn wie damals auf dem Pollux, meinem ersten Viertausender, ist es immer noch ein spezieller Moment, auf einem dieser alpinen Giganten anzukommen. Das Gipfelkreuz oder eine Madonna wenige Meter vor sich zu entdecken, der Kameradin zu gratulieren und für einen Moment Teil einer scheinbar ewigen Bergwelt zu werden – das ist großes Gipfelglück. Egal, ob es sich um einen anspruchsvollen oder leichten Viertausender handelt. Denn wie der bekannte amerikanische Bergsteiger Alex Lowe einmal sagte: »Der beste Bergsteiger der Welt ist jener, der beim Bergsteigen am meisten Spaß hat.« In dem Sinn wünsche ich Ihnen, werte Leser und Leserinnen, freudvolle Touren und 35mal Gipfelglück.

Caroline Fink, Zürich im Januar 2022

Auf Viertausender steigen…

Die Viertausender der Alpen sind Traumberge. Manche von ihnen sind leicht zu erreichen, für andere braucht es jahrelanges Training, Erfahrung und Können. Doch alle Viertausender haben eines gemeinsam: Sie liegen im Hochgebirge und wer an ihnen unterwegs ist, bewegt sich unweigerlich im unwegsamen, abgelegenen Gelände. Alle in diesem Buch beschriebenen Routen bergen denn auch alpine Gefahren und erfordern eigenständiges und selbstverantwortliches Planen, Entscheiden und Verhalten am Berg. Im Folgenden dennoch ein paar Tipps und Tricks, die zum Gelingen einer Bergfahrt in diese Höhe und in diesen Gegenden beitragen. Vorab jedoch ein wichtiger Hinweis:

Alle Routen im vorliegenden Buch wurden sorgfältig und nach bestem Wissen und Gewissen ausgewählt und beschrieben. Doch Fehler können nie vollends ausgeschlossen werden, und Routen im Hochgebirge verändern sich besonders im Zuge der Klimaerwärmung extrem rasch. Weder Verfasser noch Verlag können eine Haftung übernehmen. Die Ausführung der beschriebenen Touren erfolgt immer in Eigenverantwortung des Benutzers. Sollten Sie in diesem Buch routenrelevante Veränderungen oder Fehler entdecken, so bitten wir Sie herzlich, diese dem Verlag zu melden.

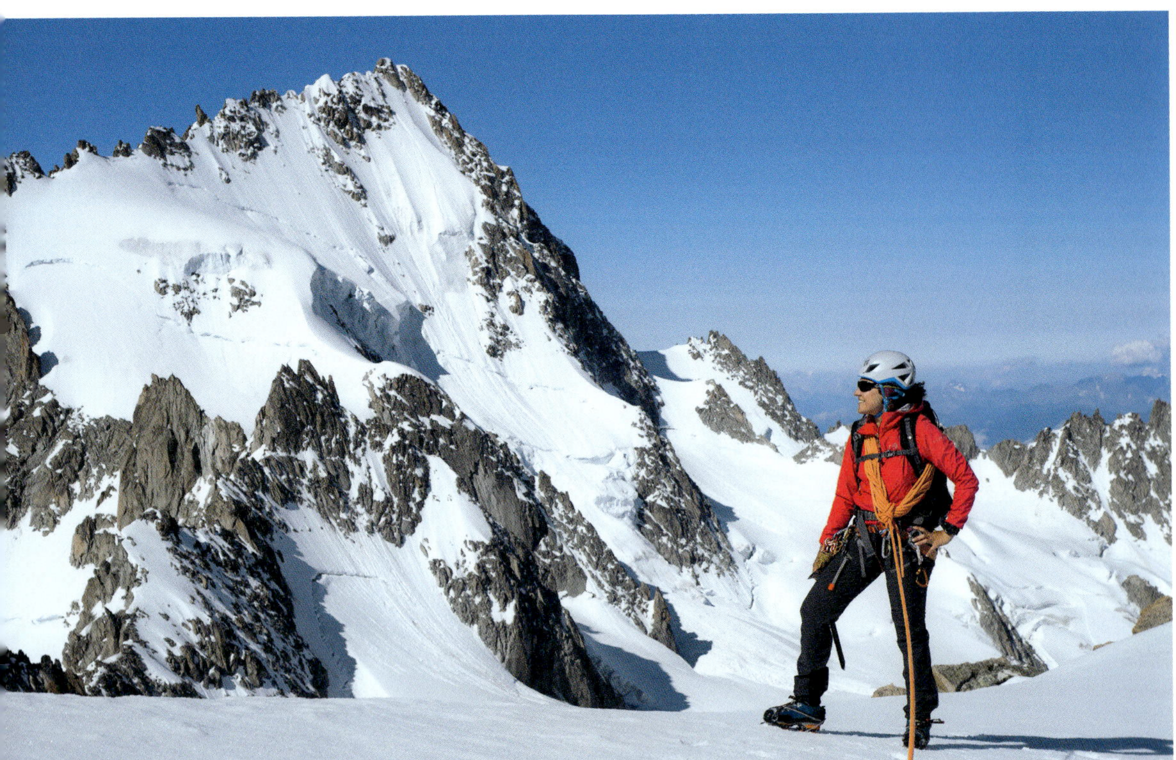

Den Blick zum Horizont – wo findet sich der nächste Traumberg? Im Hintergrund die Aiguille de Chardonnet – weder ein Viertausender noch einfach, doch auch ein schöner Zacken …

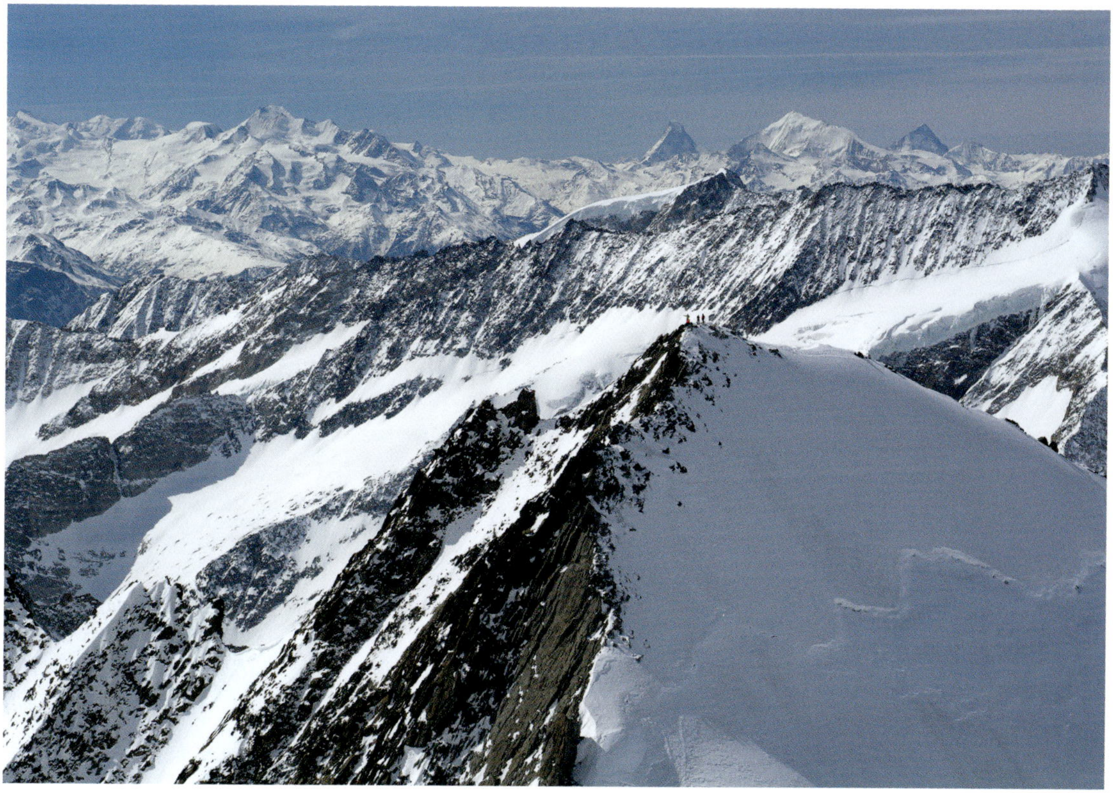

Fast am Ziel – vom Gipfel des Grünegghorns ist es für diese Alpinisten nicht mehr weit zum Gipfel des Gross Grünhorns.

Anreise

Bei 33 Gipfelzielen in diesem Buch wird eine Anreise mit öffentlichen Verkehrsmitteln empfohlen. Zum einen ermöglicht dies Überschreitungen, die in ein anderes Tal führen. Zum anderen sind Übermüdung am Steuer nach Hochtouren ein ernsthaftes Problem. Und nicht zuletzt: Mit öffentlichen Verkehrsmitteln bergsteigen zu gehen ist ein Privileg und nur möglich dank eines genialen Angebots der öffentlichen Hand – nutzen wir es!

Für die Walliser Alpen bildet Visp im Rhonetal einen wichtiger Knotenpunkt. Die Berner Alpen erreicht man von Norden her via Interlaken oder ebenfalls von Süden her via Visp und Brig. Diese Knotenpunkte sind im Halbstundentakt mit Bern, Zürich und Genf verbunden; in die Seitentäler verkehren Busse oder die Matterhorn-Gotthard-Bahn im Stundentakt. Das Aostatal und damit die Ausgangspunkte zu den südlichen Gipfeln des Monte Rosa und zum Gran Paradiso erreicht man ebenfalls per direktem Bus aus dem Rhonetal, nämlich ab Martigny; weiter zu den Ausgangspunkten fahren Regionalbusse. Ebenfalls ab Martigny verkehrt der Mont-Blanc-Express via Vallorcine nach Chamonix. Der Dôme de Neige in Frankreich sowie der Piz Bernina von Süden her sind schwieriger mit öffentlichen Verkehrsmitteln erreichbar. In diesen beiden Fällen können Mietwagen oder Alpentaxis weiterhelfen. Wohingegen der Piz Bernina von der Diavolezza her wieder perfekt an das Netz der Rhätischen Bahn angeschlossen ist. Details zur Anreise finden Sie bei jeder Tour. Fahrplanauskünfte: www.sbb.ch für Verbindungen in der Schweiz und aus

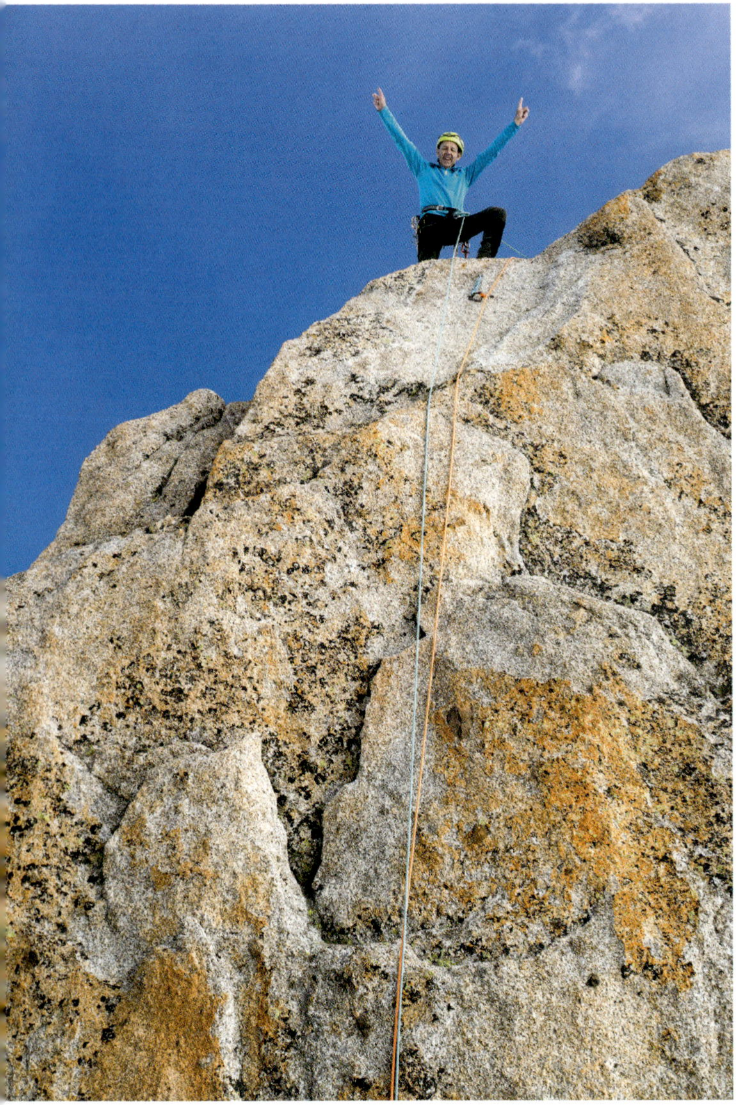

Bergsteigen macht glücklich – vorausgesetzt, die richtige Ausrüstung ist mit dabei.

der Schweiz ins angrenzende Ausland, www.trenitalia.com für Verbindungen in Italien, www.sncf.com für Verbindungen in Frankreich.

Ausrüstung

Für alle beschriebenen Hochtouren ist entsprechende Ausrüstung nötig. Dazu gehören nebst Seil, Steigeisen, Pickel und Eisschrauben auch ein Klettergurt und die erforderlichen Karabiner, Reepschnüre und allenfalls Rücklaufbremsen vom Typ »Micro Traxion« oder »Ropeman« für eine Spaltenrettung auf dem Gletscher. In Felspassagen können Zackenschlingen sowie einzelne Friends sinnvoll sein. So gut die Ausrüstung ist, macht sie erst Sinn, wenn der Träger oder die Trägerin sie zu nutzen weiß. Wer sich etwa auf einen Gletscher begibt, muss fähig sein, eine T-Schlitz-Verankerung sowie eine Verankerung mit Eisschrauben zu bauen; im Fels und steilen Firn ist Wissen zur Seilhandhabung unabdingbar. Nebst dem technischen Material, sind Sonnenschutz, eine genügend schützende Sonnenbrille, angemessene Handschuhe und Kopfbedeckung sowie warme und vor Nässe schützende Kleidung für Pause oder Notfälle erforderlich.

Wichtig: Wer keine Erfahrung im Hochgebirge hat, muss sich das entsprechende Wissen vorab in Kursen von Bergsportschulen oder Alpenclubs aneignen oder mit einer Bergführerin oder einem Bergführer unterwegs sein.

Hüttenknigge & Hüttenresrevation

In der Hütte erholt man sich vor oder nach der Tour. Dies geht nur, wenn Hüttenbesucher aufeinander Rücksicht nehmen, weshalb es klare Regeln gibt, wie etwa das Ausziehen der Bergschuhe im Schuhraum oder die Hüttenruhe nach 22 Uhr. Daneben gibt es einige ungeschriebene Gesetze, die das Miteinander wesentlich erleichtern. Dazu gehören:

- kein Rascheln mit Plastiksäcken im Schlaflager (am besten Stoffsäcke mitnehmen).
- der Rucksack wird vor dem Abendessen fertig gepackt.

- wenn jemand schläft, wird im Schlaflager auch tagsüber nicht geschwatzt oder laut Material sortiert.
- wenn sich jemand nach dem Abendessen schlafen gelegt hat, verwendet man im Schlaflager die Stirnlampe anstelle des Hauptlichts.
- allgemein vermeidet man es, mit der Stirnlampe im Schlaflager wild durch die Gegend zu leuchten.
- falls man nicht für eine zweite Nacht in die Hütte zurückkehrt, richtet man sein Bettzeug für den nächsten Gast auch morgens um 2 Uhr (wichtig dabei: siehe vorangehenden Punkt).
- steht man vor den anderen auf, verlässt man das Schlaflager so rasch und ruhig wie möglich.

Bewartete Hütten müssen reserviert werden. Nur so kann man sicher sein, ein Bett und Essen zu bekommen. Manche Leute reservieren mehrere Hütten und entscheiden sich je nach Wetter für die eine oder andere. Dies gilt gegenüber Hüttenwarten und anderen Bergsteigern als höchst unfair. Alle Hütten haben AGB, in denen festgelegt ist, wie die Reservierung bzw. Stornierung einer Reservation abzulaufen hat. Informieren Sie sich bei der Buchung darüber.

Technik, Training, Erfahrung und Umsicht sind gute Gefährten auf Hochtouren; hier eine Gruppe in einer Ausbildungswoche des SAC.

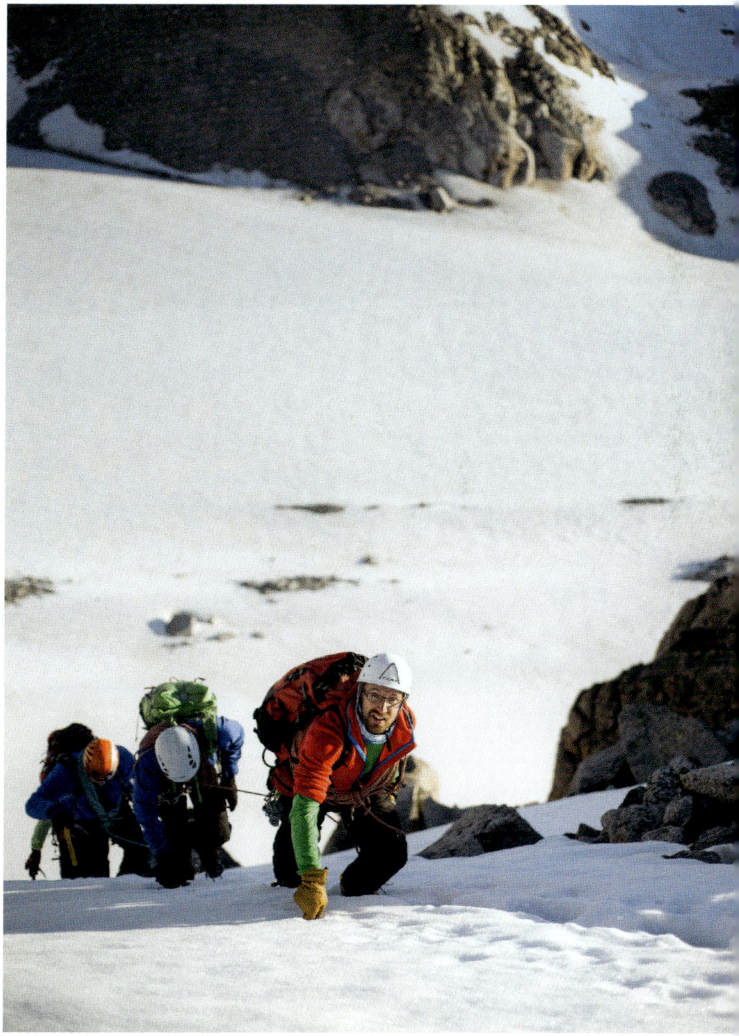

Zeitangaben

Die im Buch angegebenen Marschzeiten beziehen sich auf die Marschzeit ohne Pausen. Eine allfällige Mittagsrast sowie kurze Stopps zum Beobachten oder Fotografieren der Umgebung müssen zusätzlich zur Zeitangabe addiert werden. Besonders bei Gewitterneigung im Hochsommer oder der tageszeitlichen Erwärmung im Frühling ist es wichtig, früh – das kann heißen: am Mittag – zurück in der Hütte zu sein.

Kartenmaterial

Eine aktuelle Karte im Massstab 1:25 000 gehört in den Rucksack und/oder aufs Smartphone. Wird nur das Smartphone verwendet, müssen Powerbank und Kabel mit dabei sein; zudem müssen mehrere Tourenteilnehmende die Karten auf ihren

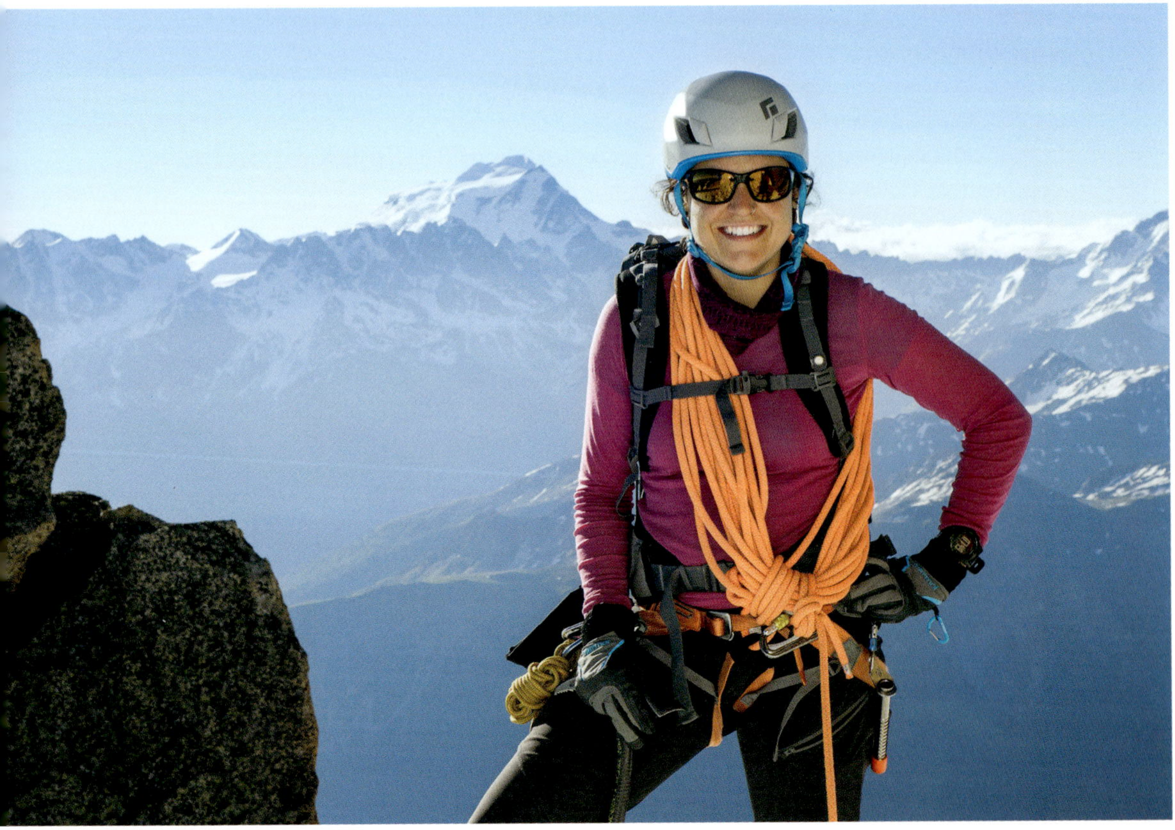

Damit einem das Lächeln nicht vergeht: Die Hochtourenskala ermöglicht das Finden einer Tour, die dem eigenen Erfahrungsniveau entspricht.

Smartphones haben. Das Telefon sollte auf dem Körper getragen werden, um nicht der Kälte zu erliegen. Der Vorteil der Smartphones ist, dass sie als GPS-Geräte funktionieren. Die Karten müssen vor der Tour auf das Handy geladen werden, da dies nur mit Netzabdeckungmöglich ist. Das GPS funktioniert ohne Netzabdeckung. In der Schweiz bieten die «Swisstopo App» und – speziell für Skitouren – die App »White Risk« alle nötigen Funktionen. Wer Karten ausdrucken will, findet diese unter www.map.geo.admin.ch. Vorsicht: Tintenstrahldrucke sind nicht wasserfest! Auch Frankreich liefert Kartenmaterial am Rechner (www.geoportail.gouv.fr) und fürs Smartphone (»Géoportail IGN«); in Italien wird man bei »Tobacco Maps« und »Avenza Maps« fündig. Ein separater Höhenmesser gehört nach wie vor zur Ausrüstung.

Schwierigkeitsbewertung bei Hochtouren

Die Schwierigkeitsangaben der Wanderungen in diesem Buch beruhen auf der international gängigen Hochtourenskala in deutscher Sprache analog zur Hochtourenskala in französischer Sprache (L=F; WS=PD; ZS=AD; S=D).

Dabei gilt es unbedingt zu beachten, dass sich die Bewertung einer Hochtour stets auf günstige Verhältnisse – gute Sicht, trockenes Gelände usw. – bezieht. Bei schlechten Bedingungen wird auch eine leichte Tour zu einem ernsthaften, anspruchsvollen Unternehmen.

Die Hochtourenskala

L: Einfaches Gehgelände (Geröll, einfacher Blockgrat); einfache Firnhänge, kaum Spalten. Beispiele in diesem Buch: Bishorn, Breithorn

WS: Meistens noch Gehgelände, erhöhte Trittsicherheit nötig, Kletterstellen übersichtlich und problemlos; im Firn und auf Gletschern in der Regel wenig steile Hänge, kurze steilere Passagen, wenig Spalten. Beispiele in diesem Buch: Weissmies-Südgrat, Nadelhorn

ZS: Wiederhohlte Sicherung im Fels notwendig, längere und exponierte Kletterstellen; im Firn und auf Gletschern steilere Hänge, gelegentlich Standplatzsicherung, viele Spalten, kleiner Bergschrund. Beispiele in diesem Buch: Finsteraarhorn

S: Im Fels guter Sinn für die Routenfindung und effiziente Seilhandhabung erforderlich, lange Kletterstellen, erfordern meistens Standplatzsicherung; im Firn und auf Gletschern sehr steile Hänge, meistens Standplatzsicherung notwendig, viele Spalten, großer Bergschrund. Keine Beispiele in diesem Buch.

Schwierigkeitsbewertung Skihochtouren

Bei manchen Touren findet sich ein Skitouren-Symbol. Dies sind Viertausender, die gleichsam attraktive Skitouren bieten. Sofern nicht anders vermerkt, bezieht sich die

Wer Skitourenerfahrung hat und gern rasch vorwärts kommt, ist auf Firntouren und Gletschern mit Tourenski bestens bedient.

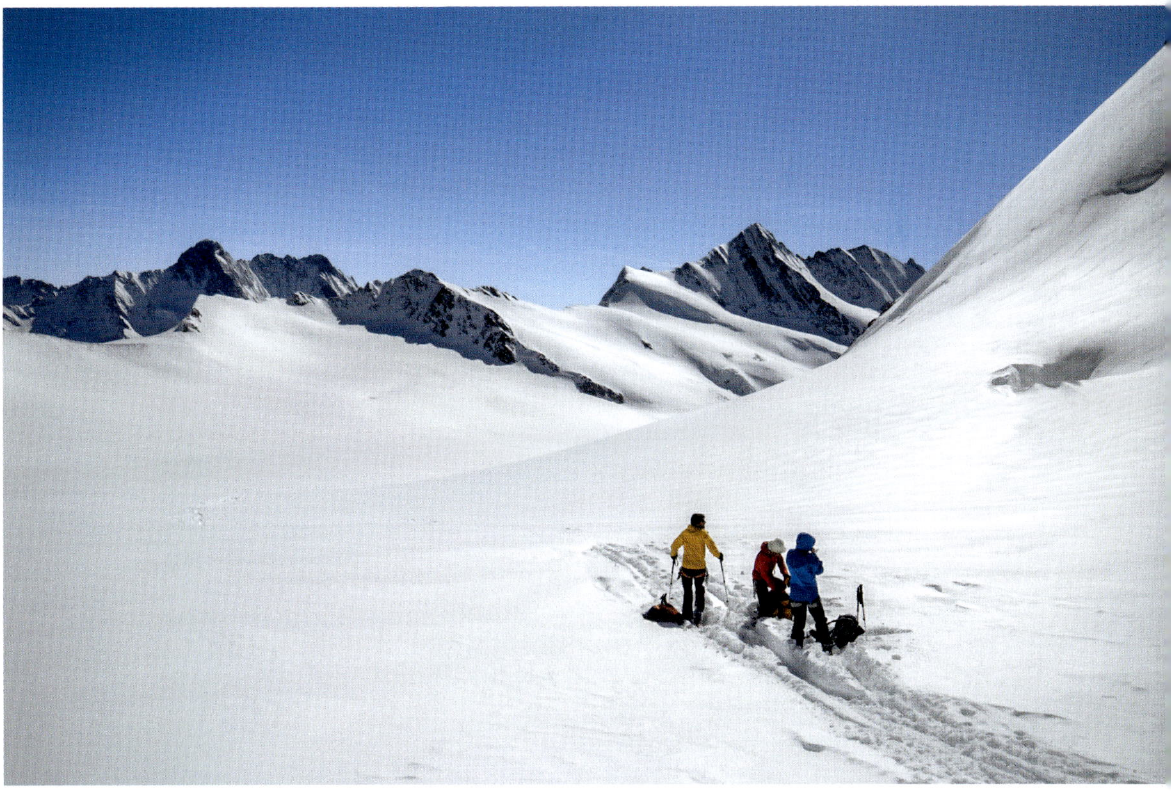

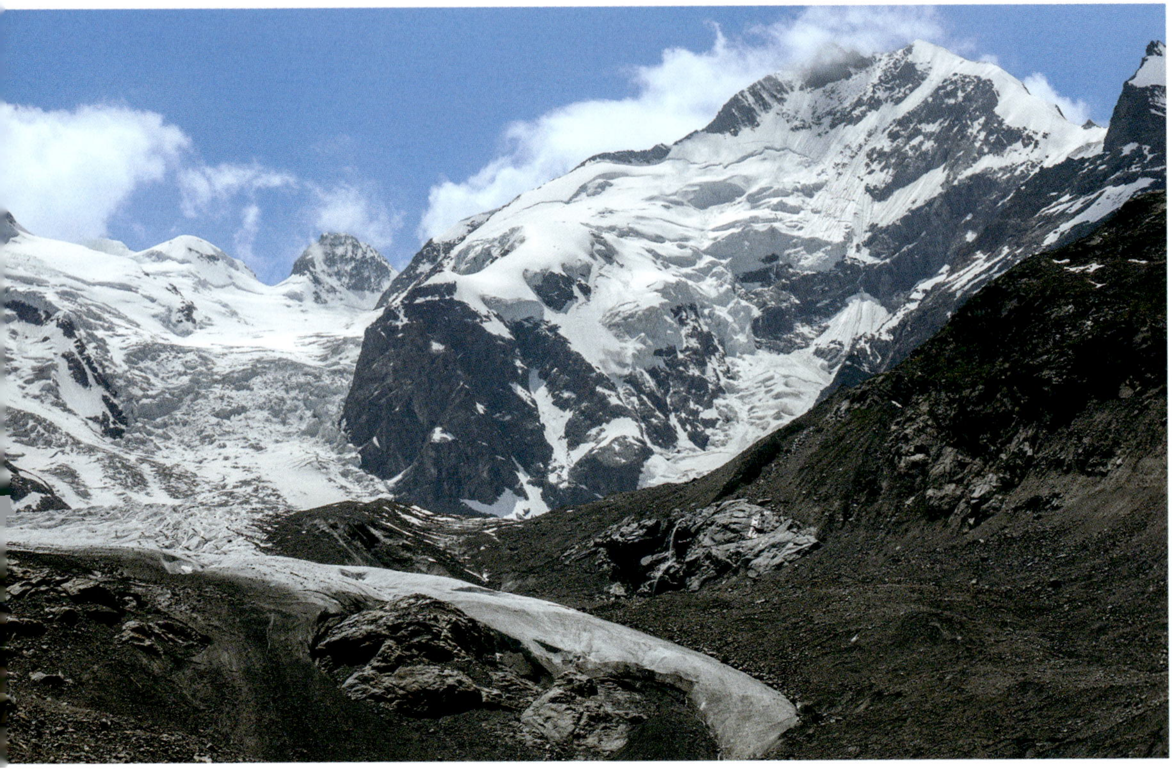

Die Skirouten können sich in Sachen Schwierigkeitsbewertung wesentlich von den Sommerrouten unterscheiden. Im Winter werden die Schwierigkeiten ausschließlich bis zum Skidepot bewertet und nicht bis zum Gipfel; außerdem kann die Routenführung variieren, so auch am Piz Bernina, hier im Bild.

Schwierigkeitsbewertung auf dieselbe Route wie die im Text beschriebene Sommerroute. Die Schwierigkeitsbewertung verwendet dieselben Abkürzungen wie bei den Hochtouren, basiert jedoch auf anderen Schwierigkeiten (siehe folgende Auflistung). Außerdem wird in der Skitourenskala nur die Schwierigkeit bis zum Skidepot erfasst. Folgt danach z.B. ein alpiner Klettergrat, gilt für diesen die Sommerskala, allerdings bei winterlichen Verhältnissen.

Die Skitourenskala

L: Insgesamt sanft und hügelig, in der Abfahrt keine Engpässe; keine Ausrutschgefahr; Steilheit bis 30°. Keine Beispiele in diesem Buch

WS: Insgesamt überwiegend offene Hänge mit kurzen Steilstufen (Spitzkehren nötig), in der Abfahrt kurze und wenig steile Engpässe; kürzere Rutschwege, sanft auslaufend; Steilheit ab 30°. Beispiele in diesem Buch: Bishorn

ZS: Insgesamt kurze Steilstufen ohne Ausweichmöglichkeiten, Hindernisse in mäßig steilem Gelände erfordern gute Reaktion (sichere Spitzkehren nötig), in der Abfahrt kurze, aber steile Engpässe; längere Rutschwege mit Verletzungsgefahr; Steilheit ab 35°. Beispiele in diesem Buch: Roccia Nera

S: Insgesamt Steilhänge ohne Ausweichmöglichkeiten und viele Hindernisse, die eine sichere Fahrtechnik erfordern, in der Abfahrt lange und steile Engpässe; lange

Rutschwege, teils in Steilstufen abbrechend, Lebensgefahr; Steilheit ab 40°. Beispiele in diesem Buch: Piz Bernina

Wetter & Verhältnisse

Zur Planung einer Wanderung oder Hochtour gehört immer der Blick auf die Wetterprognosen. In der Schweiz: www.sma.ch, www.srf.ch; rund um Chamonix: www.chamonix-meteo.com, www.meteofrance.com; rund um das Aostatal: www.ilmeteo.it; für internationale Lokalprognosen: www.meteoblue.com. Informationen zu aktuellen Verhältnissen am Berg liefern die rege frequentierten Online-Plattformen www.camptocamp.org, www.bergportal.ch und www.hikr.org.

Alpine Gefahren

Die höheren Lagen der Alpen bergen besondere Gefahren. Im Winter und – ganz wichtig! – im Sommer besteht nach Schneefällen Lawinengefahr. In der Schweiz etwa erarbeitet das Institut für Schnee- und Lawinenforschung SLF bei erhöhter Lawinengefahr auch im Sommer ein Lawinenbulletin, im Winter und Frühjahr erscheint täglich um 17 Uhr ein aktuelles Bulletin unter www.slf.ch oder direkt in der Smartphone-App »White Risk«».

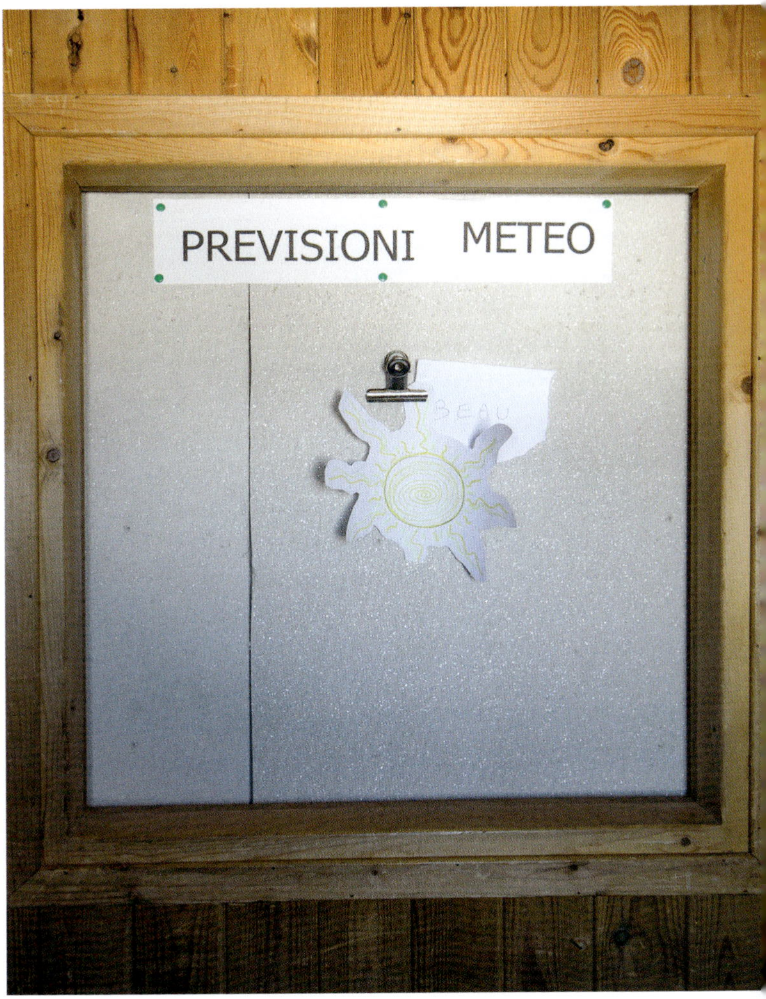

Himmel und Hölle: Die Wetterbedingungen und Verhältnisse am Berg tragen wesentlich zum Gelingen oder Scheitern einer Tour bei.

Außerdem bergen Gletscher besondere Risiken. Spalten sind besonders bei nasser oder zu dünner Schneedecke heikel. Doch auch bei vermeintlich perfekten Verhältnissen kommt es immer wieder zu Spaltenstürzen. Je nach Situation ist auch im Frühjahr angeseiltes Abfahren angesagt; sicherheitshalber bleibt man bei Pausen auf dem Gletscher nie nah nebeneinander stehen, seilt sich nie los und zieht nie beide Ski aus. Ebenfalls empfiehlt es sich, auf Gletschern immer Handschuhe zu tragen. Aperes Gletschereis kann sehr scharf sein, ebenso Geröll, Schutt und Steine auf dem Gletscher. Auch am Gletscherrand gilt es, besondere Risiken unbedingt zu beachten: So sollte man Eishöhlen am Gletscherrand nicht betreten, da sie jederzeit einstürzen können, und beim Aufenthalt im Bereich des Gletscherrandes sowie von schuttigen Ufermoränen ist Eisschlag respektive Steinschlag eine häufige Gefahr. Passagen unter Eisabbrüchen müssen zudem möglichst rasch begangen werden.

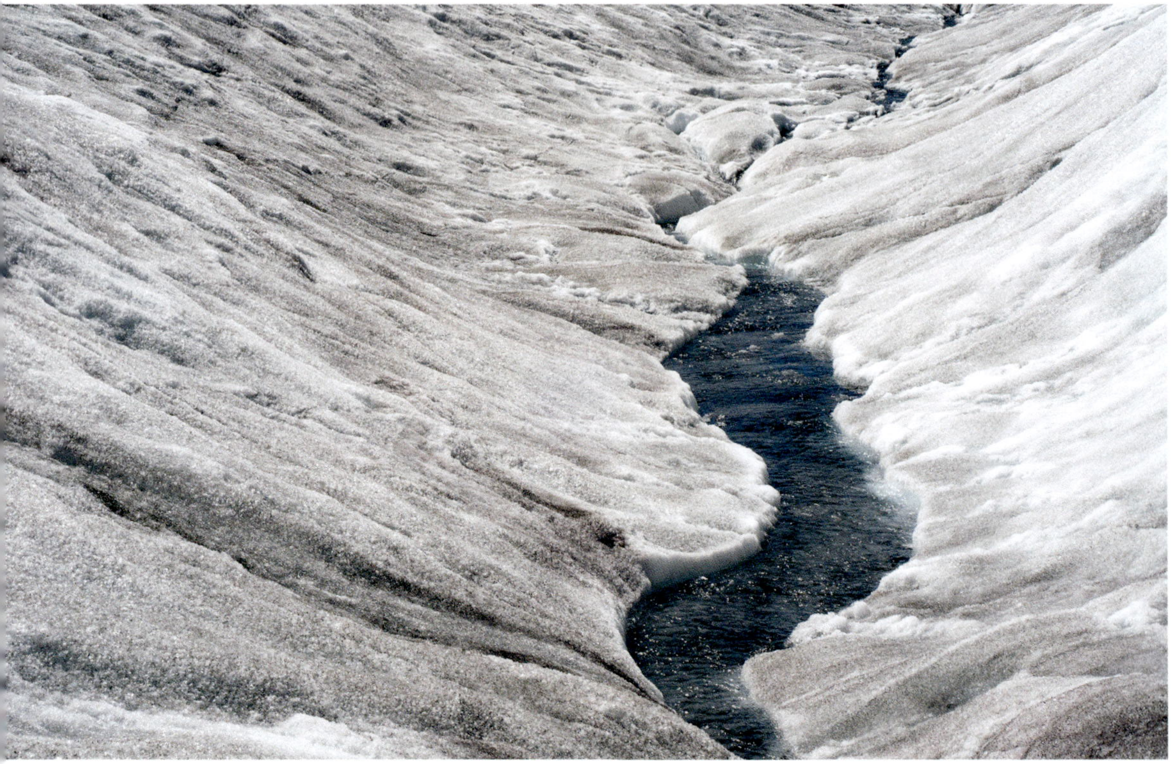

Das Schmelzen der Gletscher ist kaum mehr aufzuhalten. Der Bergwelt vor Ort Sorge tragen kann jeder – etwa, indem er Müll und Essensreste wie Fruchtschalen wieder nach Hause trägt.

Insgesamt werden Felsflanken und kombiniertes Gelände aufgrund des tauenden Permafrostes mit jedem Jahr brüchiger und steinschlaggefährdeter. Besonders bei Anwesenheit von mehreren Seilschaften übereinander ist in diesen Passagen größte Vorsicht geboten.

Respektvoll gegenüber der Natur

Nehmen Sie alles, was Sie mit in die Berge tragen, wieder zurück ins Tal, auch Schalen exotischer Früchte wie Bananen oder Mandarinen; diese können für Alpentiere tödlich sein und verrotten im Hochgebirge nur sehr langsam. Verbrennen Sie Klopapier oder Papiertaschentücher und vergraben Sie die Endprodukte des Toilettengangs. Pflücken Sie keine Pflanzen und bewegen Sie sich in Jagdbanngebieten auf den markierten Pfaden. Schließen Sie in Weidegebieten bitte die Gatter wieder und achten Sie darauf, keine neugierigen Ziegen oder Schafe im Schlepptau mitwandern zu lassen. Sollten Sie einem Herdenschutzhund begegnen, der seine Herde verteidigt, bleiben Sie ruhig stehen und gehen Sie der Herde gemächlich aus dem Weg; er wird sich nach einigen Minuten beruhigen. Umgehen Sie Mutterkühe weiträumig.

Höhenkrankheit & Akklimatisation

Wer auf Viertausender steigt, sollte sich mit der Problematik der dünnen Luft beschäftigen, da man sich in Höhen begibt, in denen ohne Akklimatisation bei einem Großteil der Menschen Symptome der Höhenkrankheit auftreten. Dazu gehören Kopfschmerzen als wichtigstes Symptom sowie Appetitverlust, Übelkeit, Müdigkeit, teils auch Atemnot, Schwindel, Tinnitus und oft Schlafstörungen. Diese sogenannte Acute Mountain Sickness (AMS) kann in ein lebensbedrohliches Höhenhirnödem (HACE) sowie ein Höhenlungenödem (HAPE) übergehen. Bessern sich starke Kopfschmerzen bei der Einnahme von Schmerzmitteln sowie nach einer Übernachtung nicht, ist ein sofortiger Abstieg angezeigt. Auf Blutverdünner wie Aspirin sollte verzichtet werden, da dies im Fall eines Unfalls die notwendige ärztliche Versorgung erschwert bis unmöglich macht.

Jeder Mensch reagiert anders auf dünne Luft und jeder Mensch reagiert je nach Tagesform wiederum anders auf die Höhe. Generell ist es sinnvoll, der Akklimatisation z.B. mit einer vorangehenden Übernachtung in einem höher gelegenen Dorf oder einer tiefer gelegenen Hütte Zeit zu geben. Viele Bergsteiger berichten, dass eine genügende Flüssigkeitsaufnahme am Tag vor der Hüttenübernachtung sowie am Tag des Hüttenzustiegs (ca. drei Liter) der Akklimatisation zuträglich ist.

Schneeblindheit, Sonnenbrand und Erfrierungen

Die Wetterbedingungen wie auch die Sonneneinstrahlung in der Höhe sind um ein Vielfaches extremer als in gemäßigten Lagen. Um die äußerst schmerzhafte und teils mit bleibenden Schäden einhergehende Schneeblindheit zu vermeiden, ist eine Sonnenbrille mit genügend hohem UV-Schutz notwendig. Gleiches gilt für Sonnencrèmes. Selbst winzige Partien ungeschützter Haut wie etwa die Innenseiten der Ohrmuscheln oder die Unterseite der Nasenspitze können zu schmerzhaften Ver-

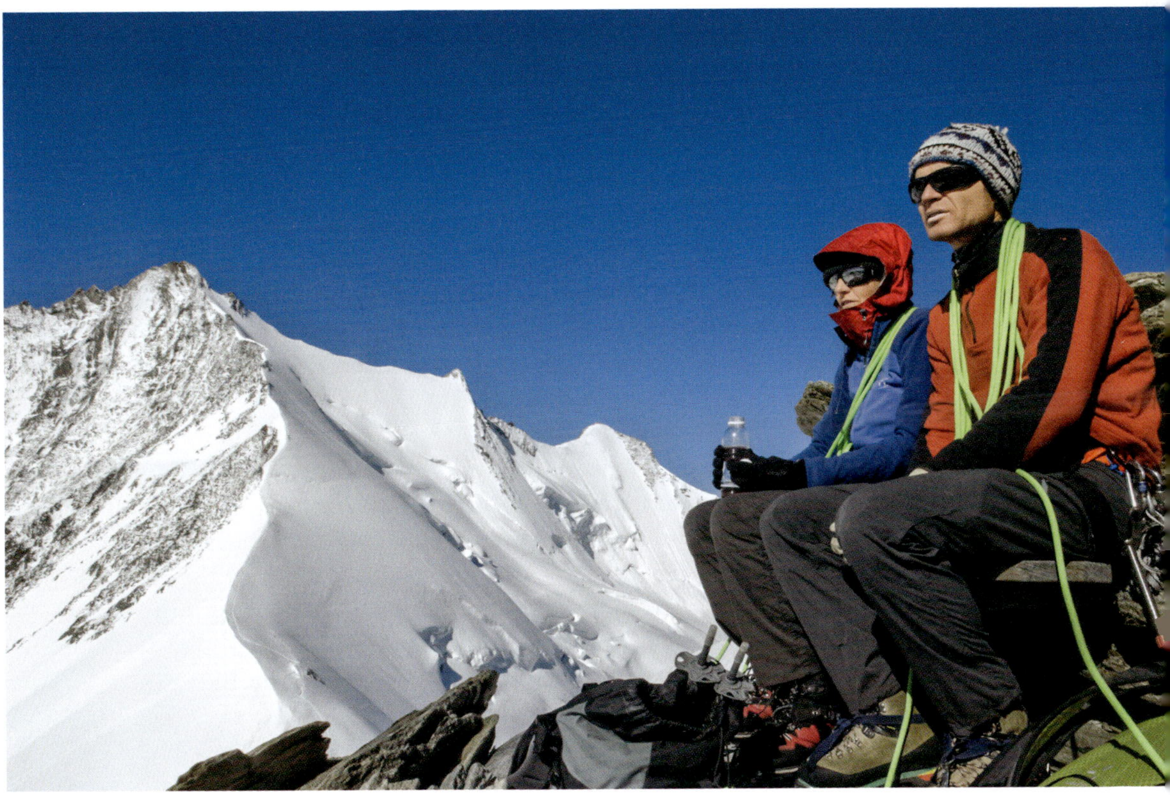

Windschutz, Sonnenschutz, Sonnenbrille – so lässt sich die Aussicht auf der Gipfelbank des Ulrichshorn genießen; im Hintergrund das Nadelhorn.

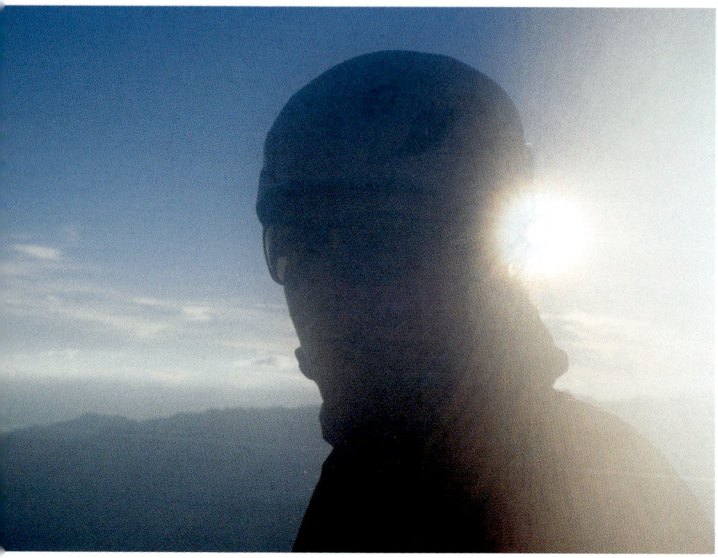

Helle Köpfchen sind auf alles vorbereitet – auch auf Notfälle.

brennungen führen. Besonders bei Wind können im Gesicht Erfrierungen auftreten, oft an Nasenspitze, Kinn oder Wangen. Da Betroffene selbst die Erfrierungen aufgrund der Kälte meist nicht mehr wahrnehmen, ist es wichtig, unter Kameraden darauf zu achten. Erfrierungen zeigen sich durch weiße, fast durchsichtige Hautstellen. Erste Hilfe besteht darin, die Stelle zu reiben und danach z. B. mit einem Tuch oder Buff vor Kälte und Wind zu schützen. Und noch eine unangenehme Empfindung schafft die Kälte, die fast alle Alpinisten kennen: den stechenden, extremen Schmerz, wenn durch die Kälte zusammengezogene Blutgefäße in Händen oder Füssen im Zuge des Aufwärmens (z. B. weil man endlich wärmere Handschuhe angezogen hat) wieder stärker durchblutet werden. Dieser Schmerz dauert meist nur einige Sekunden oder Minuten, kann aber so schmerzhaft sein, dass er vorübergehend zur völligen Handlungsunfähigkeit führt. Im Schweizerdeutschen gibt es sogar ein Wort dafür: Chuenagel oder ins Hochdeutsche transkribiert Kuhnagel. Was nichts mit Kühen zu tun hat, sondern mit dem alten, deutschen Wort Agle, welches »Stachel« bedeutete, während chue wahrscheinlich von kühn abstammt und auch »sehr« bedeutete.

Notfallplan

Bei Notfällen wählen Sie die allgemeine Notfallnummer 112. Diese hat den Vorteil, dass das Handy auf ein Nachbarnetz springt, selbst wenn Sie mit Ihrem Anbieter in diesem Gebiet keinen Empfang haben. In SAC-Hütten befinden sich Notfalltelefone. ein aktuelles Bulletin unter www.slf.ch oder direkt in der Smartphone-App »White Risk«. Kleine statellitentaugliche Geräte wie das »Garmin InReach Mini« bieten mit kostenpflichtigen Monatsabos ein weltweites Alamieren ohne Mobilnetz.

Allgemeine Auskünfte

Jede Region sowie die größeren Bergsportorte im Einzugsgebiet der Viertausender verfügen über Tourismusbüros und Online-Plattformen. Diese können Informationen zu Unterkünften, Wanderwegen und Bergführervermittlungen liefern.
Zentrale Informationsstellen sind:

- Valais/Wallis Promotion, www.wallis.ch
- Berner Oberland (Jungfrauregion), www.jungfrauregion.ch
- Engadin, www.engadin.stmoritz.ch
- Chamonix, www.chamonix.com
- Valle d'Aosta www.lovevda.it
- Lombardei (Sondrio): www.turismo.regione.lombardia.it

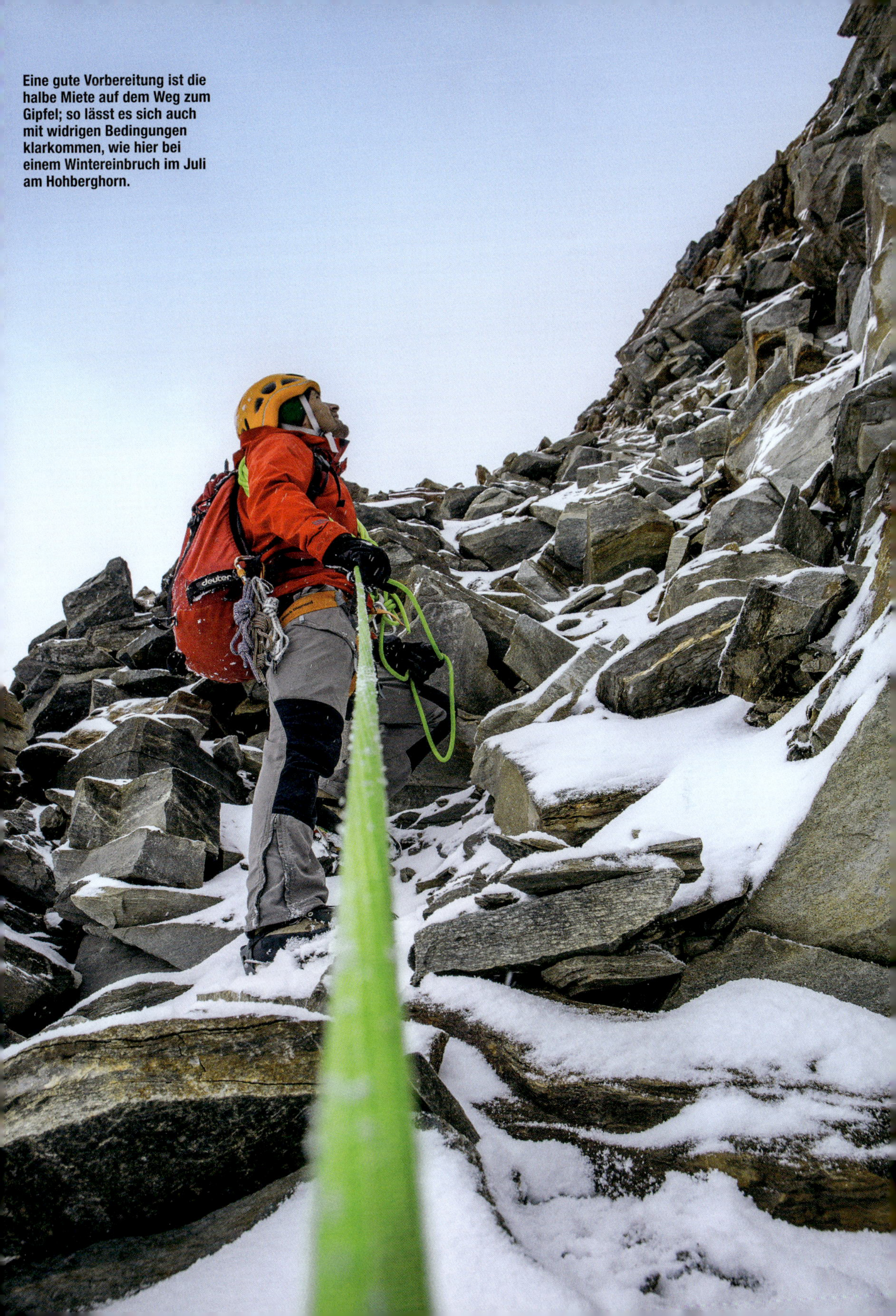

Eine gute Vorbereitung ist die halbe Miete auf dem Weg zum Gipfel; so lässt es sich auch mit widrigen Bedingungen klarkommen, wie hier bei einem Wintereinbruch im Juli am Hohberghorn.

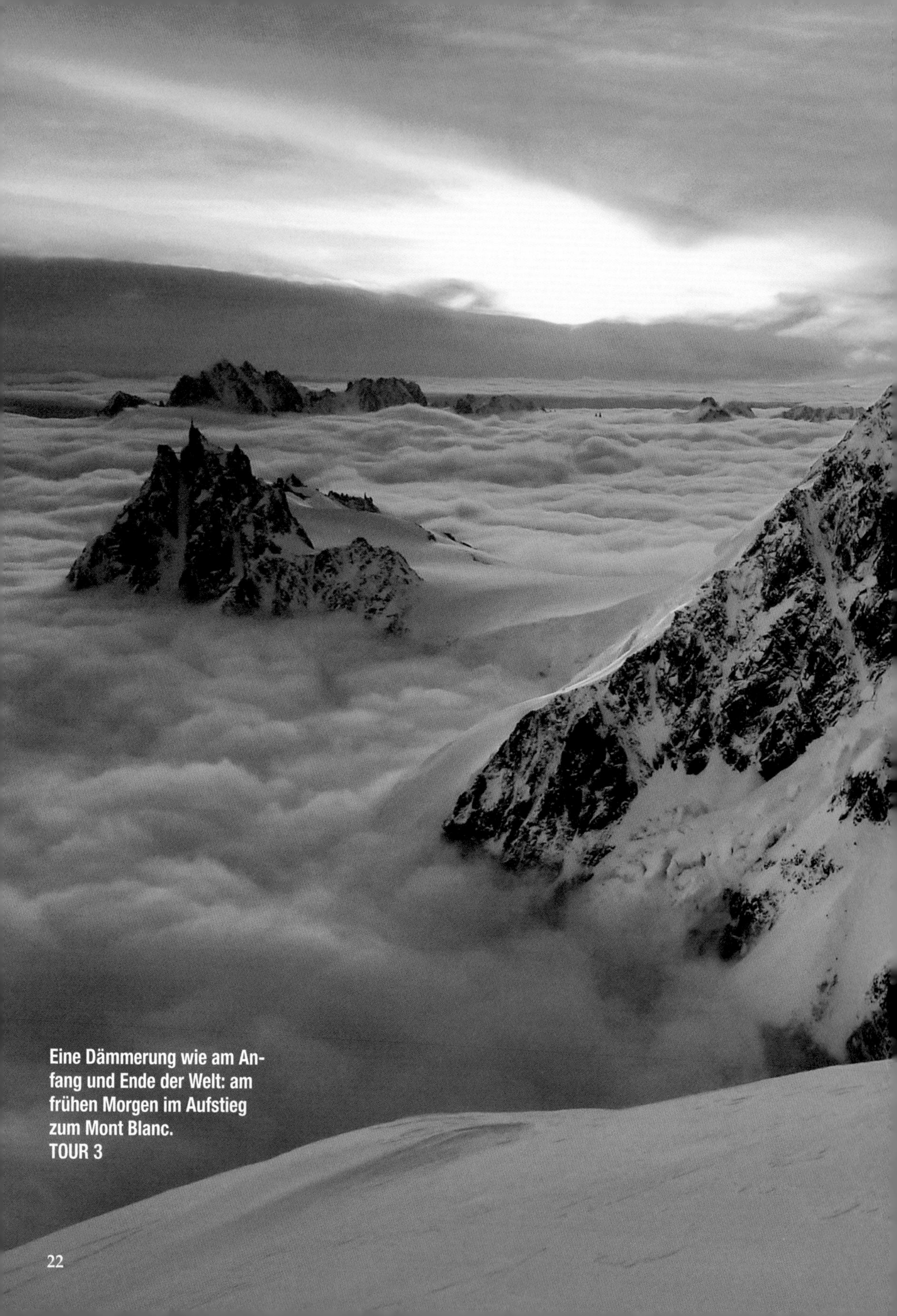

Eine Dämmerung wie am Anfang und Ende der Welt: am frühen Morgen im Aufstieg zum Mont Blanc.
TOUR 3

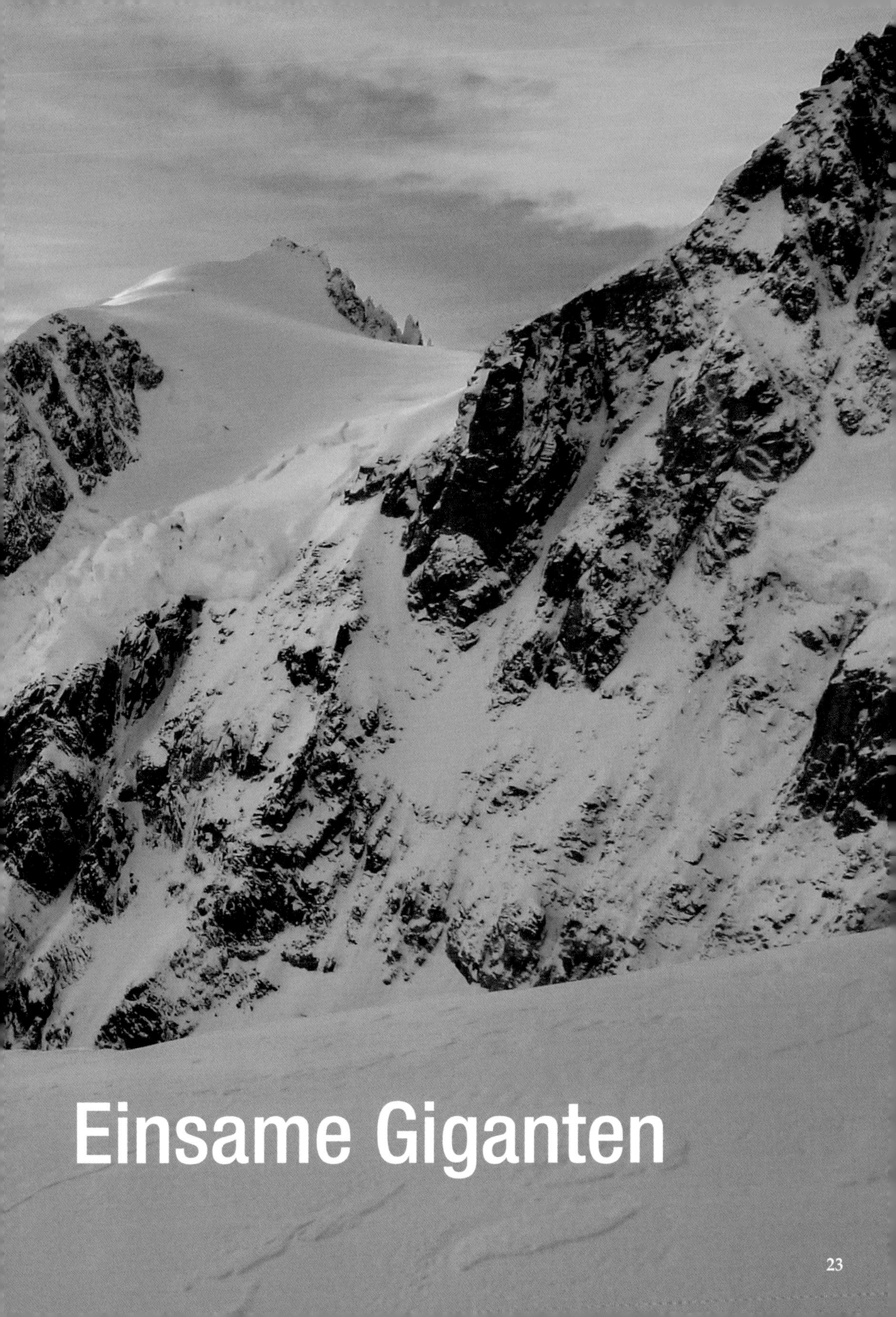

Einsame Giganten

1 Dôme de Neige (4015 m)

Im wilden Osten Frankreichs

L+ 2–3 Tage 2350 Hm ZS

Tourencharakter
Der Dôme de Neige bietet eine lange, technisch einfache Firntour inmitten des wilden Écrins-Gebiets. Die Route wurde jüngst immer stärker von Eisschlag bedroht. Informieren Sie sich unbedingt vorab bei den Hüttenwarten über die aktuellen Verhältnisse.

Ausgangs-/Endpunkt
Parkplatz Pré de Madame Carle oberhalb von Ailefroide (1874 m)

Anfahrt/Rückreise
Mit dem Zug via Grenoble und Gap respektive via Valence nach Briançon (langwierig). Mit dem Auto via Turin und Oulx oder via Grenoble nach Briançon. Weiter per PW via Vallouise nach Ailefroide und auf einer kurvigen Bergstraße bis Pré de Madame Carle.

Gehzeiten
Pré de Madame Carle – Refuge des Écrins 4.30 Std.; Refuge des Écrins – Dôme de Neige 3 Std.; Dôme de Neige – Pré de Madame Carle 5 Std.

Beste Jahreszeit
Juli bis September

Einkehr/Unterkunft
Chalet Refuge du Pré de Madame Carle, Tel. +33 (0)4 92 23 44 21 oder +33 (0)6 71 06 30 07, www.pre-madame-carle.fr; Refuge du Glacier Blanc, Tel. +33 (0)4 92 23 50 24, www.refugeduglacierblanc.ffcam.fr; Refuge des Écrins, Tel. +33 (0)4 92 23 46 66, www.refugedesecrins.ffcam.fr

Karten
IGN-Karte 1:25 000, Blatt 3436ET »Meije/Pelvoux/Parc National des Écrins«; www.geoportail.gouv.fr

Der Dôme de Neige erhebt sich als Nachbargipfel der mächtigen Barre des Écrins weit im Süden des Alpenbogens. Technisch einfach, wurde die Route jüngst immer öfter durch Eisschlag bedroht.

Viel Firn und viel Ausblick Die Normalroute auf den Dôme de Neige ist eine dieser unendlichen Geschichten in Firn. Fast drei Kilometer lang zieht sie sich über den Glacier Blanc zum Fuß des Berges, danach folgt eine Schneeflanke, die vor allem eines verspricht: 700 Höhenmeter Monotonie. Einen Schritt nach dem anderen steigt man frühmorgens durch diese scheinbar endlose Flanke, die Steigeisen knirschen im Schnee, die Gedanken kreisen im Leerlauf. Derweil schleicht die Morgendämmerung über die Gipfel, erste Konturen tauchen auf – Eisabbrüche und Spalten in der Nähe, Gipfel in der Ferne. Doch für diesen Gipfel lohnt sich jeder Schritt. Denn das Écrins-Massiv ist ein Solitär unter den Viertausendern. Die Barre des Écrins, wuchtiger Nachbargipfel des Dôme de Neige, war

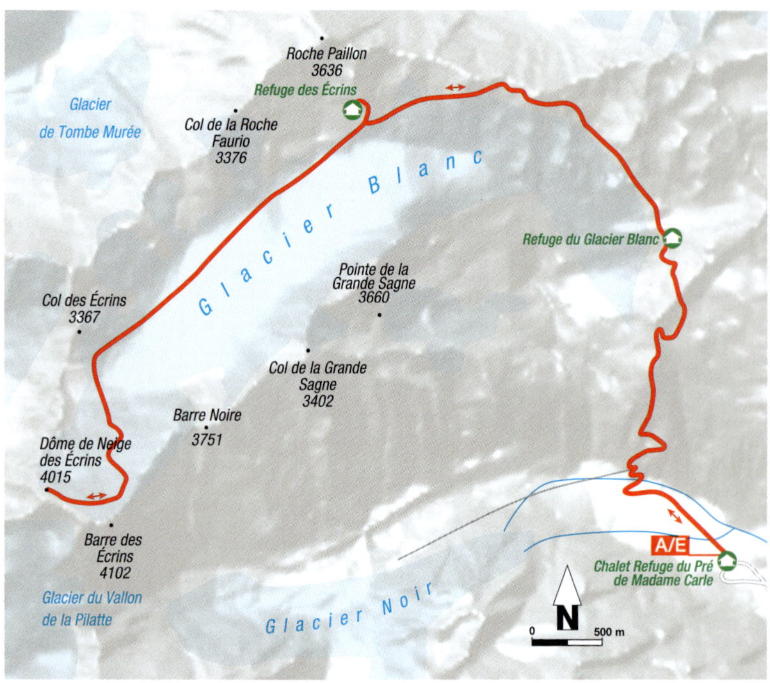

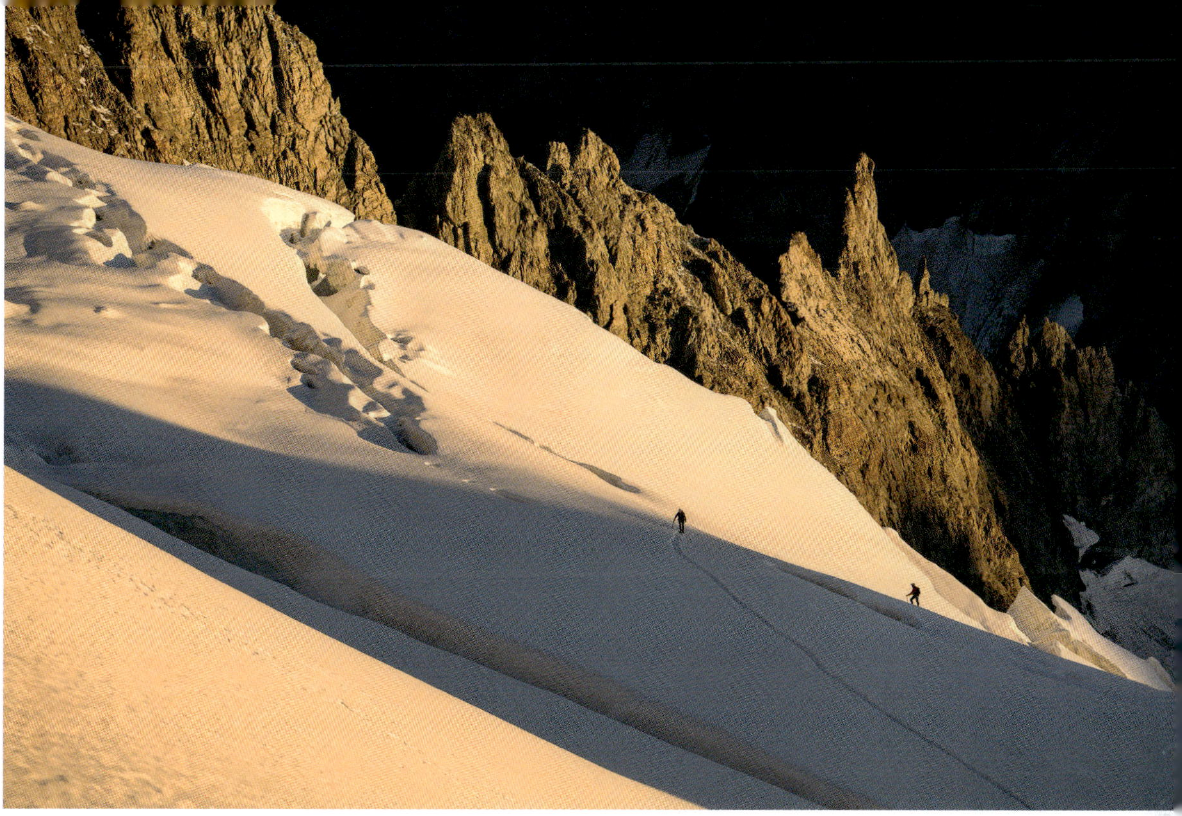

einst der höchste Berg Frankreichs – in der Zeit als der Mont Blanc mitsamt Savoyen ganz zu Italien gehörte – und bis heute kommt ihr die Ehre des südlichsten Viertausenders der Alpen zu. Die Nachbargipfel überragen die beiden Gipfel um ein Vielfaches, und der britische Alpinist Francis Fox Tuckett (1834–1913) bezeichnete die Barre bereits 1863 als »real monarch of the entire group«.

Aus der Nähe und Ferne betrachtet, ist die Nordflanke sind Barre des Écrins (o.) und des Dôme de Neige (u.) eine wilde Geschichte.

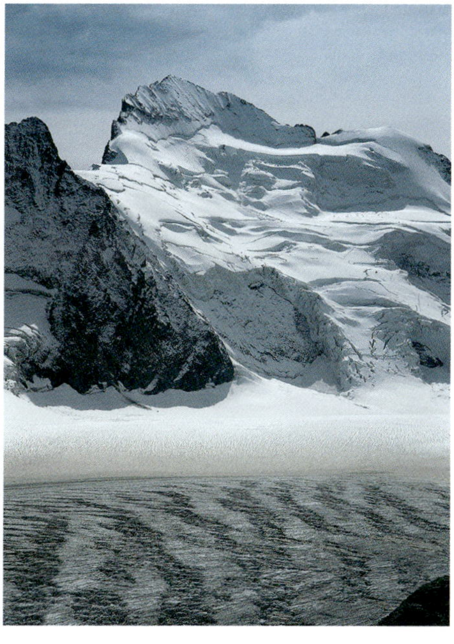

Die Wildnis der Alpen Dennoch blieb diese Ecke der Dauphiné lange Zeit unbekannt, und bis heute ist das Gebiet des Écrins – auch Pelvoux genannt – eines der unberührtesten Gebiete der Alpen. Was Alpinisten bei Sonnenaufgang auf eindrückliche Weise vorgeführt wird: Als wäre man über Nacht in ein wildes Wunderland gestiegen, ragen Bergketten rund um einen auf. An schönen Tagen leuchten die Felszacken der Meije im ersten Sonnenlicht wie eine honigfarbene Kathedrale, daneben streben die Felsfluchten der Grande Ruine in den Himmel und in alle Richtungen erheben sich Hunderte weiterer Gipfel. Kurz: Es ist, als blickte man durch Raum und Zeit in die Ewigkeit des Alpenbogens. Und wer weiß, vielleicht fällt einem in diesem Moment nochmals Francis Fox Tuckett ein, der geschrieben hat: »The summits of the Pelvoux offer some of the finest and most striking combinations of wildness and grandeur that I ever saw.« Recht hatte er!

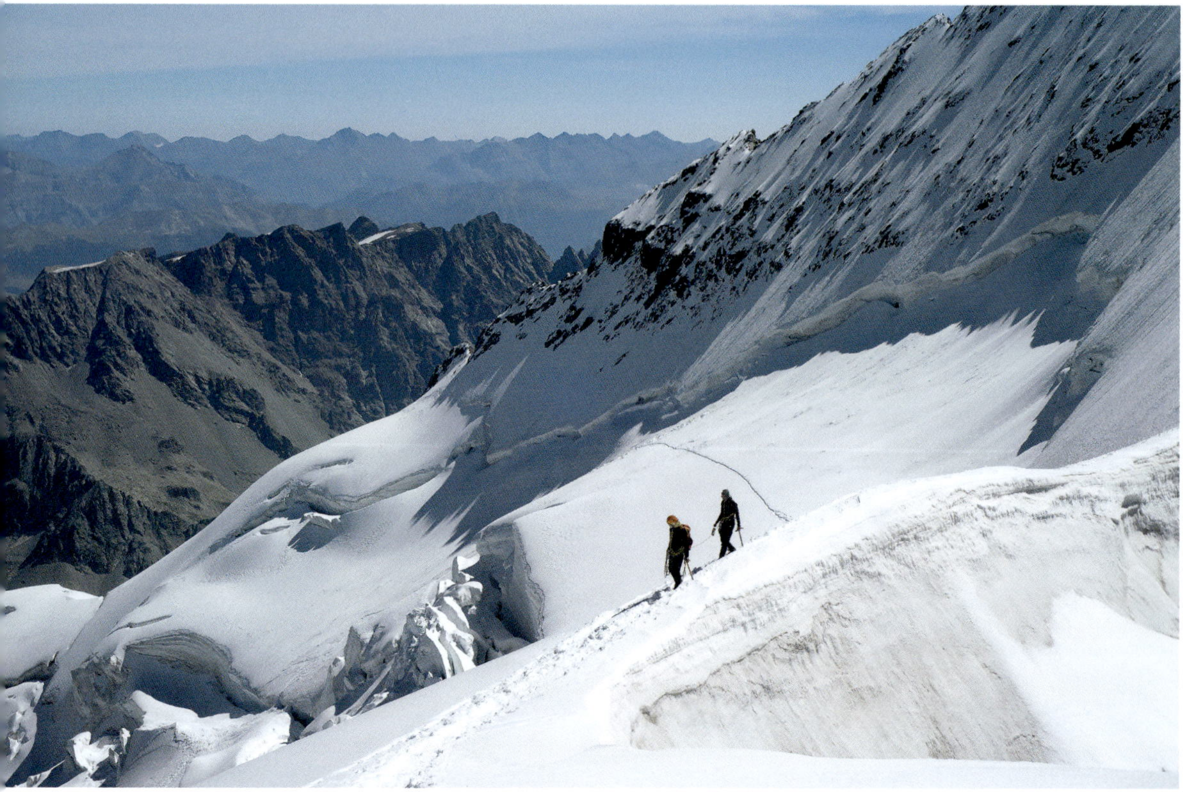

Von der Brèche Lory geht es entweder über Fels hoch zur Barre (u.) oder über einen Schneegrat zum Dôme de Neige (o.).

Von Pré de Madame Carle ins Refuge des Écrins Von der Hütte respektive dem Parkplatz bei Pré de Madame Carle (1874 m) folgt man dem Wanderweg Richtung Refuge du Glacier Blanc. Erst führt dieser durch Lärchenwald, überquert wenig später einen Bach und beginnt unmittelbar danach, in steilen Kehren anzusteigen. So gelangt man in die Senke unterhalb der Gletscherzunge des Glacier Blanc, überquert erneut einen Bach und folgt dem sanfter ansteigenden Wanderweg bis zum Refuge du Glacier Blanc (2542 m). Kurz vor der Hütte steht rechterhand das alte »Refuge Tuckett«, welches an den britischen Bergpionier erinnert. Während er 1862 als einer der ersten dieses Gebiet erkundete, biwakierte er mit seinen Leuten hier unter einem Felsen; 1886 wurde am selben Ort die kleine Hütte errichtet, in der sich heute ein winziges Museum befindet.

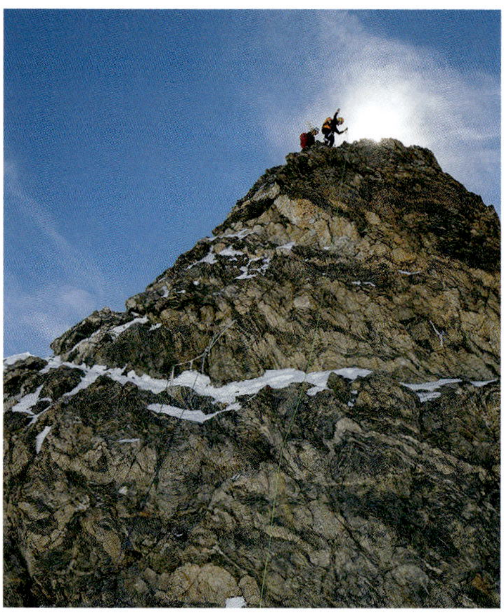

Nach dem Refuge du Glacier Blanc geht man über markierte Steinblöcke und teils Wegspuren am orographisch linken Rand der Flanke des Glacier Blanc bergwärts. Nachdem dieser allmählich nach Westen abdreht, sucht man sich eine geeignete Stelle, um vom Fels und Schutt auf das Eis zu gelangen. Je nach Verhältnissen auf dem Gletscher kann es auch sinnvoll sein, bereits weiter unten auf den Gletscher zu wechseln. Einmal auf dem Glacier Blanc, bleibt man auf dessen orografisch linken Seite, um das Eis erst unterhalb des Refuge des Écrins (3172 m) wieder zu verlassen. Diese Stelle ist klar markiert und das Refuge von weitem sichtbar, da dieses wie ein Adlerhorst auf einem Felssporn sitzt. So gilt es denn auch, nochmals einige Kehren im steilen Schutt aufzusteigen, um dieses Etappenziel zu erreichen.

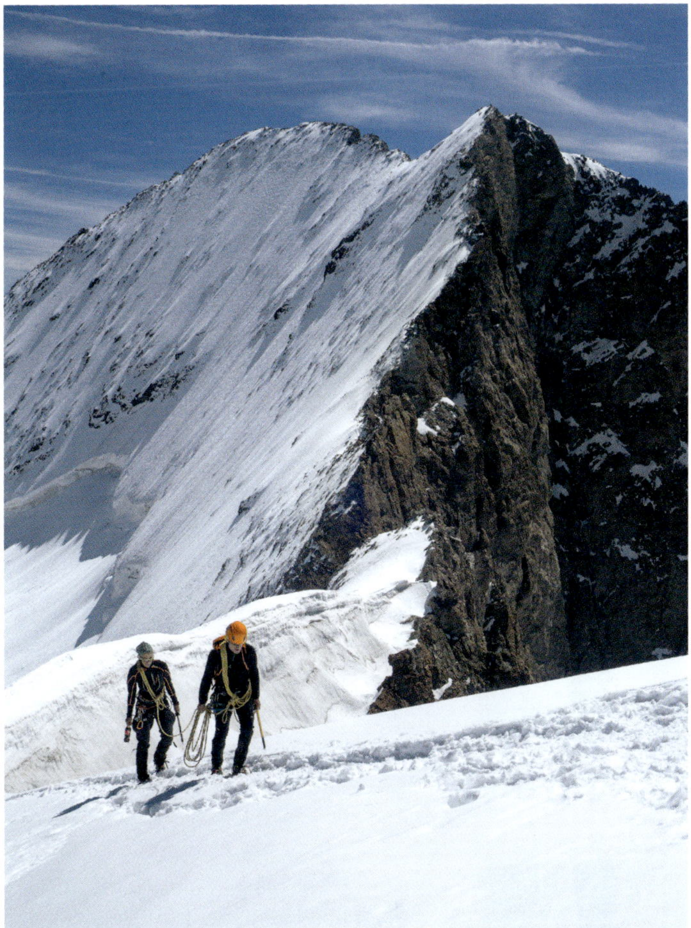

Fast am Ziel: Zwei Alpinisten auf den letzten Metern zum Gipfel des Dôme de Neige

Vom Refuge des Écrins zum Gipfel

Am nächsten Morgen früh steigt man dieselbe Geröllflanke erneut ab; allenfalls bietet sich hier, kurz vor dem Gletscher, ein Materialdepot an, um sich auf dem ohnehin langen Rückweg den Gegenanstieg in die Hütte zu sparen. Danach geht es über den Glacier Blanc kaum ansteigend geradeaus in Richtung Col des Écrins, bevor man allmählich steiler gegen die Nordflanke der Barre des Écrins (4102 m) und des Dôme de Neige (4015 m) hin ansteigt. Teils steiler, teils flacher gewinnt man in dieser Nordflanke dann rasch an Höhe, indem man in einem weiten Linksbogen aufsteigt und zum Schluss die mächtige Flanke der Barre des Écrins unter deren Gipfelaufbau traversiert, um so in die Scharte der Brèche Lory (3974 m) zu gelangen. Wenngleich technisch einfach, ist diese Nordflanke tückisch: Nach Neuschneefällen ist sie auch im Sommer lawinengefährlich, in den letzten Jahren kam es zu Unfällen wegen Eisschlag, und je nachdem ist der Bergschrund unterhalb der Brèche Lory nur schwer zu überwinden. Es ist wichtig, vorab im Refuge des Écrins Informationen zu den herrschenden Verhältnissen einzuholen. Steht man in der Brèche Lory, ist es nicht mehr weit bis zum Ziel: Man folgt dem sanften Firngrat des Dôme de Neige nordwestwärts bis zum Gipfel. Der Abstieg erfolgt auf derselben Route.

Auf die Barre des Écrins

Der Dôme de Neige ist der kleinere Nachbar der Barre des Écrins, deren Gipfel alles weit und breit überragt. Ihre Normalroute ist wesentlich anspruchsvoller als jene auf den Dôme de Neige, vergleichbar mit dem Finsteraarhorn. Von der Brèche Lory führt die Route dem stark verhältnisabhängigen und exponierten Westgrat entlang zum Gipfel. Eine athletische Crux bildet der Felsaufschwung von der Brèche Lory zum Einstieg zum Grat. Diese ist mit Fixseilen versehen und kann teils links umgangen werden (WS+).

2

Gran Paradiso (4061 m)

Der höchste Binnengipfel Italiens

L+ 2 Tage 2130 Hm WS

Tourencharakter
Die Tour ist lang, aber lohnend, denn im landschaftlich schön wilden Gran-Paradiso-Nationalpark kürzt keine Seilbahn den Weg ab. Dafür gibt es einen Hüttenzustieg im Lärchenwald, gefolgt von einem Gipfeltag, der über weite Gletscher und Firn führt und zum Schluss einige luftige Kraxelmeter bietet.

Ausgangs-/Endpunkt
Pont (1945 m)

Anfahrt/Rückreise
Mit dem Zug nach Martigny, anschließend per Bus über den Grossen Sankt Bernhard nach Aosta und weiter per Bus via Villeneuve nach Pont im Valsavarenche. Infos zum regionalen Busfahrplan: Tel. +39 (0)165 36 70 11, www.savda.it

Gehzeiten
Pont – Rifugio Vittorio Emanuele II 2 Std.; Rifugio Vittorio Emanuele II – Gran Paradiso 5 Std; Gran Paradiso – Rifugio Vittorio Emanuele II 3.30 Std.; Rifugio Vittorio Emanuele II – Pont 1.30 Std.

Beste Jahreszeit
Juli bis September (mit Ski Ende März bis Mai)

Einkehr/Unterkunft
Rifugio Vittorio Emanuele II, Tel. +39 (0)1 659 59 20, www.rifugiovittorioemanuele.com; Rifugio Chabod, Tel. +39 (0)1 659 55 74, www.rifugiochabod.com

Karten
IGC-Karte 1:25 000, Blatt 101 »Gran Paradiso-La Grivola-Cogne«; IGC-Karte 1:50 000, Blatt 3 »Gran Paradiso«

Der Gran Paradiso liegt im ältesten Nationalparks Italiens. Als technisch einfacher Gipfel ist er wenig einsam, belohnt Besucher aber mit Ausblicken auf wilde Berglandschaften und – mit etwas Glück – dem Sichten historisch bedeutsamer Steinböcke.

Geselliger Marsch zum Gipfel Der Gran Paradiso ist mit seinen 4061 Metern Höhe ein ganzes Stück tiefer als der 4808 Meter hohe Mont Blanc. Dennoch hat er für Italien eine besondere Bedeutung: Anders als der Monte Bianco, den die Italiener sich mit den Franzosen teilen müssen, steht der Gran Paradiso ganz auf italienischem Boden. Er ist also der höchste Binnengipfel Italiens. Da der eine Gipfel des Gran Paradiso – er hat mehrere etwa gleich hohe Gipfel – recht einfach zu erreichen ist und auf diesem Gipfel zudem eine landesweit bekannte Madonnenstatue steht, erfreut sich diese Tour unter italienischen Berggängern einer sehr großen Beliebtheit. Daraus resultieren an schönen Wochenenden Karawanen von Bergsteigern, die sich den Berg hoch und runter bewegen. Das Gute daran ist, dass italienische Alpinisten eine große Ähnlichkeit mit englischen Alpinisten haben: Sie sind – etwas pauschal formuliert – überaus soziale Genossen, die sich durch andere nicht stören lassen und auch unter widrigsten Bedingungen Humor und gute Laune behalten. Dies liest sich im Falle des Gran Paradiso auf Online-Portalen dann zum Beispiel so: »Bella gita sociale, siamo in 26 e

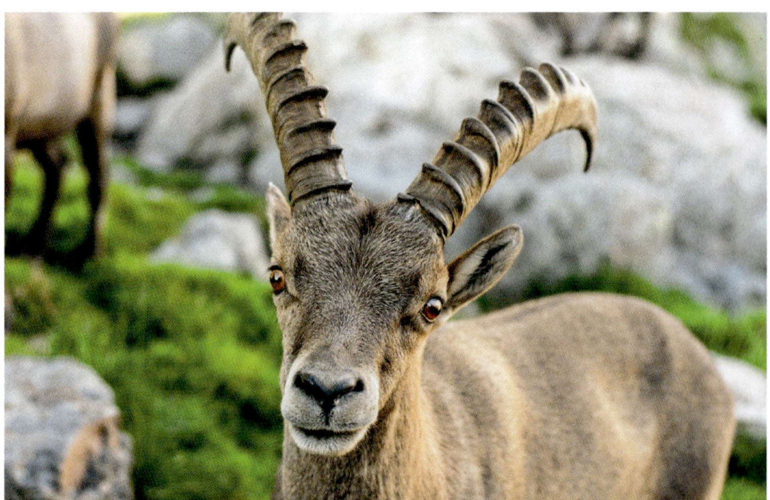

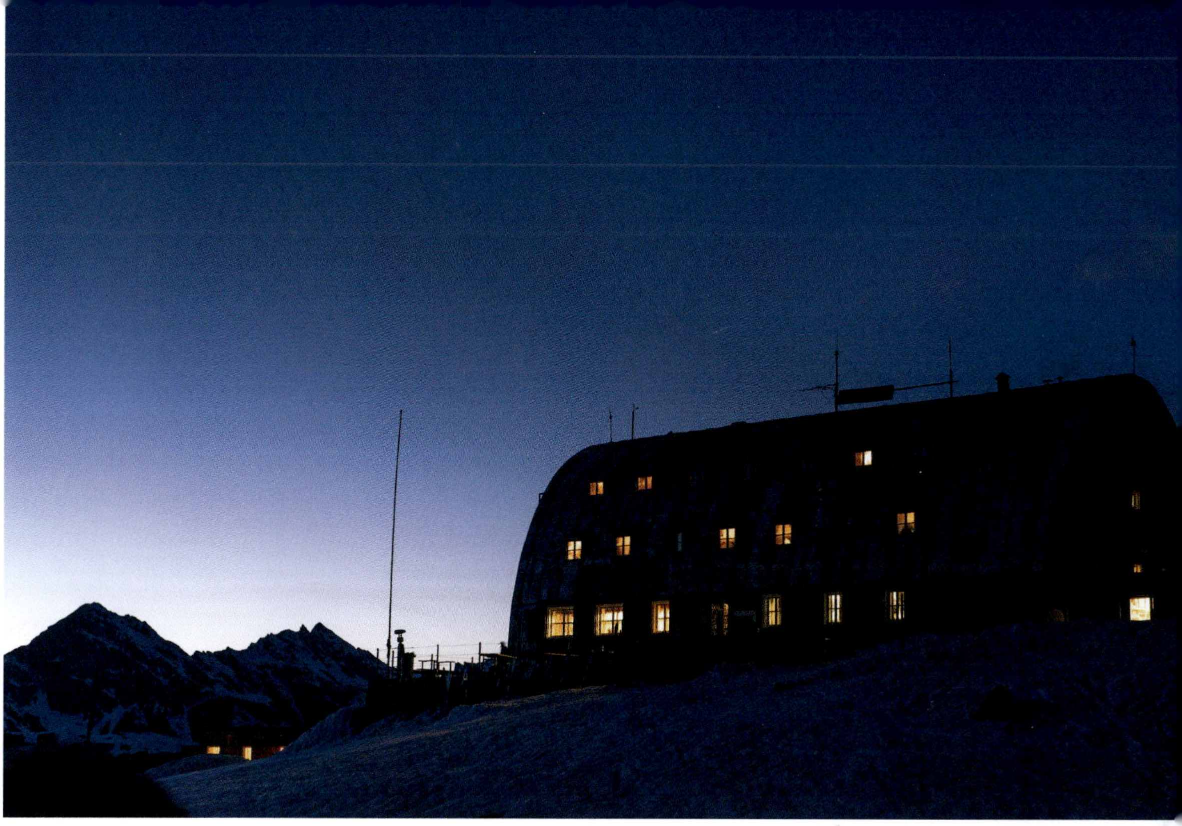

arriveremo tutti in vetta.« Auf Deutsch in etwa: Ein geselliger Anlass, bei dem alle 26 Teilnehmer den Gipfel erreicht haben. Wem sich bei solchen Aussichten die Nackenhaare sträuben, der besteige den Gran Paradiso entweder unter der Woche oder bei schlechten Bedingungen …

Die Fenster des Rifugio Vittorio Emanuele II leuchten in der kalten Abenddämmerung.

Linke Seite: Auch er ist ein Nachfahre aus dem Aostatal: ein Steinbock bei der Glecksteinhütte.

Der älteste Nationalpark Italiens Der vielen Besucher zum Trotz bietet der Gran Paradiso ein besonderes Naturerlebnis, ragt er doch inmitten des Parco Nazionale Gran

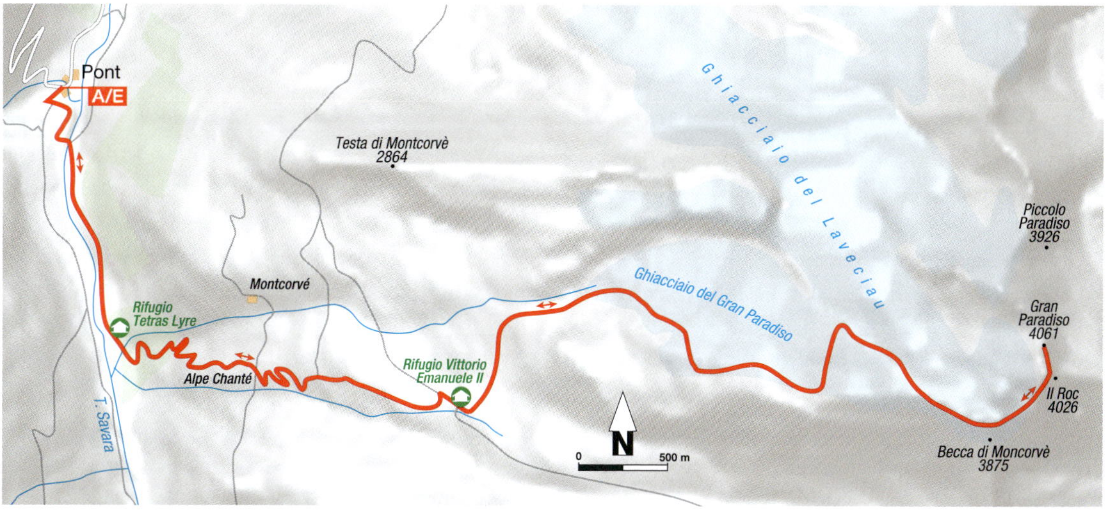

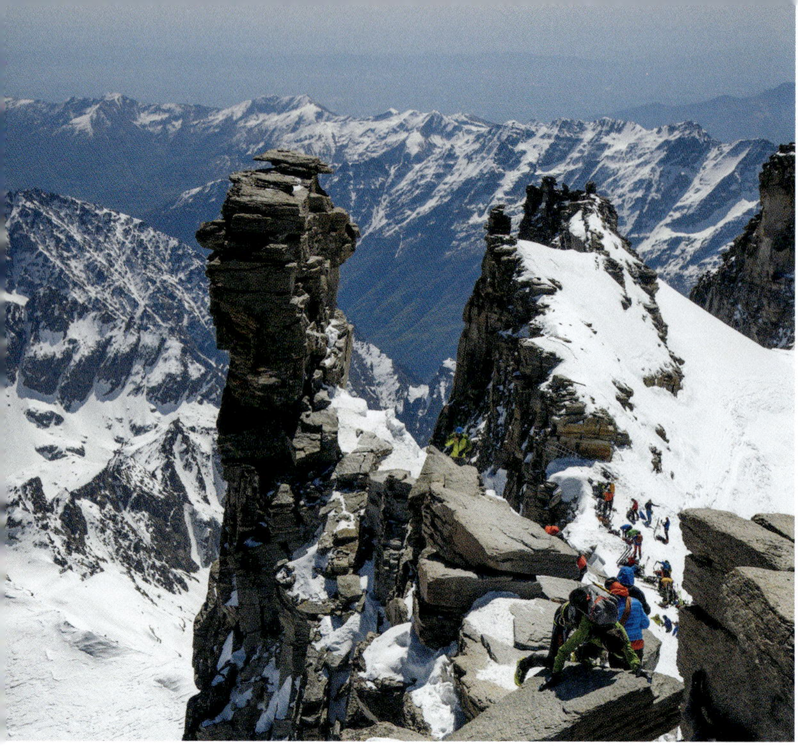

Exponiert: Nach dem langen Gletscheraufstieg wartet der Gipfelaufbau mit einer netten Kletterei auf.

Paradiso auf. Dem mit Gründungsjahr 1922 ältesten Nationalpark Italiens und – nach dem Schweizerischen Nationalpark im Engadin – zweitältesten Nationalparks der Alpen. Bereits mehr als ein halbes Jahrhundert zuvor war das Gebiet zum Schutz des Alpensteinbocks von König Vittorio Emanuele II als königliches Jagdreservat ausgeschieden worden. Nicht ganz ohne Eigennutz, war der König doch ein begeisterter Jäger, der sich aus den so selten gewordenen Steinböcken Weidmanns Ruhm und Ehre sowie gute Einkünfte erhoffte. Denn im Gebiet des Gran Paradiso lebten die letzten Steinböcke der Alpen, nachdem sie im übrigen Alpenbogen vollständig ausgerottet worden waren. So war etwa in den Walliser Alpen 1809 der letzte Steinbock der Schweiz erlegt worden.

Woher die wilden Steinböcke kommen Wie wichtig die Population der Alpensteinböcke im Gebiet des Gran Paradiso werden sollte, zeigte sich aber erst anfangs 20. Jahrhundert. Dann nämlich, als die Schweizer entschieden, das stolze Tier wieder in ihren Bergen anzusiedeln. Bloß wie, war die Frage, gab es doch einzig noch im Jagdreservat des italienischen Königshauses echte Steinböcke. Und diese, so die Meinung Italiens, sollten auch dort und nur dort bleiben. Doch den Schweizern waren alle Mittel feil, und so traf sich nach längeren Verhandlungen ein Vertreter eines St. Galler Wildparks mit dem Wilderer Joseph Berard aus Aosta in einer Top-Secret-Mission. Der weithin berühmte Wilderer kam dazu im Juni 1906 nach Martigny im Walliser Rhonetal. Der Deal: Der Schweizer Wildpark-Verantwortliche bezahlte dem Wilderer, auf heutige Zeiten umgerechnet, rund 60 000 Franken und reiste dafür mit zwei Steinbockkitzen zurück nach St. Gallen. Gemäß heutigen Recherchen übrigens auf legalem Weg: Die Bundesbehörden waren über die Aktion informiert. In der Folge gelangten fast 59 italienische Steinböcke per Schmuggler in die Schweiz, während man mit diesen Tieren in Wildparks in St. Gallen und Interlaken wacker weitere Steinböcklein züchtete. Im Frühjahr 1911 dann wurden die ersten fünf Steinböcke im sanktgallischen Weisstannental ausgesetzt, hochoffiziell und unter dem Beifall von Publikum. In den nächsten 37 Jahren folgten Auswilderungen von insgesamt 150 Steinböcken an mehreren Orten der Schweiz. Und auch in allen anderen Alpenländern fanden zwischen 1921 und 1936 Wiederansiedlungen statt. Mit Erfolg: Heute leben im gesamten Alpenbogen um die 45 000 Steinböcke, wobei sie alle im Grunde Italiener sind: Sie stammen von den rund 100 Vorfahren ab, die im Gran-Paradiso-Nationalpark überlebt haben.

Von Pont zum Rifugio Vittore Emanuele II Vom Parkplatz direkt hinter Pont geht es vom Info-Häuschen zu einer Holzbrücke, die den Bach Savara überquert. Von dort führt eine Schotterstraße taleinwärts zum Rifugio Tètras Lyre. Von diesem aus geht es auf einem markierten Wanderweg linkerhand in weiten Kehren hoch durch einen hübschen Lärchenwald, bis man auf einer Höhe von rund 2150 Metern den Wald allmählich verlässt und einen Wasserfall passiert. Danach wandert man durch zunehmend karges – und an sonnigen Tagen schweißtreibendes – Gelände zur Hütte. Diese belohnt Besucher mit einem kleinen See und Ausblicken auf die umliegenden Gipfel des Gran-Paradiso-Nationalparks.

Von der Hütte zum Gran Paradiso Von der Hütte aus geht es links am wuchtigen Felssporn oberhalb der Hütte vorbei, in nördlicher, dann östlicher Richtung durch ein Blockfeld ins Moränengelände, das einst der Ghiacciaio del Gran Paradiso geschaffen hat. In der Flanke der linken Moräne folgt man den Steinmännchen folgend im Zickzack hoch und gelangt in eine Art ansteigende Mulde aus Gletscherschliffplatten. Dieser entlang geht es weiter den Steinmännchen folgend hoch in einen Firnkessel und durch diesen weiter bis auf eine Höhe von rund 3000 Metern, um an dessen Ende einen steilen Gletscherhang nach rechts hoch hinauszuqueren und ein erstes Plateau zu erreichen. In der Folge geht man dem Gletscher entlang eher rechterhand bergwärts und peilt schließlich jenen Punkt an, an dem Ghiacciaio del Gran Paradiso und Ghiacciaio del Laveciau sich teilen, um anschließend dem Schneegrat des Schieno d'Asino, dem »Eselsrücken«, entlang weiter hoch in Richtung des Felsgipfels des Becca di Moncorvè (3875 m) zu steigen. An diesem vorbei zieht man über steilere Hänge zum Bergschrund und gelangt schließlich kraxelnd in die Scharte zwischen einem Felsturm und dem Gipfel mit der Madonnenstatue. Die meisten Bergsteiger wählen den Madonnengipfel als Ziel – insbesondere, da die italienischen Bergsteiger die Madonna berühren wollen. Die wenige Meter hohe Kletterei zum Madonnengipfel ist leicht, aber etwas exponiert und mit zwei Bohrhaken eingerichtet. Der zweite Gipfel, teils etwas weniger überlaufen und zwei oder drei Meter höher, ist in wenigen Minuten in einer ebenfalls leicht exponierten Kletterei zu erreichen. Da das Gletschergelände im Aufstieg weitläufig ist, sind mehrere Routen zum Gipfel möglich. Eine ebenfalls oft gewählte Linie führt beispielsweise auf der orografisch linken Seite des Ghiacciaio del Gran Paradiso via P. 3704 hoch zum Becca di Moncorvè. Ebenfalls möglich ist zudem die Begehung einer einfachen, aber luftigen Via Ferrata in den Felsen zwischen Ghiacciaio del Gran Paradiso und Ghiacciaio di Laveciau. Über diese gelangt man schließlich auch zum Punkt, an dem die beiden Gletscher sich trennen. Informationen zu den aktuellen Verhältnissen und der davon abhängigen Routenwahl lassen sich am besten vor Ort in den Hütten einholen.

Von Nord nach Süd

Wer nicht auf derselben Route absteigen möchte, wie er aufgestiegen ist, wählt die Route vom Rifugio Chabod her (L+). Das Rifugio erreicht man ebenfalls aus dem Valsavarenche von der Alpe Terré aus, die wenig vor Pont liegt. Von der Hütte führt die Route anschließend über den Ghiacciaio di Laveciau (oder über die im Text erwähnte Via Ferrata) hoch zum Punkt, wo sich der Ghiacciaio di Laveciau und der Ghiacciaio del Gran Paradiso teilen respektive die Route sich mit jener vom Rifugio Vittorio Emanuele II her vereint.

3 Mont Blanc (4808 m)

Auf dem Dach der Alpen

WS– · 3–4 Tage · 2580 Hm · ZS+

Tourencharakter
Der Mont-Blanc-Gipfel ist in langen Anstiegen auf Gletschern und im Firn technisch relativ einfach zu erreichen. Objektive Gefahren wie Steinschlag, Eisschlag und Lawinengefahr sind indes auf allen Routen präsent. Bei Schlechtwettereinbrüchen kommen Navigationsprobleme und, allgemein erschwerend, die große Höhe hinzu. Einmal oben, ist der Ausblick auf das Gipfelmeer der Alpen unvergesslich!

Infos vor Ort
Office de Haute Montagne, Chamonix, Tel. +33 (0)4 50 53 22 08, www.chamoniarde.com

Ausgangs-/Endpunkt
Bergstation Nid d'Aigle (2372 m) oberhalb von Les Houches

Anfahrt/Rückreise
Nach Martigny und über den Col de la Forclaz und den Col des Montets nach Chamonix bzw. Les Houches.

Gehzeiten
Nid d'Aigle – Refuge du Goûter 5 Std.; Refuge du Goûter – Notbiwak Vallot 2.30 Std.; Notbiwak Vallot – Mont Blanc 2 Std.; Mont Blanc – Refuge du Goûter 3 Std.; Refuge du Goûter – Nid d'Aigle 3.15 Std.

Beste Jahreszeit
Juli bis September (mit Ski April und Mai)

Einkehr/Unterkunft
Refuge du Goûter, Tel. +33 (0)4 50 54 40 93, www.montblanc.ffcam.fr; Refuge des Cosmiques, Tel. +33 4 50 54 40 16, www.refuge-des-cosmiques.com; Refuge des Grands Mulets, Tel. +33 (0)4 50 53 57 10, www.refugedesgrandsmulets.ffcam.fr

Karten
IGN-Karte 1:25 000, Blatt 3630OT »Chamonix – Massif du Mont Blanc«; www.geoportail.gouv.fr www.map.geo.admin.ch

Er ist der höchste Gipfel der Alpen, der König der Viertausender: der Mont Blanc. So manche, die auf seinem Gipfel stehen, erfüllen sich damit einen Traum. Doch der Weg dorthin ist lang. Und birgt auf jeder der drei Normalrouten objektive Gefahren.

Vor der großen Tour Seit jeher warten Bergsteiger im Dorf Chamonix auf gutes Wetter. Auf gute Bedingungen. Auf den richtigen Moment, um auf den höchsten Gipfel der Alpen zu steigen. So auch wir. Zwei Tage lang sitzen wir im Regen in Cafés und im Hotel, dann endlich ziehen wir bei der Mittelstation Plan de l'Aiguille mit unseren aufgebundenen Tourenski los. Über frisch verschneite Geröllfelder hin zu den Gletschern. Alles ist mächtiger am Mont Blanc als an anderen Bergen – die Flanken, die Gletscher, die Séracs. Als wir den Glacier des Bossons angeseilt betreten, blicken wir in Schründe und Löcher, die uns staunen machen, während wir unter blau schimmernden Eiswänden über Schneebrücken gehen. Nur einmal bleiben wir stehen und halten Ausschau nach unserem Ziel: dem Refuge des Grands Mulets. Wir entdecken dieses weiter oben auf einem Felssporn, der wie eine Insel aus den Eisströmen ragt. Meist ist die-

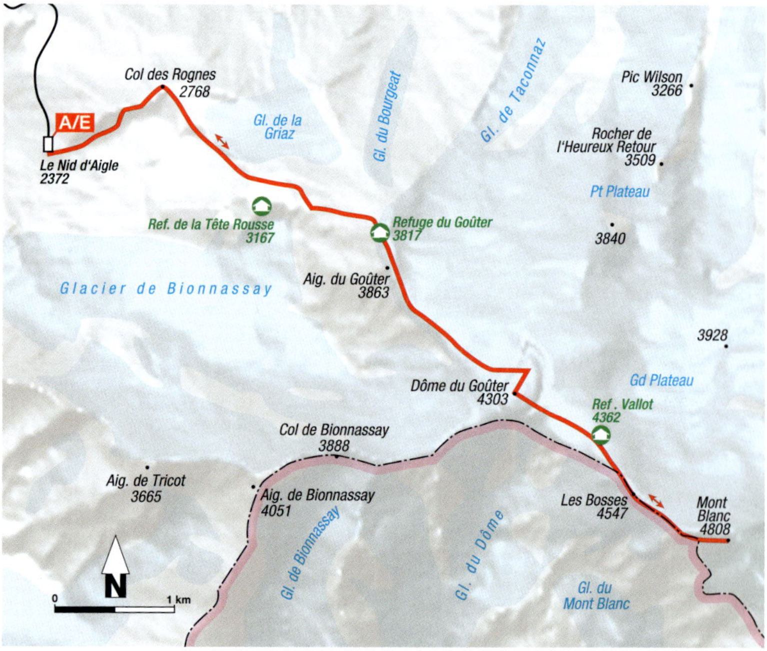

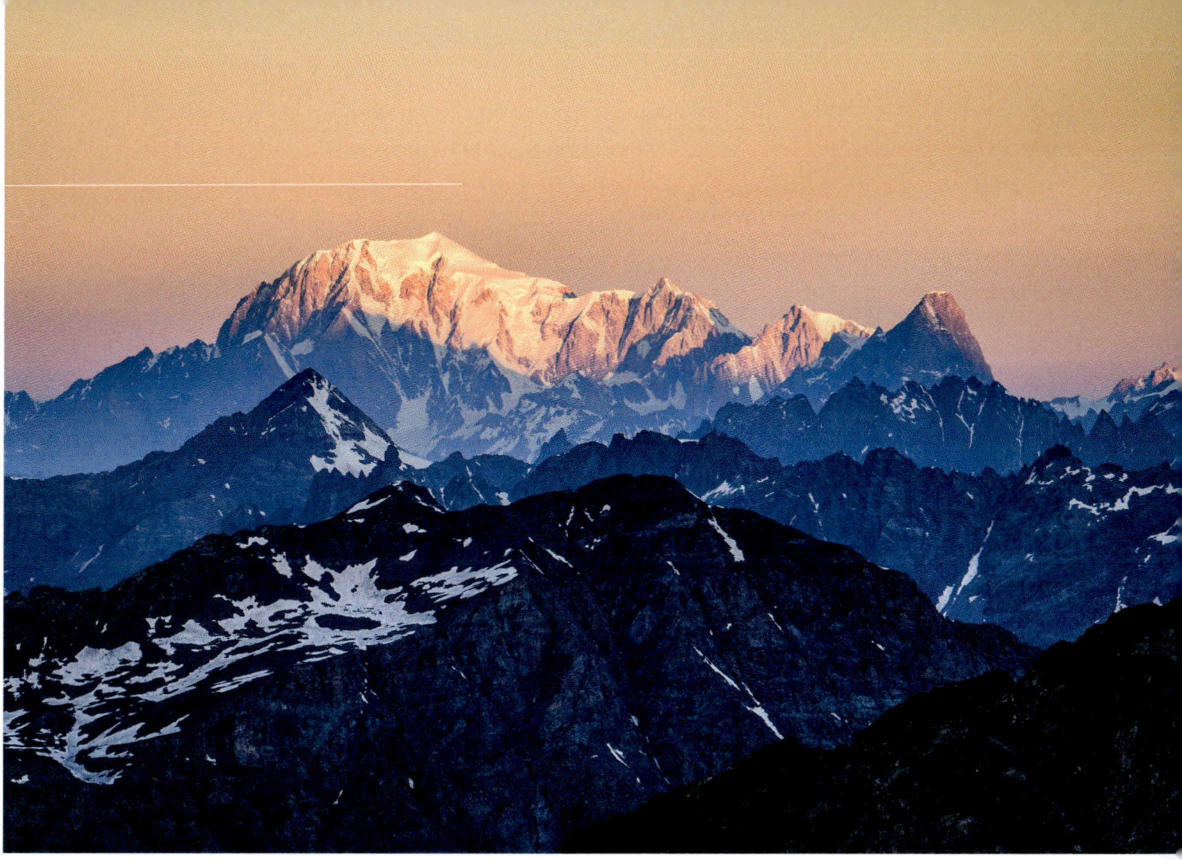

Mont Blanc: Der König Europas leuchtet im ersten Licht des Tages.

ses Refuge zum Bersten voll mit Leben. Doch als wir ankommen, steht der Hüttenwart allein in der Küche und scheppert mit Töpfen. Der Wetterbericht war lange, lange schlecht. Wir scheinen die Einzigen zu sein, die auf ein kurzes Zwischenhoch hoffen. So sitzen wir bald allein in der Stube, trinken heißen Tee, wachsen die Felle, füllen die Thermosflaschen mit Marschtee, packen früh die Rucksäcke und essen vor dem Schlafengehen möglichst viel Suppe und Rösti – Energiereserven für die große Tour.

Sterne am Himmel und Hämmer im Kopf Dann, um halb zwei Uhr nachts, ist es soweit. Wir knipsen nach kurzem Frühstück die Stirnlampen an, treten hinaus in die Kälte, lassen die Bindungen der Tourenski zuschnappen und ziehen los, über uns ein Himmel, der schwarz ist wie Tusche. Nur die Lichtkegel der Stirnlampen tanzen durch die Dunkelheit und weit unten schimmert die Wolkendecke golden. Es sind die Lichter von Chamonix, die aus der Tiefe emporleuchten, als wäre das Dorf in einem Ozean aus Wolken versunken. Doch dann, auf einmal, löst sich die Dunkelheit über uns auf, während sich an ihrer Stelle ein funkelndes Lichtermeer über uns ausbreitet. Wir bleiben stehen und blicken in den Himmel: Tausende von Sternen, in den Nachthimmel gesprenkelt wie glitzernde Sandkörner, und mittendrin die Milchstraße als hell leuchtendes Band. Das Zwischenhoch hat uns erreicht! Erst als wir knapp unter 4000 Meter Höhe einen steilen Hang in weiten Kehren hochziehen, beginnt das Funkeln zu verblassen, während der Tag im Osten den Nachthimmel hochstemmt und immer mehr Licht über die Alpen strömen lässt. Bis wir auf einmal einzelne Gipfel erkennen, die unter uns liegen und wie Inseln aus dem Wolkenmeer ragen. Doch der Moment vor dem Sonnenaufgang hat wie immer einen Nachteil: Es wird klirrend kalt, und wir denken mehr an die tauben Hände als an die Aussicht. Erst als wir über die sanfte Schulter des Dôme du Goûter – selbst ein offizieller Viertausender – ziehen, tauen die Lebensgeister auf. Die Sonnenstrahlen wärmen die Beine, die Arme, die Hände, das Herz. Und der vergletscherte Gipfel des Mont Blanc erhebt sich nun mächtig vor uns. Als wir die silbrig glänzende Biwakschachtel des Refuge Vallot erreichen und die Ski deponieren, scheint er zum Greifen nah.

»Über den Wolken muss die Freiheit wohl grenzenlos sein.« Wie recht hatte Reinhard Mey! Die Aiguille du Midi in der Morgensonne

Dünne Luft versus Bergsteiger Doch wir spüren die dünne Luft. Wegen des schlechten Wetters unternahmen wir keine einzige Akklimatisationstour und reisten direkt aus dem Flachland an. Mit bleischweren Beinen trotten wir deshalb vom Biwak weiter dem Gipfel entgegen und dem sanften Firngrat der Arête des Bosses entlang, auf dem wir zu unserem Erstaunen eine Spur vorfinden. Steigeisen an den Füßen, ein Hämmern im Kopf, zu wenig Luft in den Lungen, bewegen wir uns wie in Zeitlupe bergwärts. Erst die vor uns auftauchende Seilschaft reißt uns aus der Monotonie. Es sind drei Franzosen im Abstieg. Als sie uns erreichen, erzählen sie uns, wie sie vom Refuge du Goûter her aufgestiegen sind, nun aber vor dem Gipfel umgekehrt seien. »Trop de neige« – zu viel Schnee. Die Kräfte hätten zum Spuren nicht mehr gereicht. Wir nicken voller Verständnis und trotten weiter. Doch nicht mehr lange. Jeder Schritt, jeder Handgriff, jeder Gedanke braucht auf einmal zu viel Kraft, und auf knapp 4600 Meter werden die Beine zu schwer, das Hämmern im Kopf zu laut. Kein Zweifel: Wir haben unseren Gipfel erreicht. Selbst wenn es nicht der Gipfel des Mont Blanc ist. Für einen Augenblick nehmen wir uns dennoch Zeit, setzen uns auf unsere Rucksäcke, um diesen Moment zu genießen: den mächtigsten Berg der Alpen fast für uns allein – und das Gipfelmeer der Alpen unter uns.

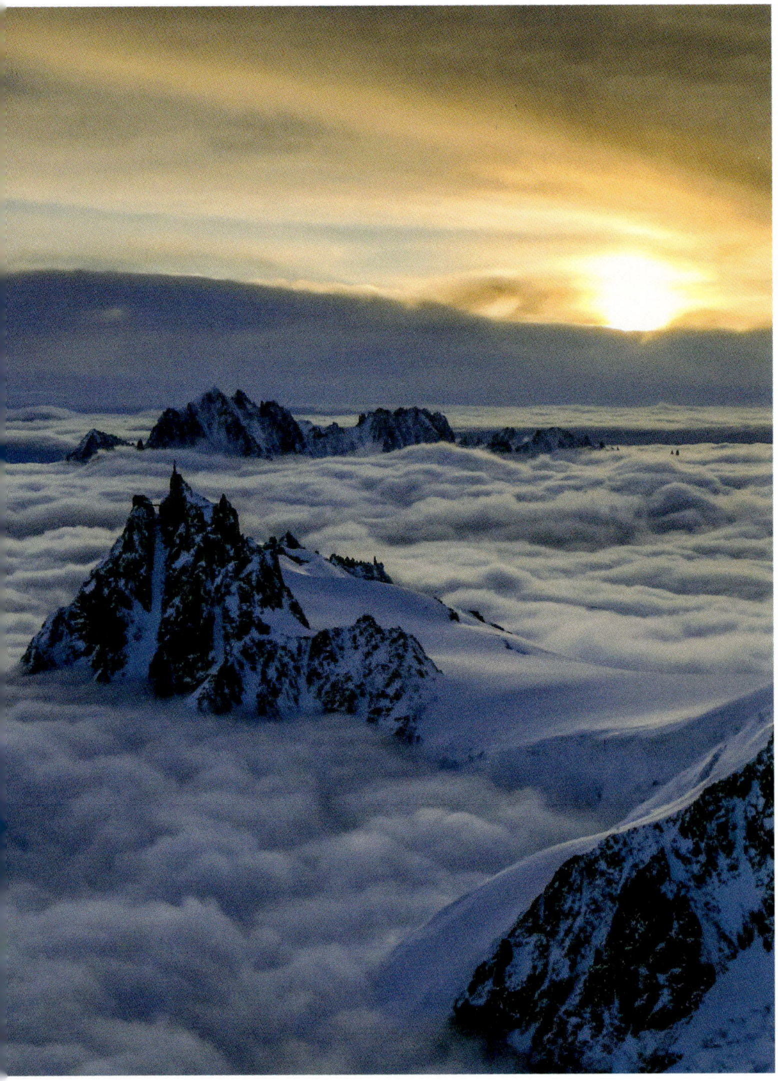

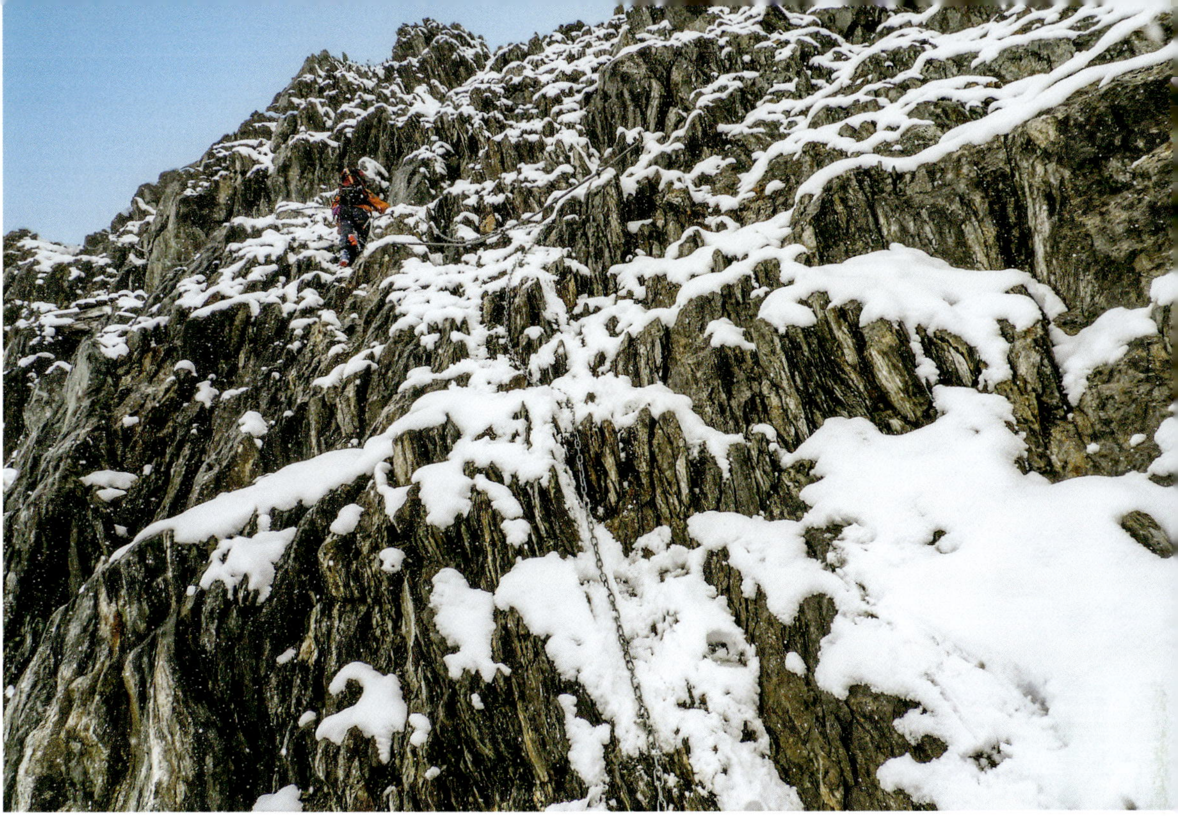

Dann folgt das, was immer wieder wie ein Wunder anmutet: Mit jedem Schritt talwärts, kehren Kraft in den Beinen und Leichtigkeit im Kopf zurück. Und bald kurven wir in weiten Bogen über die Flanken unterhalb des Refuge Vallot talwärts durch Pulverschnee, so leicht wie Styropor. Schnell, fast zu schnell, geht es hinab. Nach einer Stunde sind wir wieder beim Refuge des Grands Mulets, weitere zwei Stunden später bei der Gondelstation Plan de l'Aiguille. Dort blicken uns japanische Touristen erstaunt an. Einer fragt lächelnd: »Oh, ihr wart Skifahren?« – »Etwas in der Art«, antworten wir und lächeln müde zurück.

Der Neuschnee macht an diesem Tag bereits den Zustieg zur Grands-Mulets-Hütte zum Abenteuer.

Von Normalrouten und objektiven Gefahren Auf den Mont Blanc führen mehrere, regelmäßig begangene Normalrouten. Zum einen ist dies der klassische Anstieg vom Refuge du Goûter her über die Arête des Bosses zum Gipfel; zum anderen die Route vom Refuge Cosmique über den Mont Blanc du Tacul und den Mont Maudit zum Gipfel; und drittens, vor allem mit Ski erste Wahl, der Anstieg vom Refuge des Grands Mulets her, der am Ende ebenfalls über die Arête des Bosses zum Gipfel führt. Die gute Nachricht dabei: Alle drei Aufstiege sind technisch wenig schwierig. Die schlechte Nachricht: Alle drei Routen bergen erhebliche objektive Gefahren, die im Grunde

Die »echte« Höhe des Mont Blanc

Da der Gipfel des Mont Blanc aus über zehn Metern Firn besteht, verändert sich seine Höhe laufend. So wurde er innerhalb der letzten zwanzig Jahre mal auf 4808 m, mal auf 4811 m und mal auf 4810 m gemessen, wobei der höchste Punkt sich auch horizontal verschiebt. Im Jahr 2009 etwa lag der Gipfel gut 25 m weiter östlich als zwei Jahre zuvor. Eines aber bleibt fix: Der höchste Felspunkt des Mont Blanc ist 4792 m hoch und liegt östlich des Firngipfels – verborgen unter einer dicken Kappe aus Eis und Schnee.

nur noch deshalb in Kauf genommen werden, weil es sich um den höchsten Gipfel der Alpen handelt und keine sinnvollen Alternativen bestehen. So wird der Zustieg ins Refuge du Goûter aufgrund der Klimaerwärmung, namentlich schwindendem Permafrost, so sehr durch Steinschlag bedroht, dass der Zugang in den letzten Sommern teils für längere Zeit gesperrt blieb. Die Überschreitung von Tacul und Maudit führt hingegen durch – auch im Sommer – lawinengefährliche, steile Nordflanken, wobei abbrechende Séracs in den Hängen als Auslöser von Schneebrettern hinzukommen. Bleibt also die Route über die Grands-Mulets-Hütte, die dummerweise im Bereich des Petit Plateau wie des Grand Plateau in den letzten Jahren dank Eisschlag zum Russischen Roulette wurde; seit einigen Jahren wird sie deshalb nur noch als Abfahrtsvariante mit Ski empfohlen, während man im Aufstieg auf den Nordgrat des Dôme du Goûter ausweicht, der wiederum steile, mächtige Nordhänge beschert. Was also tun? Eine Möglichkeit wäre, nicht auf den Mont Blanc zu steigen. Und wenn doch? Dann empfiehlt es sich, auf Online-Plattformen sowie vor Ort oder telefonisch im Office de Haute Montagne in Chamonix Infos zu den aktuellen Verhältnissen einzuholen.

Gebannter Blick auf den Mont Blanc: die Statuen von Bergführer Jacques Balmat und Naturwissenschaftler Horace-Bénédict de Saussure in Chamonix

Vom Nid d'Aigle zum Refuge du Goûter Da in Chamonix Gespräche in Gang sind, wie sich der Zustieg zur Goûter-Hütte sichern lässt, und davon auszugehen ist, dass dieses 2013 eröffnete Prunkstück alpinen Hüttenbaus auch künftig sinnvoll erreichbar

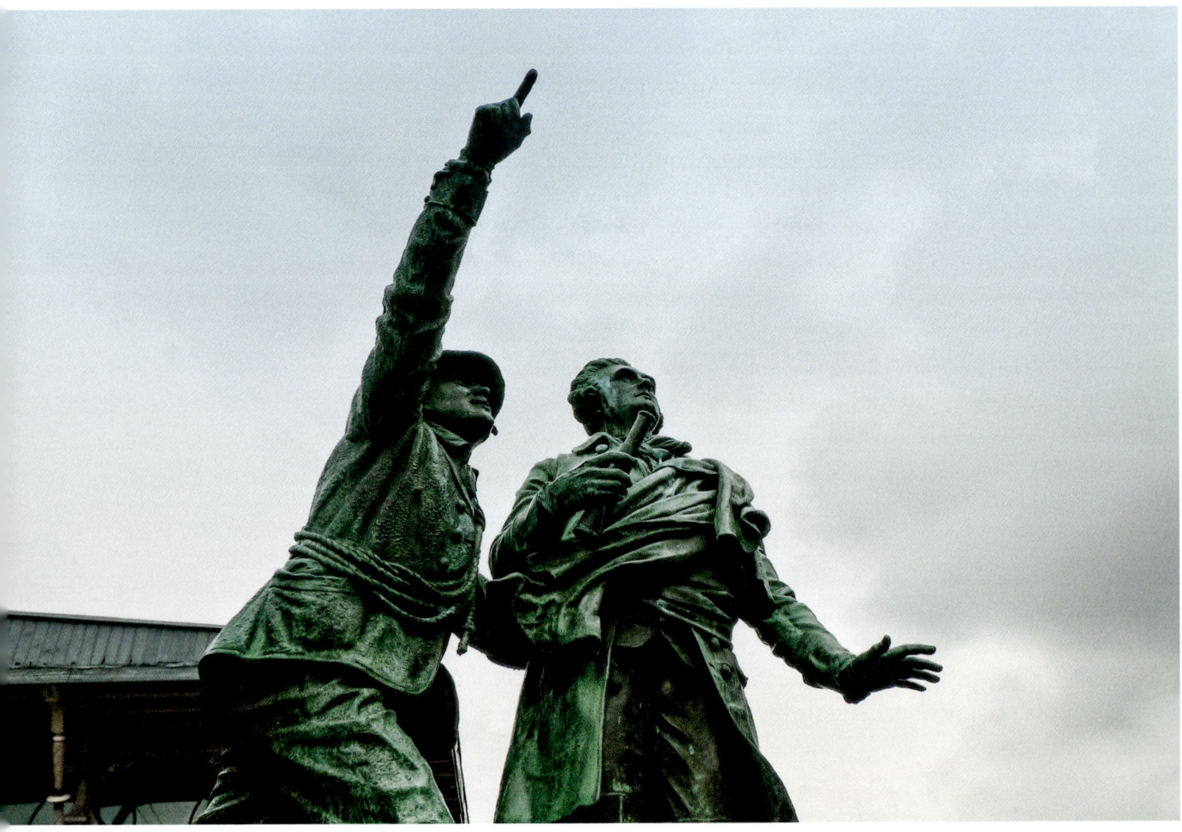

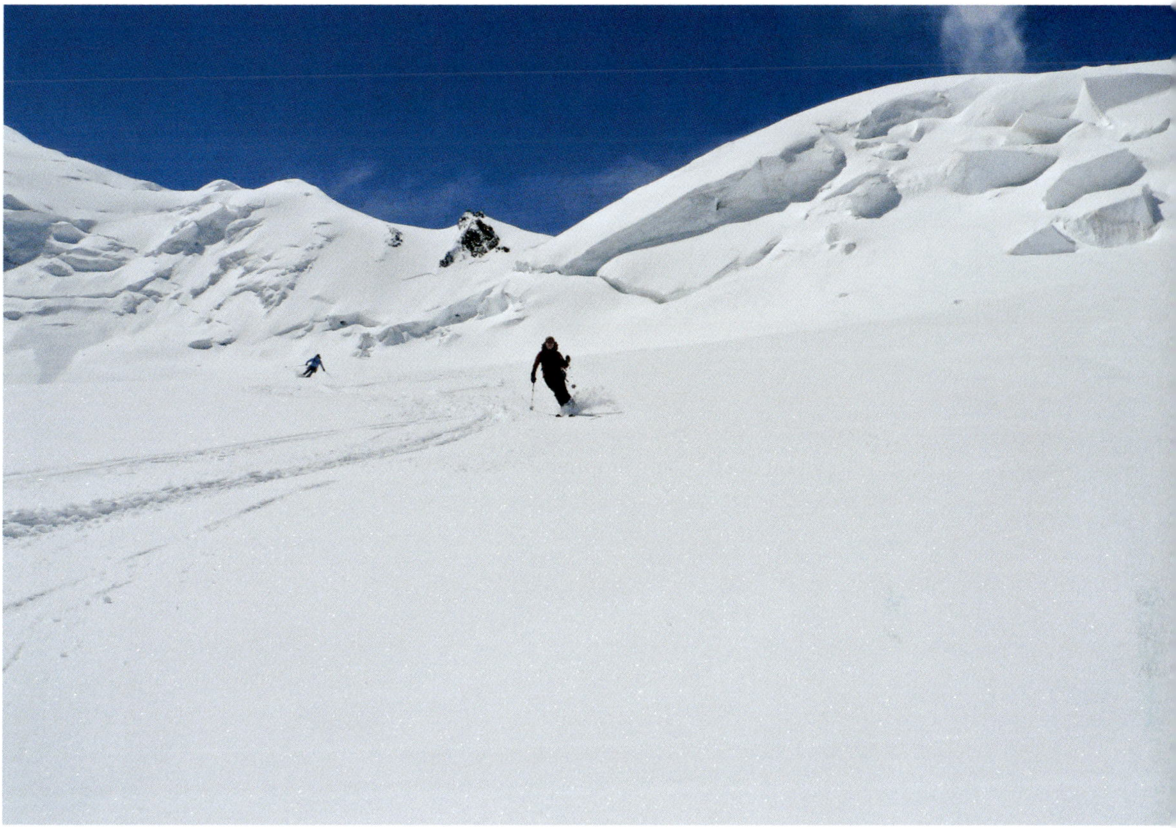

Höhenmetervernichtungsmaschinen: Mit Ski ist man im Nu vom Gipfel des Mont Blanc wieder im Tal – oder zumindest bei der Mittelstation von Plan de l'Aiguille.

sein soll, wird hier diese klassische Route kurz beschrieben; das Einholen aktueller Infos und allenfalls einer neuen Routenführung ist jedoch unabdingbar. Einmal bei der Bergstation Nid d'Aigle, der Tramway du Mont Blanc, einer Zahnradbahn, gelangt man auf dem Wanderweg via Col des Rognes zum nördlichen Rand des Glacier du Tête Rousse. Geht man direkt weiter zur Goûter-Hütte, führt die Route weiter ansteigend über den Gletscher direkt zum nördlichen Rand des Grand Couloir. Dieses ist die Problemstelle des gesamten Aufstiegs, da regelmäßig Steine durch das Couloir donnern. Sicherheit gibt es keine, doch ist es ratsam, diese Stelle am frühen Morgen möglichst rasch zu queren, um anschließend über die mit Fixseilen gesicherte Flanke zum Refuge du Goûter aufzusteigen.

Vom Refuge du Goûter zum Gipfel Unmittelbar hinter der Hütte gelangt man in wenigen Minuten auf den Firngrat, der zur Westflanke des Dôme du Goûter führt, durch die man anschließend in Richtung Dôme aufsteigt, um gegen Nordosten hin ausholend auf dessen höchsten Punkt zu gelangen. Wenngleich wenig markant, ist der Dôme du Goûter ein offizieller Viertausender. Wer etwas Kraft und Zeit sparen will, umgeht den Gipfel nordostseitig und gelangt direkt in den Sattel zwischen Dôme du Goûter und Arête des Bosses und geht wenige Meter weiter bis zum Vallot-Notbiwak. Von hier aus führt der sanfte Firngrat, die Arête des Bosses, zum Gipfel. Der Rückweg erfolgt auf derselben Route.

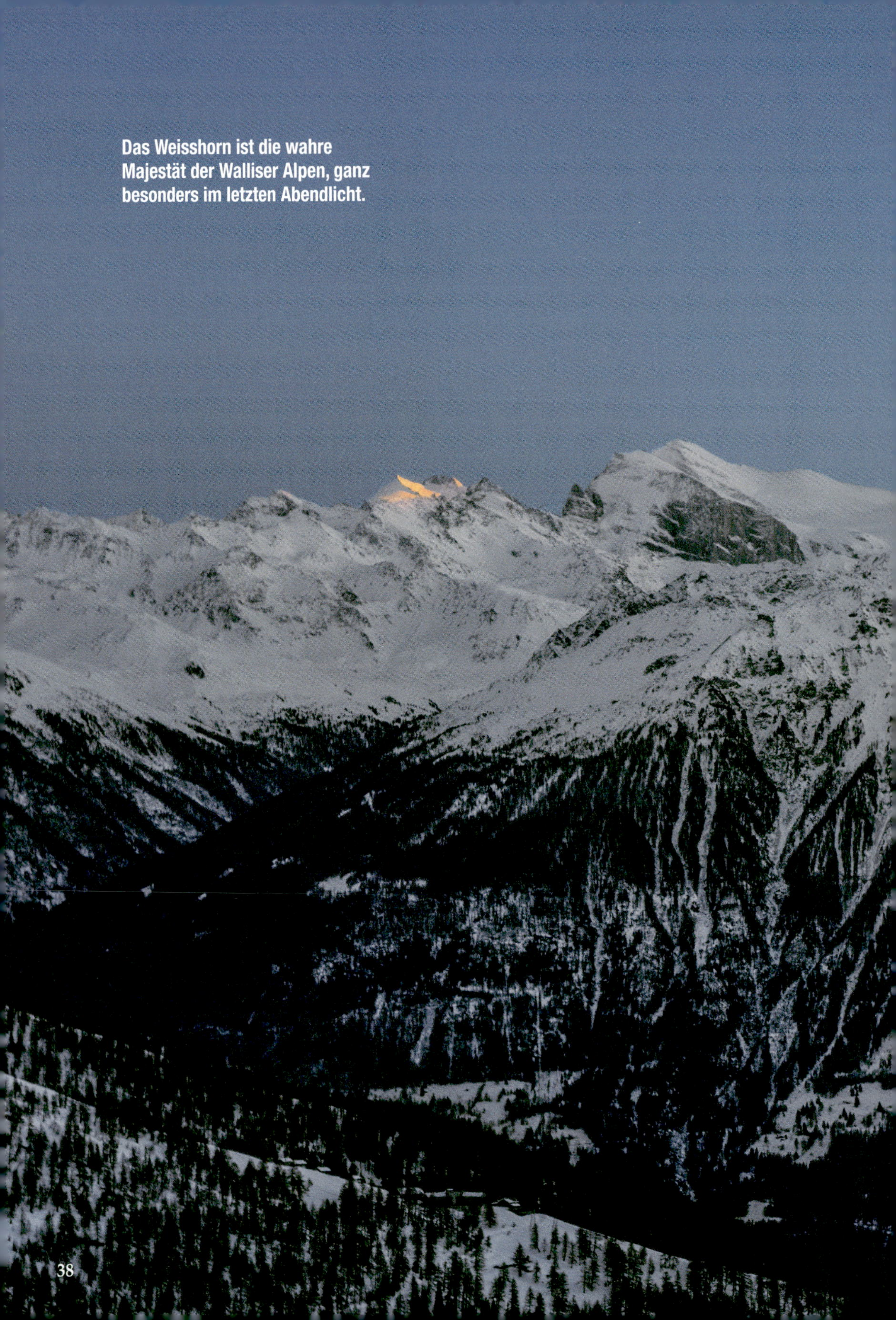

Das Weisshorn ist die wahre Majestät der Walliser Alpen, ganz besonders im letzten Abendlicht.

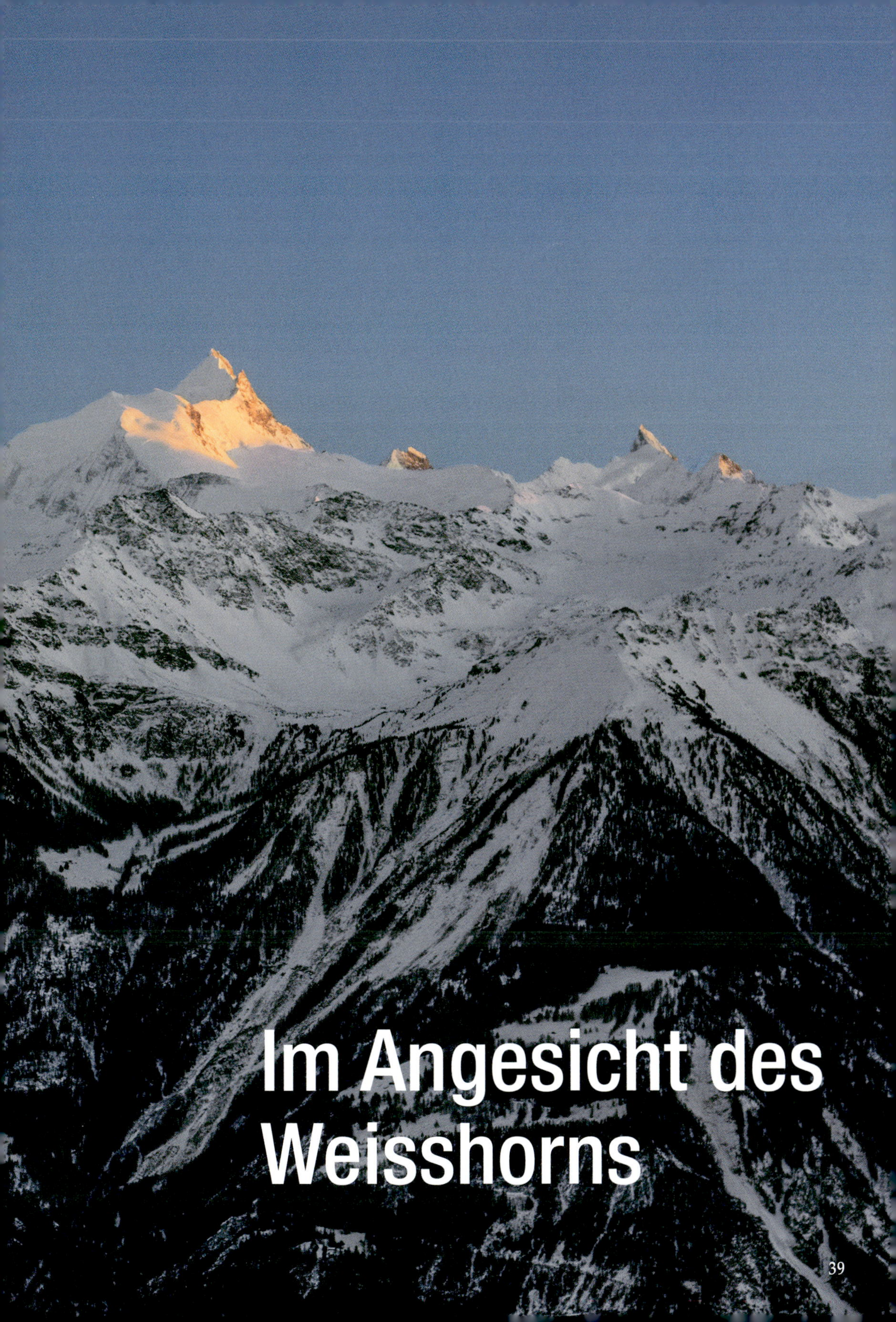

Im Angesicht des Weisshorns

4 Bishorn (4151 m)

Der Stolzeste unter den Leichten

L — 3 Tage — 2460/2600 Hm — WS

Tourencharakter
Das Bishorn ist ein einfacher, aber aus eigener Kraft zu besteigender Viertausender. Die Hüttenzustiege sind einfach, der anschließende Gipfelanstieg führt hauptsächlich über einen Gletscher. Im Winter ist besonders der Aufstieg zur und die Abfahrt von der Cabane de Tracuit nicht ganz trivial; sie führt, anders als im Sommer, via Le Chiesso und Roc de la Vache ins hinterste Val de Zinal.

Ausgangspunkt
Gruben (1818 m) im Turtmanntal

Endpunkt
Zinal (1675 m) im Val d'Anniviers

Anfahrt
Mit dem Zug von Martigny oder Visp nach Turtmann und weiter mit dem Bus zur Seilbahn Turtmann-Unterems-Oberems (LTUO); hoch nach Oberems und per Bus nach Gruben. Mit dem Auto fahrbare Straße bis Vorder Sänntum (Zeitersparnis Zustieg ca. 45 Min.).

Rückreise
Mit dem Postauto von Zinal via Vissoie nach Sierre/Siders und mit dem Zug zurück nach Visp, Martigny oder Turtmann.

Gehzeiten
Gruben – Turtmannhütte 3 Std.; Turtmannhütte – Cabane de Tracuit 3.30 Std.; Cabane de Tracuit – Bishorn 3 Std.; Bishorn – Cabane de Tracuit 2 Std.; Cabane de Tracuit – Zinal 3 Std.

Beste Jahreszeit
Juli bis September

Einkehr/Unterkunft
Turtmannhütte SAC, Tel. +41 (0)27 932 14 55, www.cas-prevotoise.ch; Cabane de Tracuit CAS, Tel. +41 (0)27 475 15 00, www.tracuit.ch

Karten
Swisstopo-Karte 1:25 000, Blatt 1307 »Vissoie«, Blatt 1308 »St. Niklaus«, Blatt 1327 »Evolène«, Blatt 1328 »Randa«; www.map.geo.admin.ch

Der Gipfel des Bishorns ist technisch einfach zu erreichen. Doch was die Ausdauer angeht, gehört der Berg zu den Großen: Egal, ob von Zinal her oder aus dem Grubental – die Aufstiege aus dem Tal sind weit und nur aus eigener Kraft zu überwinden.

Bishorn und Weisshorn Von Weitem betrachtet, fällt das Bishorn wenig auf. Was mit seiner Nachbarschaft zu tun hat: Obwohl es mit einer Höhe von 4151 Metern kein knapper Viertausender ist, steht es im Schatten des Weisshorns, das unmittelbar neben ihm in den Himmel ragt und zu den höchsten und schönsten Viertausendern der Alpen gehört. Dennoch, oder gerade deswegen, ist die Besteigung des Bishorns in jedem Fall lohnend. Wenn auch der Gletscheraufstieg nicht besonders abwechslungsreich ist, so ist es die Aussicht vom Gipfel allemal.

Aufstieg zur Turtmannhütte Der einfachste Weg führt von Gruben (1818 m) nach Senntum und weiter auf der Alpstraße zum Turtmannsee. Von hier geht es auf der Straße zur Materialbahn und in einem kurzen Anstieg auf einem Bergweg zur Turtmannhütte (2519 m).

Von der Turtmannhütte zur Cabane de Tracuit Von der Turtmannhütte führt ein markierter Pfad zum Gässi. Durch ein Couloir überwindet man

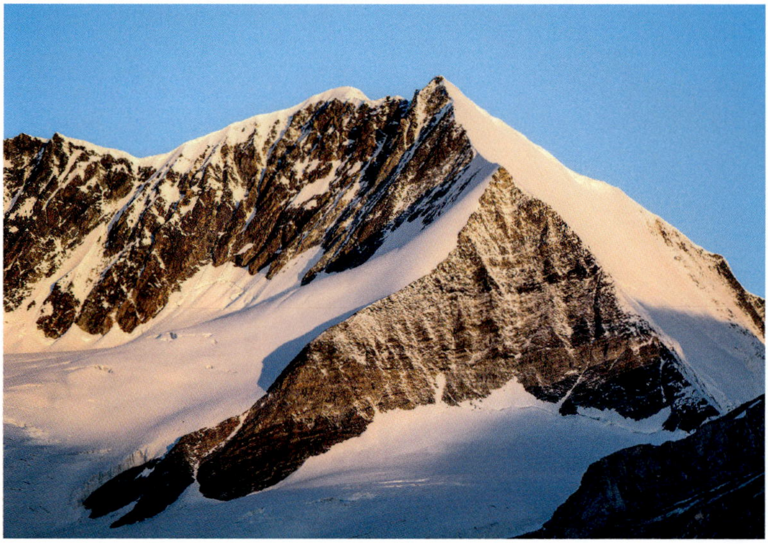

diese Felsstufe und gelangt auf weiß-blau-weiß markierter Route zum Bruneggletscher, den man auf rund 2620 Metern betritt. Von hier aus gibt es zwei Möglichkeiten: entweder man umgeht die Adlerflüe (2913 m) in einem weiten Bogen südöstlich im teils steilen Bruneggletscher. Gebräuchlicher ist: Man umgeht den See östlicher der Adlerflüe und kraxelt über eine gute Via Ferrata – Einstieg mit weiss-blauem Punkt markiert – und steigt wieder ab auf den Gletscher. Dessen Zunge wird ebenfalls traversiert, um an seinem Westrand bis zu einem flacheren Gletscherplateau unterhalb des Diablon des Dames aufzusteigen und dieses, weiter ansteigend, in südlicher Richtung bis zur Cabane de Tracuit (3256 m) zu queren. Wichtig dabei: Die Gletscherränder verändern sich rasch, und es empfiehlt sich, vor Ort Infos zu den aktuell besten Routen einzuholen.

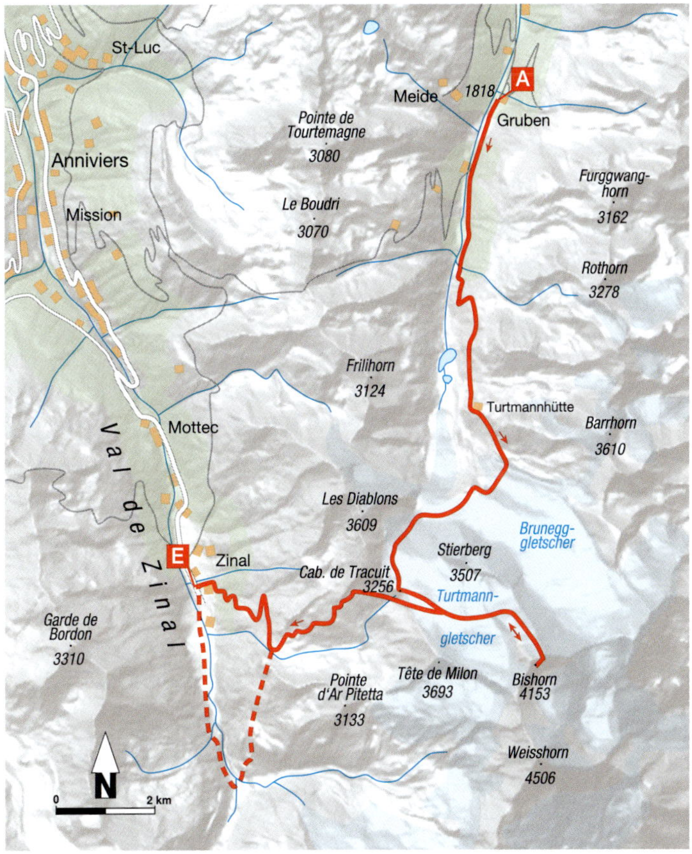

Von der Cab. de Tracuit auf das Bishorn Von der Cabane de Tracuit erreicht man in wenigen Minuten den Rand des Turtmanngletschers östlich der Hütte. In südöstlicher Richtung folgt man dem Gletscher bis auf knapp 3400 Meter, schwenkt nach links und traversiert die Gletscherzunge, lässt einen Felssporn rechts liegen und gelangt an den Fuß des Hangs, der in die Scharte zwischen den zwei Gipfeln des Bishorns führt. Links liegt der Ostgipfel (4135 m), nach rechts führt ein Schneegrat zum Hauptgipfel. Abgestiegen wird auf derselben Route.

Von der Cab. de Tracuit nach Zinal Von der Hütte geht es kurz durch eine felsige Rinne, dann auf gutem Pfad über Geröllhänge und Weiden zur Alp von Combautanna (2578 m) und weiter abwärts zu den Hütten von Le Chiesso (2061 m). Ab hier taucht der Weg in lichten Wald ein und führt in steilen Kehren hinab nach Zinal (1675 m).

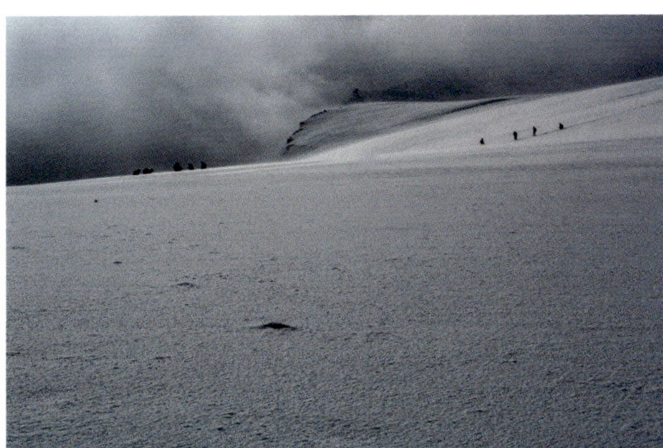

Das Bishorn – von Nordwesten sanft (unten), von Osten wild (linke Seite)

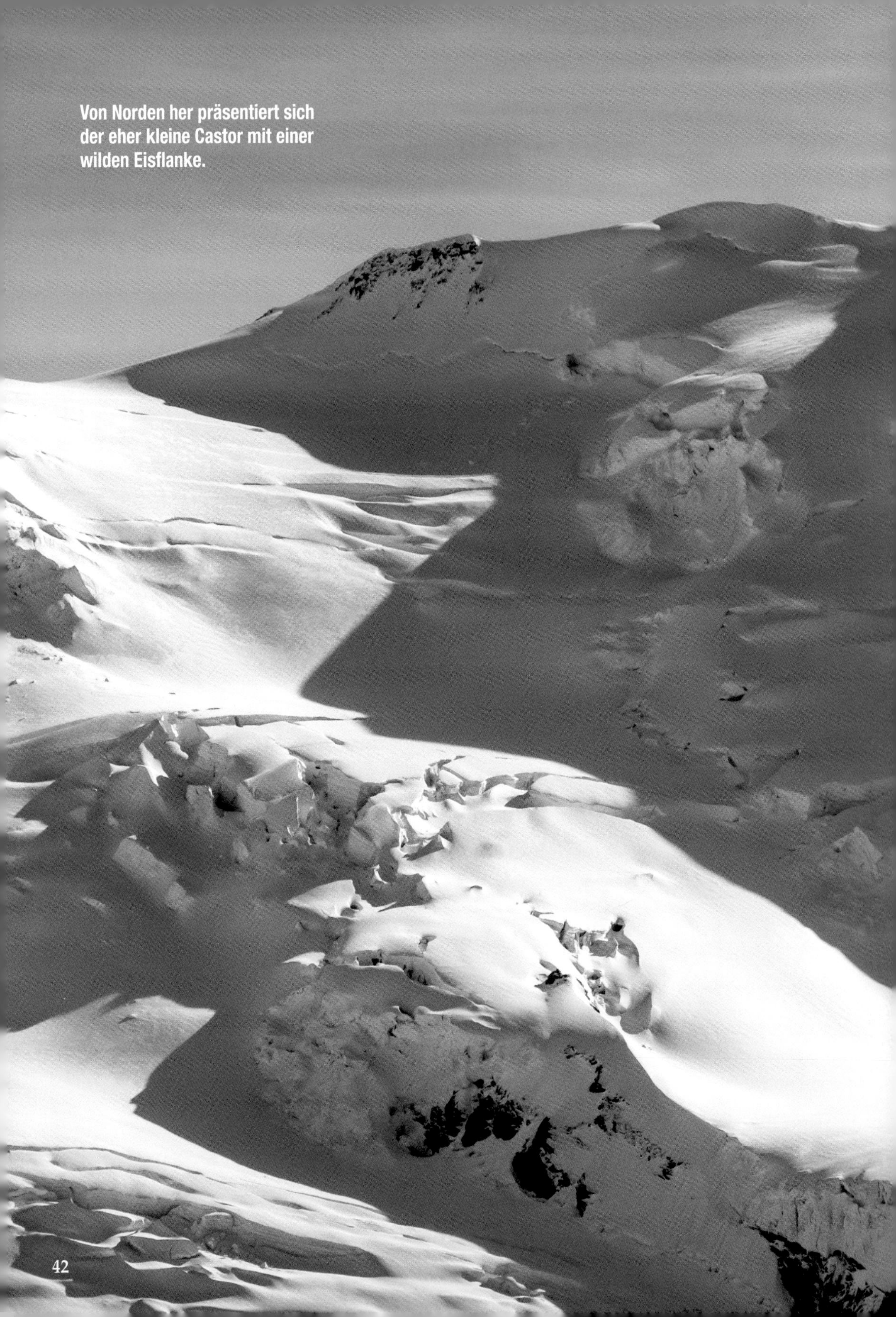

Von Norden her präsentiert sich der eher kleine Castor mit einer wilden Eisflanke.

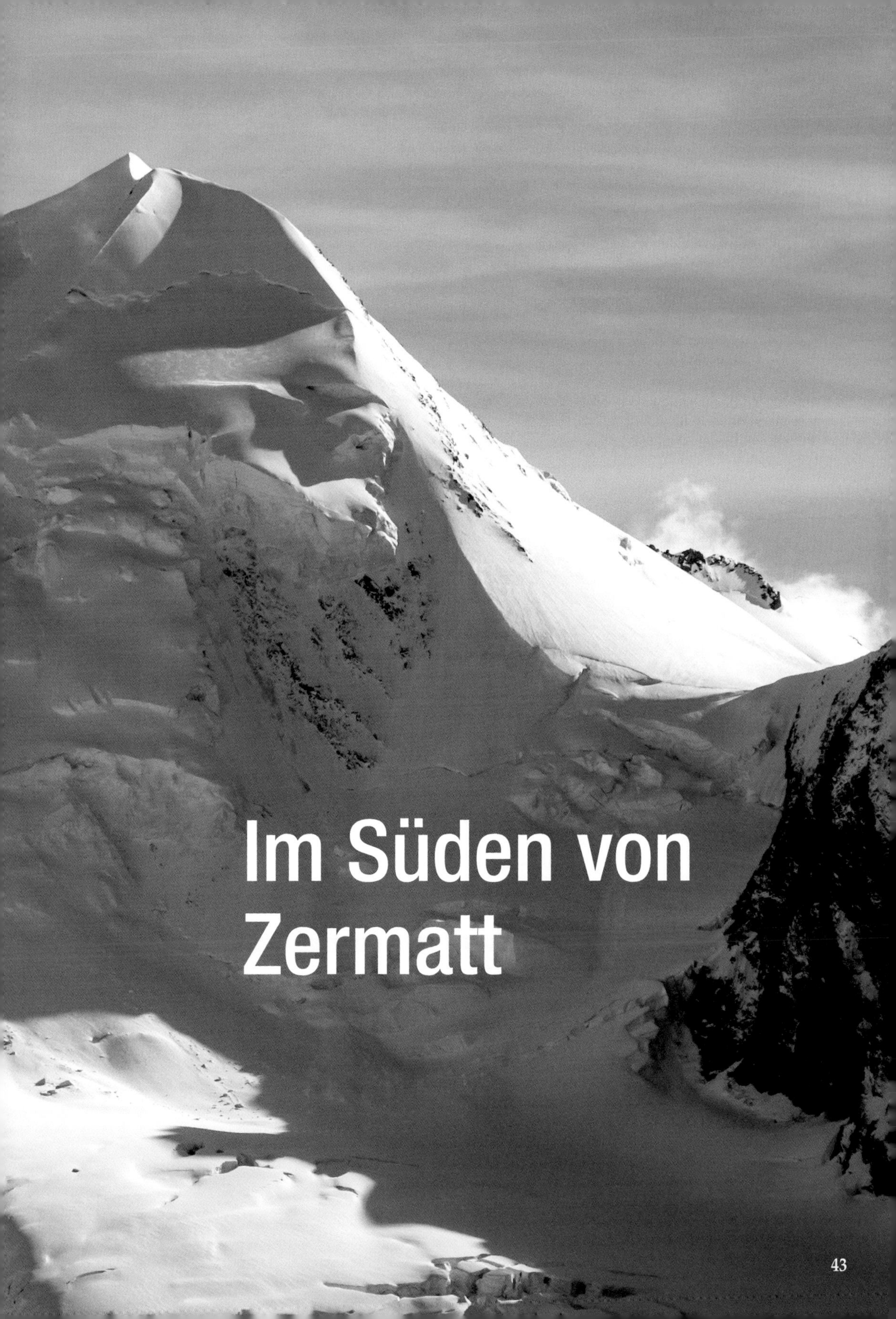

Im Süden von Zermatt

5 Breithorn-Westgipfel (4164 m)

Viel Viertausend für wenig Höhe

L · 2.45 Std. · 430 Hm · WS

Tourencharakter
Eine technisch einfache Hochtour, die beliebt und oft begangen ist. Anzeichen von Höhenkrankheit, Spaltengefahr auf dem Breithornplateau sowie Lawinengefahr nach Neuschneefällen sollten nicht unterschätzt werden. Gletscherausrüstung und alpinistische Erfahrung ist erforderlich. Wer ohne diese Kenntnisse losziehen möchte, findet im Alpin Center Zermatt täglich Touren mit Bergführer.

Ausgangs-/Endpunkt
Bergstation Klein Matterhorn (3820 m) oberhalb von Zermatt

Anfahrt/Rückreise
Vom Bahnhof Visp mit der Matterhorn-Gotthard-Bahn nach Zermatt. Mit dem Auto von Visp nach Täsch und weiter mit der Matterhorn-Gotthard-Bahn nach Zermatt. In Täsch gibt es ein großes Parkhaus (Zermatt ist autofrei).

Gehzeiten
Klein Matterhorn – Breithorn Westgipfel 1.45 Std.; Breithorn Westgipfel – Klein Matterhorn 1 Std.

Beste Jahreszeit
Juli bis September (mit Ski März bis Mai)

Einkehr/Unterkunft
Lodge Matterhorn, Tel. +41 (0)27 966 81 00, www.matterhornparadise.ch; Gandegghütte, Tel. +41 (0)79 607 88 68, www.gandegg.ch

Karten
Swisstopo-Karte 1:25 000, Blatt 1348 »Zermatt«; Swisstopo-Wander-/Skitourenkarte 1:50 000, Blatt 284T/S »Mischabel«; www.map.geo.admin.ch

Der Westgipfel des Breithorns – gleichzeitig der Hauptgipfel des Massivs – ist eher eine kleine Trophäe unter den Viertausendern. Dennoch – wer auf diesem Gipfel steht, erlebt das Hochgebirge in allen Facetten. Und kann wenig später in Zermatt wieder bei Kaffee und Kuchen ausruhen.

Zermatt und die Bergsteiger Zermatt gilt als eine der wichtigsten Metropolen des Bergsteigens. Das Matterhorn, der Alpinismus und die Hoteldynastie der Familie Seiler haben wesentlich dazu beigetragen, aus dem einst winzigen Zermatt einen der touristisch attraktivsten Orte der Schweiz zu machen. Schon früh zeigten sich die zukunftsweisenden Entwicklungen: Mitte des 19. Jahrhunderts noch ein bescheidenes Bergdorf, war Zermatt dennoch bereits ein wichtiger Ort für kühne Bergsteiger, allen voran Briten, die in der »Goldenen Zeit des Alpinismus« die höchsten Berge der Schweiz als Erste zu besteigen trachteten. Und bis heute ist der Glanz Zermatts ungebrochen: Matterhorn & Co locken Alpinisten aus aller Welt an, und mancher besteigt hier seinen ersten Viertausender, das Breithorn. Oder genauer – den Westgipfel des Breithornmassivs.

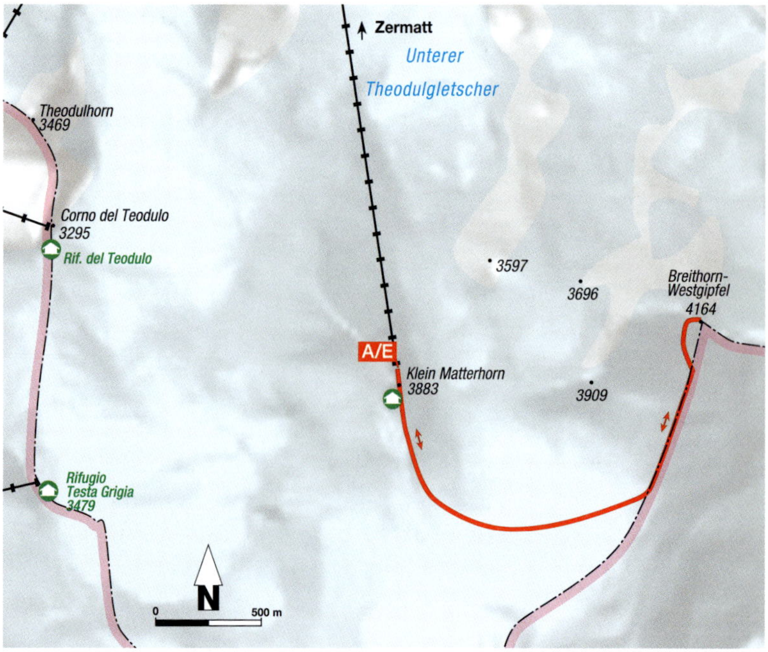

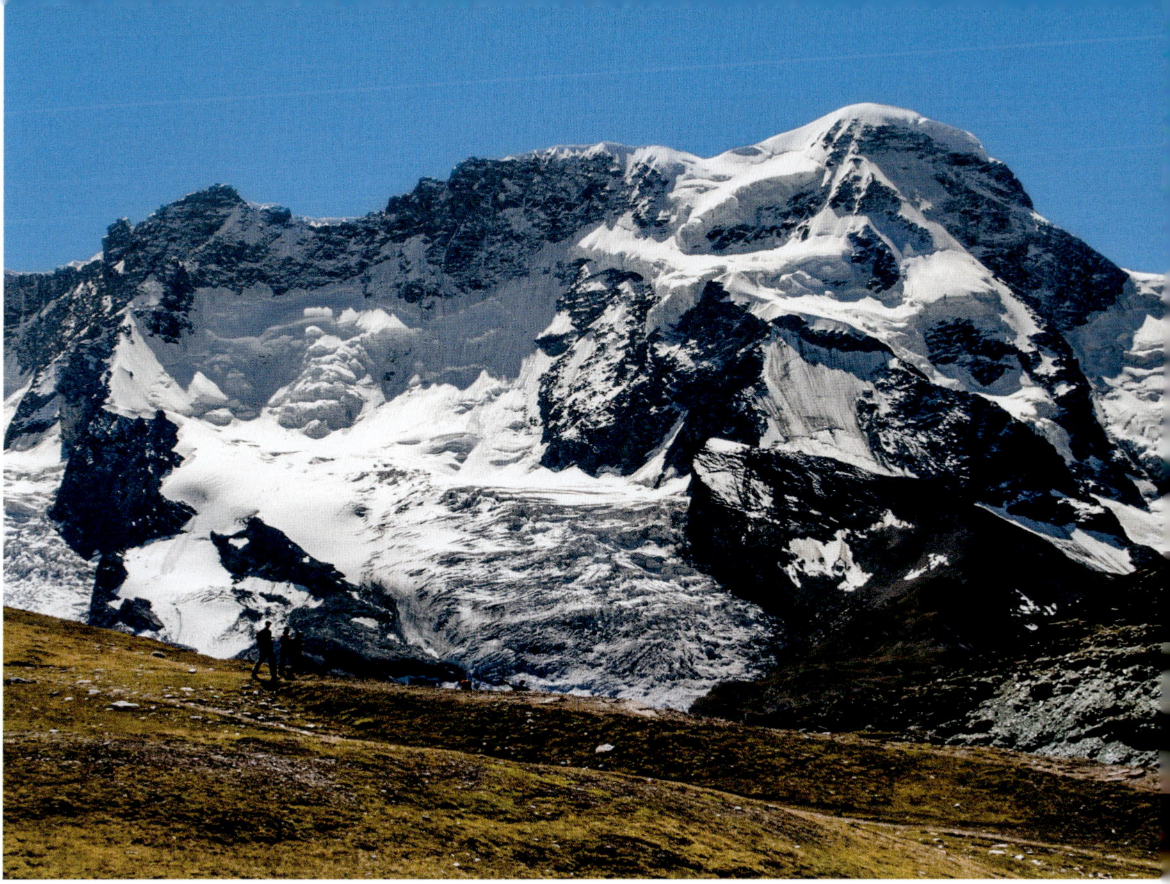

Wie viele Viertausender sehen Sie? Die richtige Antwort: Fünf! Der Westgipfel erhebt sich als Hauptgipfel am rechten Rand des Massivs.

Per Bahn fast bis zum Gipfel Seit 1979 führt eine Seilbahn bis zum Klein Matterhorn auf 3820 Meter Höhe. Im Winter 2018/19 kam eine weitere Seilbahn dazu, welche die Transportkapazität um 2000 Personen pro Stunde erweiterte. Dank dieser Anlagen ist der Aufstieg auf das Breithorn kurz, das Erlebnis des Hochgebirges aber nicht minder eindrücklich. Vom Gipfel des oft besuchten Viertausenders blickt man auf eine Reihe von Viertausendern, darunter die höchsten Gipfel der Schweiz, der Dom (4545 m) und die Dufourspitze (4634 m). Und selbst wer keine Bergtour unternimmt, kann sich über die Fahrt mit der Luftseilbahn auf das Klein Matterhorn (3883 m) freuen: Von der Bergstation fährt ein Lift fast auf den Gipfel dieses Felszackens. Nur die letzten Schnritte zum höchsten Punkt gilt es aus eigener Kraft zu unternehmen: Eine Eisentreppe führt auf die Aussichtsplattform, die den kleinen Gipfel ziert. Von dieser blickt man auf die umliegenden Gletscher und das Gipfelmeer. Und auf das Breithorn, dessen Gipfel zum Greifen nah scheint.

Vom Klein Matterhorn zum Gipfel Von der Bergstation Klein Matterhorn gelangt man durch einen kurzen Tunnel auf die Südseite des Gebäudes. Von hier folgt man kurz dem Skilift, der nach Gobba di Rollin führt, zweigt nach wenigen Metern nach Osten ab und überquert einen Teil des Breithornplateaus Richtung Breithorn. Durch dessen steile Südflanke erreicht man den Westgipfel des Breithorns (4164 m), der zugleich der Hauptgipfel das mehrgipfligen Bergmassivs ist. Der Abstieg erfolgt auf derselben Route.

6

Breithorn-Mittelgipfel (4159 m)

Das »einsame« Breithorn

L+ 3.15 Std. 420 Hm ZS

Tourencharakter
Eine technisch einfache Hochtour ganz in Firn; erst vom Gipfel aus entdeckt man die wilde und felsige Seite dieses Berges! Wie beim häufiger besuchten Westgipfel des Breithorns gilt auch hier: Anzeichen von Höhenkrankheit, Spaltensturzgefahr auf dem Breithornplateau sowie Lawinengefahr nach Neuschneefällen sollten nicht unterschätzt werden. Gletscherausrüstung und alpinistische Erfahrung – oder ein Bergführer – sind erforderlich.

Ausgangs-/Endpunkt
Bergstation Klein Matterhorn (3820 m) oberhalb von Zermatt

Anfahrt/Rückreise
Vom Bahnhof Visp mit der Matterhorn-Gotthard-Bahn nach Zermatt. Mit dem Auto von Visp nach Täsch und weiter mit der Matterhorn-Gotthard-Bahn nach Zermatt. In Täsch gibt es ein großes Parkhaus (Zermatt ist autofrei).

Gehzeiten
Klein Matterhorn – Breithorn Mittelgipfel 2 Std.; Breithorn – Klein Matterhorn 1.15 Std.

Beste Jahreszeit
Juli bis September (mit Ski März bis Mai)

Einkehr/Unterkunft
Lodge Matterhorn, Tel. +41 (0)27 966 81 00, www.matterhornparadise.ch; Gandegghütte, Tel. +41 (0)79 607 88 68, www.gandegg.ch

Karten
Swisstopo-Karte 1:25 000, Blatt 1348 »Zermatt«; Swisstopo-Wander-/Skitourenkarte 1:50 000, Blatt 284T/S »Mischabel«; www.map.geo.admin.ch

Wer viel Viertausender-Gefühl bei minimalen Höhenmetern sucht, steigt meist auf den Westgipfel des Breithorns. Doch gleich nebenan bietet der Breithorn-Mittelgipfel dieselben Vorzüge – mit dem Vorteil, dass er etwas abseits der Massen liegt.

Ein Massiv und viele Gipfel Wie bei den Breithorn-Zwillingen auch, stiften die diversen Gipfel und Namen des Breithorns immer wieder Verwirrung. Sortieren wir sie also nochmals kurz. Grundsätzlich gilt: Wer vom »Breithorn« spricht, meint oft den Breithorn-Westgipfel, der mit seinen 4164 Metern den höchsten Punkt des gesamten Massivs bildet. Korrekt bezeichnet der Name »Breithorn« aber das gesamte fünfgipflige Massiv zwischen Klein Matterhorn und Schwarztor. Von West nach Ost gehören dazu: der Breithorn-Westgipfel, der Breithorn-Mittelgipfel, der Westliche und der Östliche Breithornzwilling sowie die Roccia Nera. Die meisten Breithorn-Anwärter steigen dabei auf den Westgipfel, der am schnellsten und einfachsten vom Klein Matterhorn aus zu erreichen ist. Der Mittelgipfel ist vor allem für jene relevant, die das gesamte Breithorn von Ost nach West überschreiten: Die Felsfluchten auf seiner Ostseite bilden eine der Schlüsselstellen der großen Traversierung und bieten im oberen Teil eine exponierte Seillänge in grandios schönem Fels. Doch auch allen, die auf der Suche nach einem ganz leichten Viertausender sind, ist dieser Gipfel zu empfehlen: Technisch einfach und kaum weiter als der Westgipfel, ist er doch ein wenig einsamer als sein berühmter Nachbar. Zumindest solange die Alpinisten, die das Massiv überschreiten, noch weiter im Osten mit den Breithornzwillingen oder mit dem Zustieg in die Selle – Startpunkt für die halbe Traverse – beschäftigt sind.

Vom Klein Matterhorn zum Gipfel Von der Bergstation Klein Matterhorn (3820 m) gelangt man durch einen kurzen Tunnel auf die Südseite des Gebäudes. Von hier folgt man kurz dem Skilift, der nach Gobba di Rollin führt, zweigt nach wenigen Metern nach Osten ab und überquert einen Teil des Breithornplateaus Richtung Breithorn-Westgipfel und steigt in der allmählich steileren Südflanke bis auf eine Höhe von ca. 4000 Metern auf. Anstatt weiter Richtung Westgipfel zu steigen, traversiert man nun die Südflanke ansteigend nach rechts und erreicht so den Sattel in der Nähe von P. 4076, der zwischen Breithorn-Westgipfel und Mittelgipfel liegt. Von diesem aus führt ein kurzer Grat auf den Mittelgipfel. Um nicht

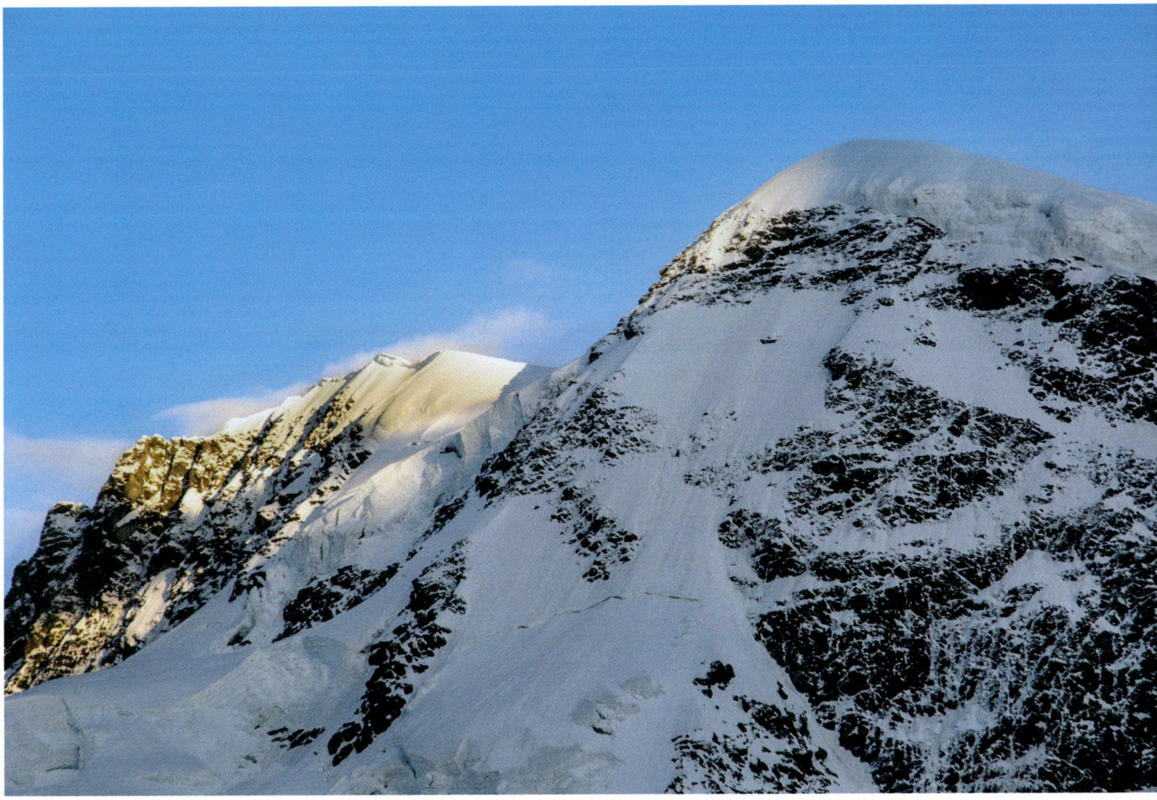

in den Gegenverkehr der traversierenden Alpinisten zu geraten, lohnt es sich, früh auf diesem Berg zu stehen. Der Abstieg erfolgt auf derselben Route oder wahlweise über den Breithorn-Westgipfel, auf den aus dem Sattel ein hübscher Firngrat führt. Der Abstieg erfolgt in letzterem Fall auf der Normalroute des Westgipfels (siehe Tour Nr. 5) und ansonsten auf der Aufstiegsroute.

Der Mittelgipfel des Breithorns im Scheinwerferlicht der Morgensonne.

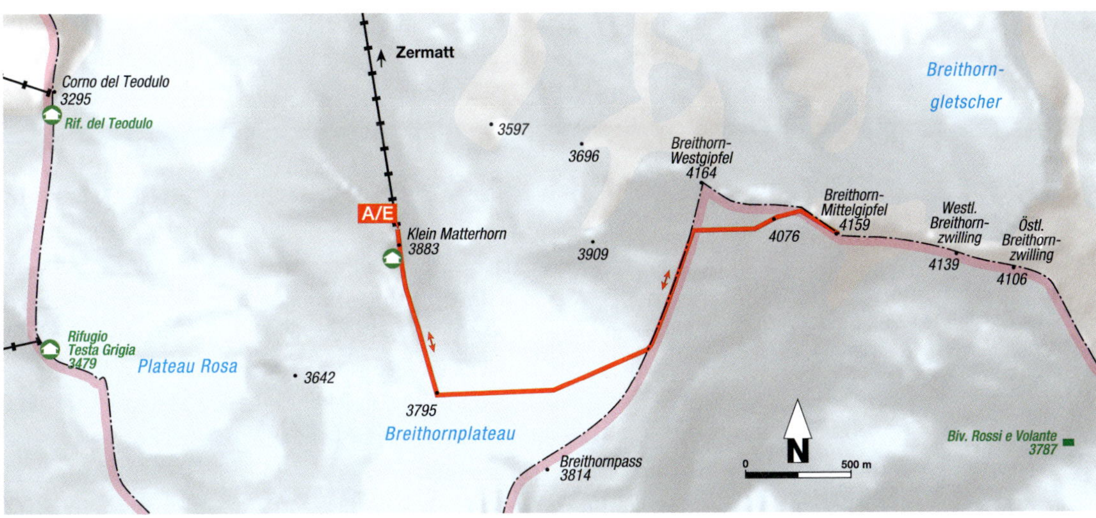

7

Westlicher Breithorn-zwilling (4139 m)

Der Unbekannte im Breithorn-Quintett

● WS+ 5.30 Std. 680 Hm

Tourencharakter
Diese Tour wird meist in Kombination mit dem Östlichen Breithornzwilling (Tour Nr. 8) unternommen. Sie gehört technisch zu den anspruchsvolleren »leichten Viertausendern« und erfordert Erfahrung im Fels, steilem Firn sowie bei der Seilhandhabung. Auf dem Gletscher ist die Spaltengefahr zu beachten.

Ausgangs-/Endpunkt
Bergstation Klein Matterhorn (3817 m) oberhalb von Zermatt

Anfahrt/Rückreise
Vom Bahnhof Visp mit der Matterhorn-Gotthard-Bahn nach Zermatt. Mit dem Auto von Visp nach Täsch und weiter mit der Matterhorn-Gotthard-Bahn nach Zermatt. In Täsch gibt es ein großes Parkhaus (Zermatt ist autofrei).

Gehzeiten
Klein Matterhorn – Östlicher Breithornzwilling 3 Std.; Östlicher Breithornzwilling – Westlicher Breithornzwilling 0.45 Std.; Westlicher Breithornzwilling – Selle 0.30 Std.; Selle – Klein Matterhorn 1.30 Std.

Beste Jahreszeit
Juli bis September

Einkehr/Unterkunft
Lodge Matterhorn, Tel. +41 (0)27 966 81 00, www.matterhornparadise.ch; Gandegghütte, Tel. +41 (0)79 607 88 68, www.gandegg.ch; Bivacco Rossi e Volante CAI, beschränkte Platzzahl, nicht reservierbar, www.caiuget.it; Rifugio Guide della Val d'Ayas, Tel. +39 346 244 12 19; www.guide-champoluc.com

Karten
Swisstopo-Karte 1:25 000, Blatt 1348 »Zermatt«; Swisstopo-Wanderkarte 1:50 000, Blatt 284 T »Mischabel«; www.map.geo.admin.ch

Der Westliche Breithornzwilling ist vielleicht jener Gipfel des Breithorn-Massivs, der am seltensten als eigenständiges Gipfelziel erkoren wird. Was damit zu tun hat, dass seine Besteigung am einfachsten vom Östlichen Breithornzwilling her erfolgt.

Immer diese Zwillinge Der frühe Bergpionier und Führerautor William Martin Conway protestierte bereits 1891 gegen die Tendenz, die beiden kleineren Gipfel des Breithorn-Massivs als »Zwillinge« zu bezeichnen. Insbesondere, da unweit von ihnen bereits die »Zwillinge« Castor und Pollux stehen. Und recht hatte er, denn bis heute stiften die Namen dieser zwei kleinen Viertausender Verwirrung: Auf der Landeskarte ist der westliche Gipfel als »Breithornzwillinge« benannt, während sein östlicher Nachbar »Gendarm« heißt. Nennen wir sie hier schlicht Östlicher Breithornzwilling (4106 m) und Westlicher Breithornzwilling (4139 m), um für etwas Klarheit zu sorgen.

Von Osten oder Westen? Idealerweise kombiniert man die Besteigung des Westlichen Breithornzwillings mit einer vorangehenden Besteigung des Östlichen Breithornzwillings. Dies aus dem einfachen Grund, weil der Westliche Zwilling am einfachsten von Osten her zu erreichen ist und man anschließend auf seiner Westseite abseilt. Eine Besteigung von Westen her ist ebenfalls möglich, allerdings wird die Kletterei am Gipfelaufbau besonders bei Neuschnee rasch anspruchsvoll. Deshalb wird hier die der Tour als Fortsetzung vom Östlichen Breithornzwilling (siehe Tour Nr. 8) her beschrieben. Wer einen dritten Viertausender beifügen möchte, steigt vor dem Östlichen Breithornzwilling zusätzlich auf die Roccia Nera (siehe Tour Nr. 9).

Vom Östlichen zum Westlichen Zwilling Vom Gipfel des Östlichen Breithornzwillings klettert man ab oder seilt ein- bis zweimal an Ständen ab, sofern diese nicht unter dem Schnee liegen. So erreicht man die Scharte zwischen den beiden Zwillingen und traversiert im Firn zum felsigen Gipfelaufbau des Westlichen Breithornzwillings. Dieser bietet gute Griffe und Tritte, kann aber bei nicht verfestigtem Schnee rasch anspruchsvoller werden. Vom Gipfel steigt man erst nordwärts einige Meter ab, um auf ein Band zu gelangen, welches nach Süden hinabzieht. Entweder seilt man hier erneut an eingerichteten Ständen ein- oder zweimal ab oder klettert exponiert im III. Grad ab. Vom Fuß des Gipfelaufbaus geht es im

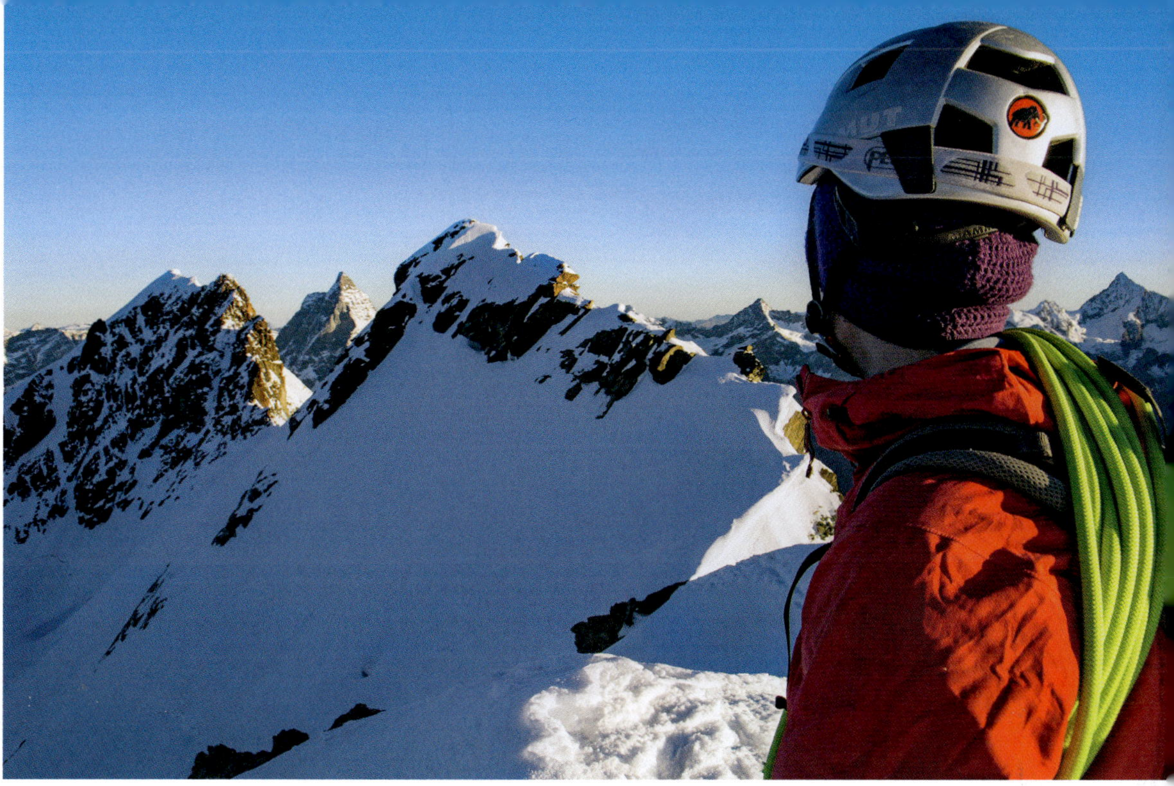

Firn weiter hinab in den Sattel, der auf der Karte als Selle (4022 m) bezeichnet wird; Vorsicht, in diesem Bereich gibt es teils mächtige Wächten. Vom Sattel gelangt man über eine steile Firnflanke weiter hinab zum Fuß des SSW-Sporns, der vom Breithorn-Mittelgipfel (4159 m) herabzieht, umgeht P. 3831 südlich, passiert P. 3824 und erreicht so das Breithornplateau. Im Abstieg gilt es, ein wachsames Auge auf Spalten – manche in Marschrichtung verlaufend – und einen teils mächtigen Bergschrund zu haben. Vom Breithornplateau erreicht man schnell die Bergstation Klein Matterhorn (3817 m).

Bei Neuschnee nicht ganz einfach: die Besteigung oder Überschreitung der Breithornzwillinge

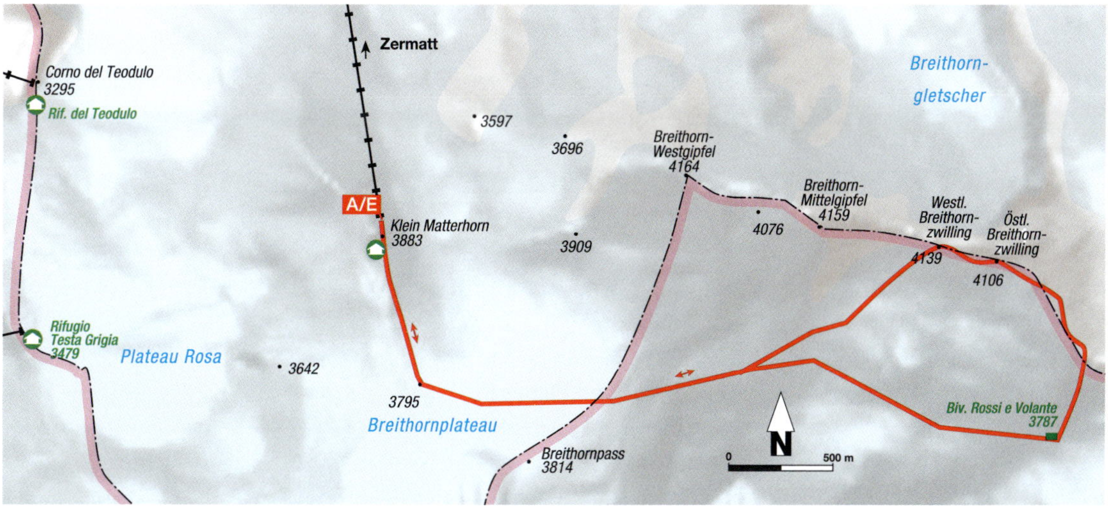

8

Östlicher Breithorn-zwilling (4106 m)

Kleiner Zacken mit großer Aussicht

● WS+ 5.30 Std. 630 Hm

Tourencharakter
Eine Tour, die dank Bergbahnen in kurzer Zeit zu machen ist und dennoch in eine wunderbar hochalpine Umgebung führt. Größtenteils verläuft die Route auf Gletschern und im Firn, wobei der felsige Gipfelaufbau zwar kurz, aber je nach Verhältnissen knackig ist. Auf dem Gletscher ist die Spaltengefahr zu beachten.

Ausgangs-/Endpunkt
Bergstation Klein Matterhorn (3817 m) oberhalb von Zermatt

Anfahrt/Rückreise
Vom Bahnhof Visp mit der Matterhorn-Gotthard-Bahn nach Zermatt. Mit dem Auto von Visp nach Täsch und weiter mit der Matterhorn-Gotthard-Bahn nach Zermatt. In Täsch gibt es ein großes Parkhaus (Zermatt ist autofrei).

Gehzeiten
Klein Matterhorn – Östlicher Breithornzwilling 3 Std.; Östlicher Breithornzwilling – Klein Matterhorn 2.30 Std.

Beste Jahreszeit
Juli bis September

Einkehr/Unterkunft
Lodge Matterhorn, Tel. +41 (0)27 966 81 00, www.matterhornparadise.ch; Gandegghütte, Tel. +41 (0)79 607 88 68, www.gandegg.ch; Bivacco Rossi e Volante CAI, beschränkte Platzzahl, nicht reservierbar, www.caiuget.it; Rifugio Guide della Val d'Ayas, Tel. +39 346 244 12 19; www.guidechampoluc.com

Karten
Swisstopo-Karte 1:25 000, Blatt 1348 »Zermatt«; Swisstopo-Wanderkarte 1:50 000, Blatt 284 T »Mischabel«; www.map.geo.admin.ch

Der Östliche Breithornzwilling wird meist nur im Rahmen einer Breithornüberschreitung bestiegen. Zu Unrecht. Er bietet einen meist einsamen Aufstieg in hochalpinem Ambiente und wartet mit alpinistisch attraktiven Passagen und grandioser Aussicht auf.

Offiziell ein Großer Oft wird der Östliche Breithornzwilling einzig im Rahmen einer Überschreitung des gesamten Breithornkamms mitgenommen. Doch auch als Einzelgipfel ist er ein lohnendes Ziel. Nicht nur, weil er offiziell als eigenständiger Viertausender gezählt wird. Der kleine Felszacken bietet einen kurzweiligen Aufstieg in Firn wie auch im kombinierten Gelände, und von seinem Gipfel aus blickt man in die Arena der Walliser Viertausender, von der Dent Blanche bis zur Dufourspitze. Da er selten als eigenständiges Gipfelziel gewählt wird, hat man hier auch seine Ruhe. Wer gut akklimatisiert ist, kann sich eine komfortable Nacht in der »Lodge Matterhorn« auf dem Klein Matterhorn gönnen oder aber im engen, aber aussichtsreichen Bivacco Rossi e Volante am Fuße des Breithorns übernachten. In letzterem Fall empfiehlt es sich, einen Kocher und – für alle, die es bequem mögen – zusätzlich zu den vorhandenen Decken einen kleinen Schlafsack mitzubringen.

Vom Klein Matterhorn zum Gipfel Von der Bergstation Klein Matterhorn (3817 m) gelangt man durch einen kurzen Tunnel auf die Südseite des Gebäudes. Von hier folgt man kurz dem Skilift in Richtung von P. 3795, um nach wenigen Metern nach Osten abzuzweigen. Nun traversiert man das Breithornplateau ostwärts, passiert P. 3824 und erreicht leicht absteigend den Grande Ghiacciaio di Verra. Die Höhe haltend wird dieser überquert, wobei man unterhalb der Spaltenzonen am Fuß der Südflanken des Breithorns bleibt. Rund 300 Meter östlich des Bivacco Rossi e Volante CAI und knapp 100 Höhenmeter unterhalb desselben, beginnt man mit dem Aufstieg durch die Südwestflanke der Roccia Nera, die gleich-

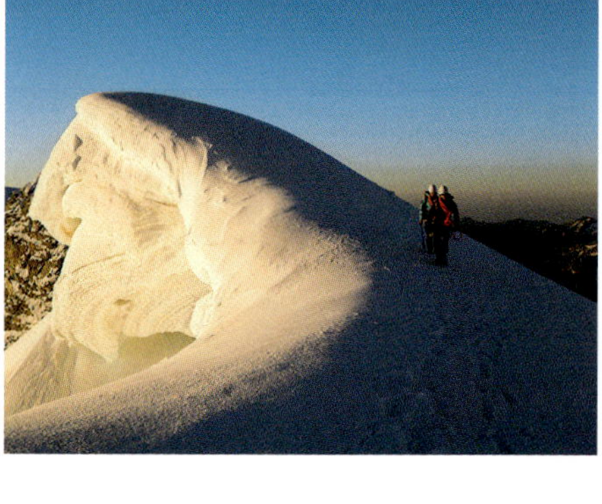

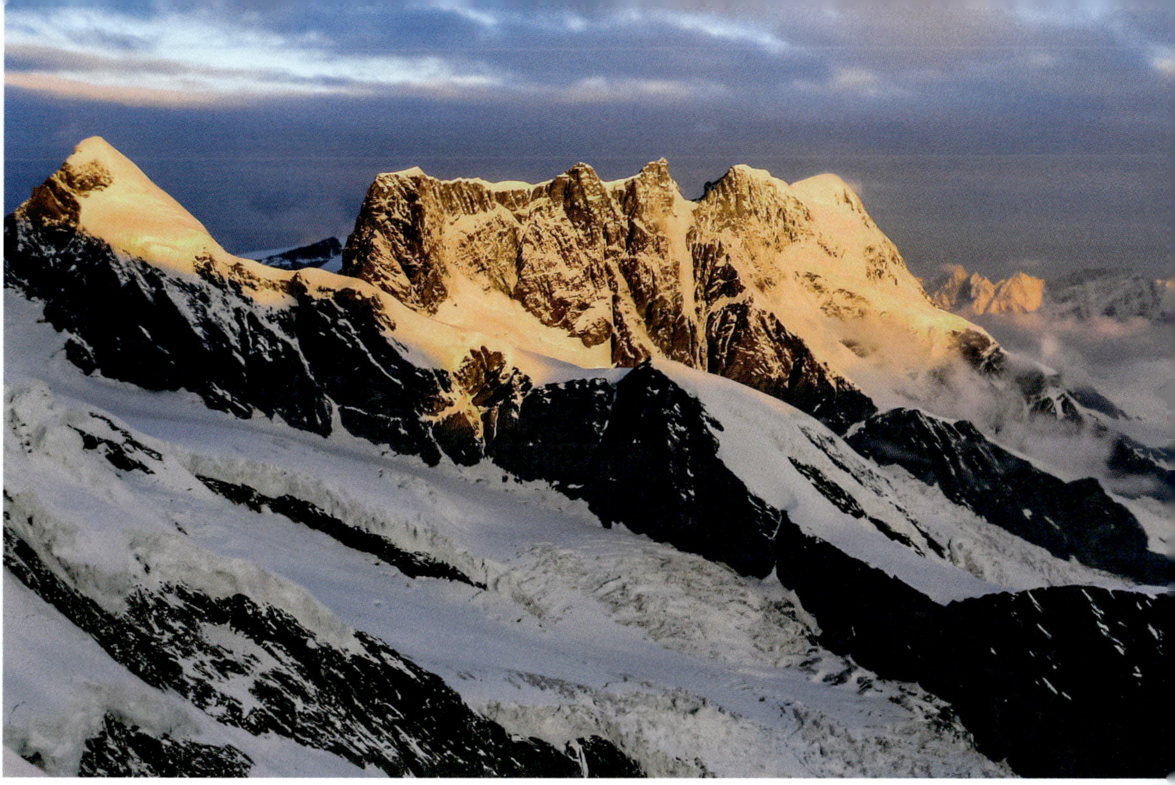

mäßig bis zum Schneegrat zwischen Roccia Nera und dem Östlichen Breithornzwilling (4106 m) führt. Wichtig: Auf der Schweizer Landeskarte heißt der Zwilling »Gendarm« und ist als P. 4106 markiert. Anschließend führt die Route einfach dem Firngrat entlang und am Ende in kombiniertem Gelände in leichter Kraxelei zum Gipfel. Der Abstieg erfolgt auf derselben Route, sofern man nicht den Westlichen Breithornzwilling (siehe Tour Nr. 7) anhängt. Wer die Tour noch etwas verlängern und einen weiteren offiziellen Viertausender hinzufügen möchte, nimmt vor dem Östlichen Breithornzwilling die Roccia Nera mit (siehe Tour Nr. 9).

Der östliche Zwilling ist der zweite Gipfel von links; ganz links als Einzelgipfel der Pollux.

Linke Seite: Die Breithornzwillinge lassen sich gut mit dem Gipfel der Roccia Nera verbinden.

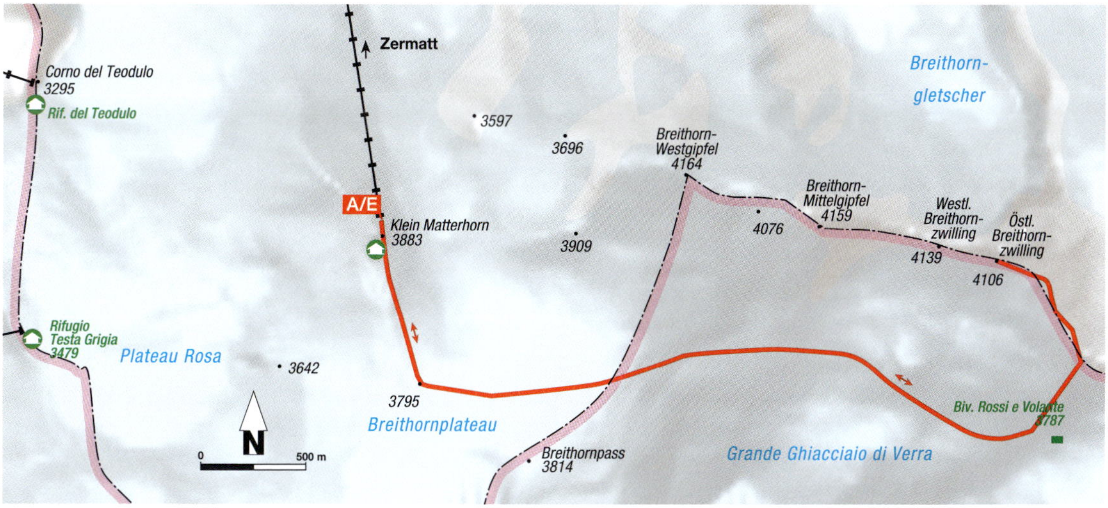

9 Roccia Nera (4075 m)

Ein kleiner Berg mit vielen Facetten

L+ 5 Std. 640 Hm ZS+

Tourencharakter
Wer sich auf weiten Gletschern und im steilen Firn wohlfühlt, ist auf der Roccia Nera genau richtig. Vorsicht ist geboten in punkto Spalten und riesigen Wächten im Gipfelbereich. Im Sommer wird dieser kleine Gipfel oft mit den Breithornzwillingen und im Frühjahr mit der anspruchsvollen Skiabfahrt via Schwarztor nach Zermatt kombiniert.

Ausgangs-/Endpunkt
Bergstation Klein Matterhorn (3817 m) oberhalb von Zermatt

Anfahrt/Rückreise
Vom Bahnhof Visp mit der Matterhorn-Gotthard-Bahn nach Zermatt. Mit dem Auto von Visp nach Täsch und weiter mit der Matterhorn-Gotthard-Bahn nach Zermatt. In Täsch gibt es ein großes Parkhaus (Zermatt ist autofrei).

Gehzeiten
Klein Matterhorn – Roccia Nera 2.45 Std.; Roccia Nera – Klein Matterhorn 2.15 Std.

Beste Jahreszeit
Juli bis Mitte September (mit Ski Ende März bis Mai)

Einkehr/Unterkunft
Lodge Matterhorn, Tel. +41 (0)27 966 81 00, www.matterhornparadise.ch; Gandegghütte, Tel. +41 (0)79 607 88 68, www.gandegg.ch; Bivacco Rossi e Volante CAI, beschränkte Platzzahl, nicht reservierbar, www.caiuget.it; Rifugio Guide della Val d'Ayas, Tel. +39 346 244 12 19; www.guide-champoluc.com

Karten
Swisstopo-Karte 1:25 000, Blatt 1348 »Zermatt«; Swisstopo-Wander-/Skitourenkarte 1:50 000, Blatt 284T/S »Mischabel«; www.map.geo.admin.ch

Die Roccia Nera bietet mit ihrer makellosen Schneeflanke eine Firntour in grandios hochalpiner Umgebung. Die Tour lässt sich um die Breithornzwillinge verlängern und im Frühjahr bestens mit einer Abfahrt durch das Schwarztor kombinieren.

Eine Frage der Definition Der eher unscheinbare Gipfel der Roccia Nera führt direkt zur Frage, die sich allem voran Sammler von Viertausendern stellen: »Wie viele davon gibt es?« Und wie kann man sicher sein, dass nicht auf einmal ein weiterer auftaucht? Oder einer verschwindet? So geschehen etwa mit dem Fletschhorn und dem Piz Zupò. Zwei prominente Ex-Viertausender, denen ihr Status im Lauf der Zeit aberkannt wurde. Heute rangieren sie mit Höhenangaben von 3985 Meter respektive 3996 Meter Höhe. Doch nicht nur Referenzsysteme der Höhenmessung oder variable Firnkuppen lassen Viertausender kommen und gehen, auch menschengemachte Definitionen spielen eine Rolle, wenn es darum geht, welche Kuppen, Zacken, Spitzen und Hörner der Alpen offiziell als Viertausender gelten (siehe dazu den Text bei Tour Nr. 34).

So klein und doch dabei! So legte die UIAA, die Union Internationale des Associations d'Alpinisme respektive Internationale Vereinigung der Al-

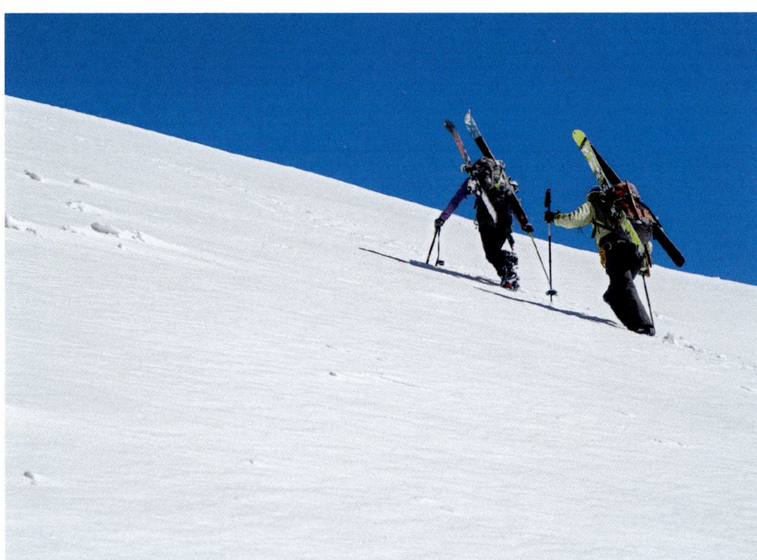

penvereine, in den 1990er-Jahren anhand klarer Richtlinien fest, wann ein Viertausender ein Viertausender ist – und wann eben nicht. Bestehen Zweifel an den harten Kriterien, gibt es indes eine Hintertür, einen Berg dennoch den Lorbeerkranz aufzusetzen. Nämlich dann, wenn der Gipfel »alpinistisch relevant« ist. Und genau dies ist bei der Roccia Nera – als einzigem Schweizer Viertausender – der Fall: Aufgrund ihrer Schartenhöhe von weniger als 30 Metern wäre sie nicht im Kreis der Erlauchten. Doch dank ihrer alpinistischen Relevanz – eine Reihe anspruchsvoller Routen führen durch ihre felsig-eisige Nordseite – ist sie eben doch einer der 82 offiziellen Viertausender in den Alpen. Ein Grund mehr, sie zu besuchen, wobei keinesfalls der einzige Grund: Ihr weiß-leuchtender Firngipfel, ihre Mischung aus makellos verfirnten Flanken und düster rostroten Felsflanken machen sie zu einem ästhetischen Gipfelziel. Ganz zu schweigen vom Ausblick von ihrem höchsten Punkt: Von den Gipfeln rund um Zermatt, über das Monte-Rosa-Massiv bis hin zu den Bergkämmen des Aostatals ist alles zu sehen. Und noch einen Vorteil hat die Roccia Nera – während manch anderer Viertausender noch im Winterschlaf liegt, lässt sie sich bestens mit Tourenski ersteigen und – gute Gletscherverhältnisse vorausgesetzt – mit der landschaftlichen unvergleichlichen Abfahrt durch das Schwarztor nach Zermatt kombinieren. Ebenfalls bestens mitnehmen lässt sie sich von allen, die via Schwarztor auf dem Weg in die Neue Monte-Rosa-Hütte sind.

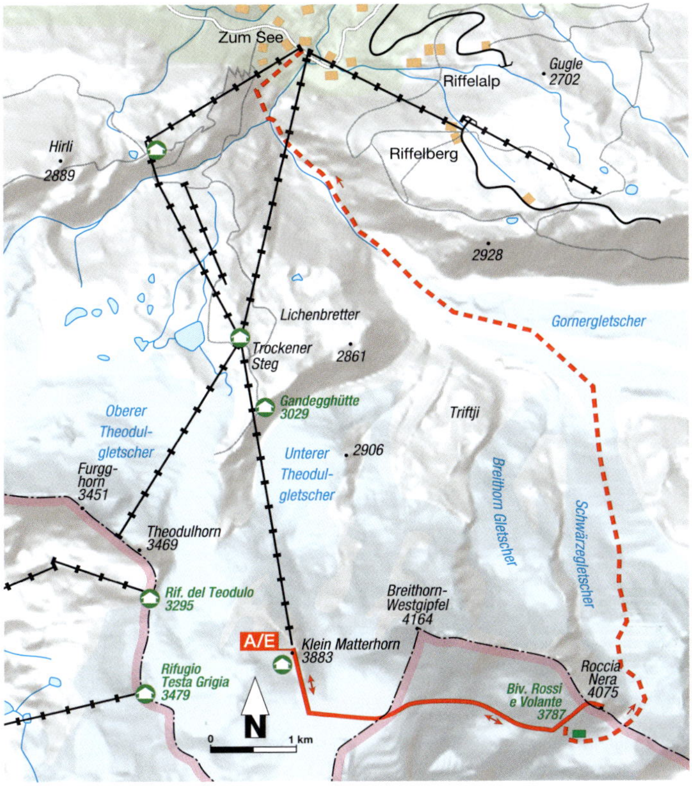

Die Roccia Nera ist ein perfekter Skigipfel (li.); von den Wächten (u.) sollte man sich fernhalten.

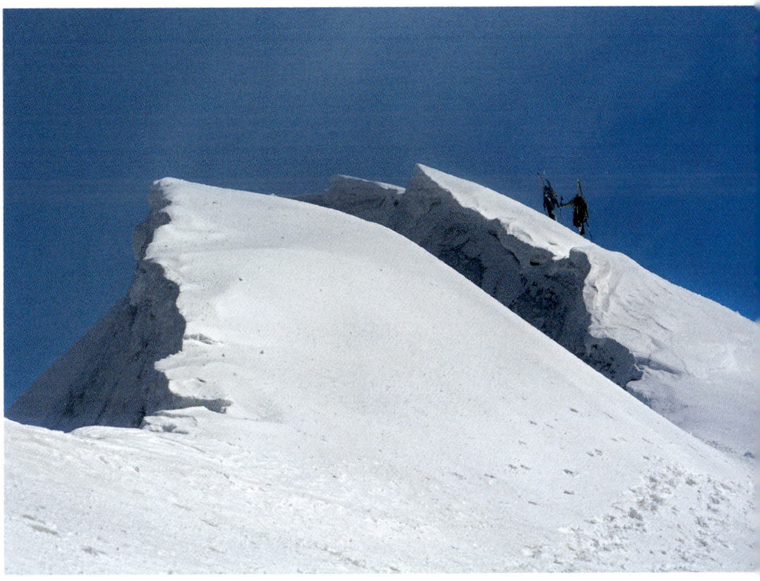

Vom Klein Matterhorn zum Gipfel

Von der Bergstation Klein Matterhorn (3817 m) gelangt man durch einen kurzen Tunnel auf die Südseite des Gebäudes. Von hier folgt man kurz dem Skilift in Richtung von P. 3795, um nach wenigen Metern nach Osten abzuzweigen. Nun traversiert man das Breithornplateau ostwärts, passiert P. 3824 und erreicht leicht absteigend den Grande Ghiacciaio di Verra. Die Höhe haltend wird dieser überquert, wobei man unterhalb der Spaltenzonen am Fuß der Südflanken des Breithorns bleibt. Rund 300 Meter östlich des Bivacco Rossi e Volante CAI und knapp 100 Höhenmeter unterhalb desselben, beginnt man mit dem Aufstieg durch die Südwestflanke der Roccia Nera (4075 m), die gleichmäßig bis zum Schneegrat zwischen Roccia Nera und dem Östlichen Breithornzwilling (4106 m) hochzieht. Für Italienfans: Die Roccia Nera respektive das Bivacco Rossi e Volante erreicht man auch gut vom italienischen Rifugio Guide della Val d'Ayas her. Anschließend führt die Route südostwärts über den Firngrat zum Gipfel, immer in respektvollem Abstand von den immensen Wächten, die sich hier oft bilden. Der Rückweg erfolgt auf derselben Route. Bestens verbinden lässt sich die Roccia Nera mit einer Besteigung des Östlichen und allenfalls Westlichen Breithornzwilling (siehe Touren Nr. 7 und 8).

Im Frühjahr lockt das Schwarztor Wie erwähnt, ist die Roccia Nera im Frühjahr ein idealer Ski-Viertausender. Bei guten Verhältnissen auf den Gletschern sowie in der Schlucht unterhalb der Zunge des Gornergletschers bietet sich die Abfahrt von der Roccia Nera durch das Schwarztor nach Zermatt an (ZS+). Angesichts der Tatsache, dass diese Abfahrt bei guten Verhältnissen oft befahren wird und als »Freeride-

Vom Gipfel gibt es Ausblick auf die ganz Großen, etwa die Dufourspitze und die Zumsteinspitze.

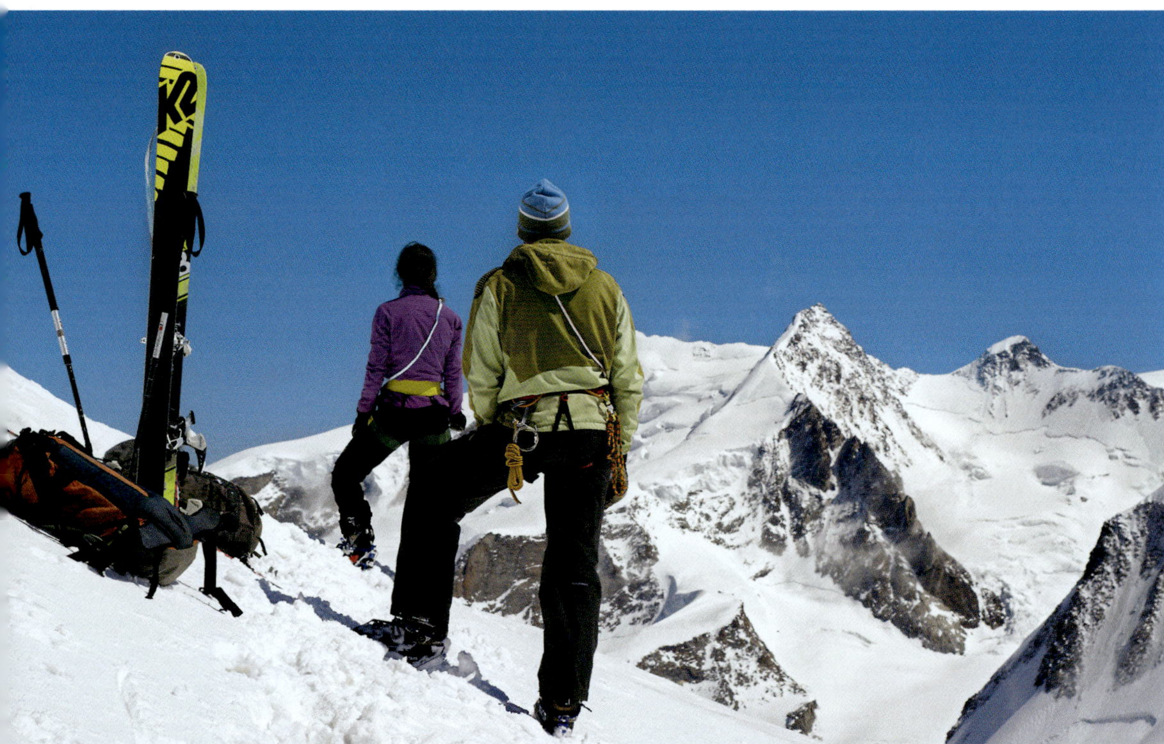

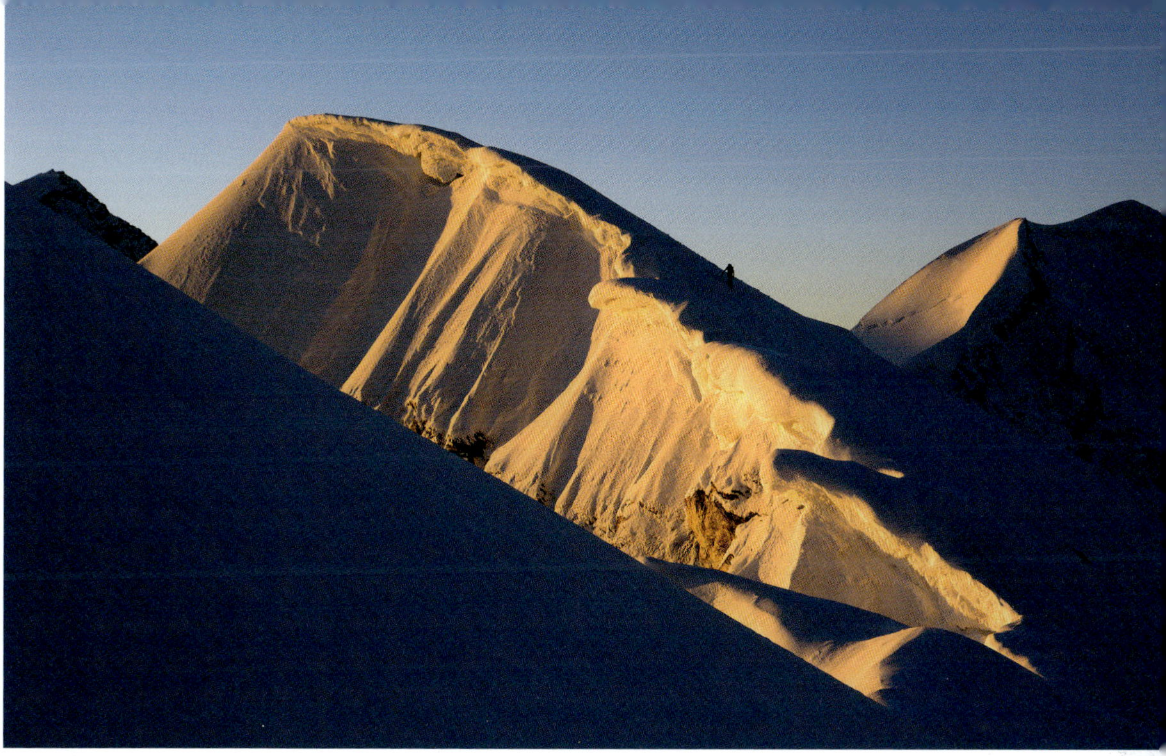

In der Morgendämmerung sind zwei Alpinistinnen unterwegs auf der Firnkuppe der Roccia Nera.

Route« vom Klein Matterhorn aus beliebt ist, darf man nicht vergessen, dass sie auf stark zerschrundeten Gletschern durch hochalpine Umgebung führt. Gletschererfahrung sowie Sinn für die optimale Routenfindung in Spaltenzonen sind unabdingbar ebenso wie Kenntnisse zu Touren im Lawinengelände sowie die nötige skitechnische und lawinentechnische Erfahrung. Über die aktuellen Verhältnisse informiert man sich am besten vor Ort.

Abfahrt via Schwarztor nach Zermatt Wenn alles passt, steht dem Abfahrtsgenuss nichts im Weg. In diesem Fall fährt man vom Skidepot oder – je nach Verhältnissen und skitechnischem Können – vom Gipfel der Roccia Nera auf der Aufstiegsroute ab. Vorsicht: Die Passage zwischen Gipfel und Südwestflanke ist exponiert und erlaubt kein Stürzen. Man fährt westlich des Bivacco Rossi e Volante ab, umrundet den Felskopf, auf dem das Biwak steht, und gelangt nordostwärts in eine Mulde und weiter ins Schwarztor (3725 m). Von diesem Sattel aus fährt man in einer weiten Gletschermulde ab bis auf eine Höhe von ca. 3450 Meter, worauf die spaltenträchtige Steilstufe folgt, in der die Route einzig von der aktuellen Lage des Schwärzegletschers abhängt. Unterhalb der Steilstufe flacht der Gletscher wieder ab und vereint sich auf einer Höhe von 2450 Metern mit der mächtigen Zunge des Gornergletschers. Dieser folgt man nun bis zum Zungenende, welches ungefähr unterhalb von P. 2564 östlich des Gagenhaupts liegt. Die folgende Schlucht kann nur bei genügend Schnee durchfahren werden; bei durchweichter oder zu geringer Schneedecke stellt das reißende Wasser des Gletscherbachs eine große Gefahr dar. Bei guten Verhältnissen indes ähnelt die Schlucht einer Bobbahn, durch die man zügig hindurchrauscht, um danach via P. 2049 die Brücke bei P. 1945 und bald das Skigebiet oberhalb der Station Furi zu erreichen.

10

Pollux (4092 m)

Ein kleiner Berg mit großem Namen

WS+ 6.30 Std. 730 Hm L

Tourencharakter
Eine objektiv recht sichere Hochtour, die alles bietet: weite Gletscherlandschaften, hochalpines Flair, eine Route in Firn und Fels. Die Fixseile machen die Tour wesentlich einfacher als sie es von Natur aus wäre. Auf dem Gletscher ist die Spaltengefahr zu beachten.

Ausgangs-/Endpunkt
Bergstation Klein Matterhorn (3817 m) oberhalb von Zermatt

Anfahrt/Rückreise
Vom Bahnhof Visp mit der Matterhorn-Gotthard-Bahn nach Zermatt. Mit dem Auto von Visp nach Täsch und weiter mit der Matterhorn-Gotthard-Bahn nach Zermatt. In Täsch gibt es ein großes Parkhaus (Zermatt ist autofrei).

Gehzeiten
Klein Matterhorn – Pollux 3.30 Std.; Pollux – Klein Matterhorn 3 Std.

Beste Jahreszeit
Juli bis Mitte September (mit Ski Ende April und Mai)

Einkehr/Unterkunft
Lodge Matterhorn, Tel. +41 (0)27 966 81 00, www.matterhornparadise.ch; Gandegghütte, Tel. +41 (0)79 607 88 68, www.gandegg.ch; Bivacco Rossi e Volante CAI, beschränkte Platzzahl, nicht reservierbar, www.caiuget.it; Rifugio Guide della Val d'Ayas, Tel. +39 346 244 12 19; guidechampoluc.com

Karten
Swisstopo-Karte 1:25 000, Blatt 1348 »Zermatt«; Swisstopo-Wander-/Skitourenkarte 1:50 000, Blatt 284T/S »Mischabel«; www.map.geo.admin.ch

Der Pollux bildet zusammen mit dem Castor ein Zwillingspaar kleiner, feiner Gipfel zwischen Breithorn und Lyskamm. Besonders der Pollux lockt mit einer abwechslungsreichen Normalroute, in deren Schlüsselstellen Fixseile für ruhige Nerven sorgen.

Etwas griechische Mythologie Der Pollux gehört zu jenen Bergen, die einem beim Gedanken an die Schweizer Viertausender nicht als Erstes einfallen. Dies, obwohl er mit seinem Namen – für einmal keine Spitze und kein Horn – durchaus Seltenheitswert hat: Pollux ist in der griechischen Mythologie zusammen mit Castor ein Zwillingsbruderpaar, dem man bis in die heutige Zeit auch fernab der Bergwelt immer wieder begegnet: Am winterlichen Nachthimmel glitzern im Sternbild der Zwillinge ebenfalls Castor und Pollux, in Frankfurt am Main stehen die zwei Hochhäuser Kastor und Pollux, in Meiringen produziert Pollux Sport den Pollux Ski und auf dem See des Bergdorfs Champex schaukeln seit ein paar Jahren Pedalo Castor und Pedalo Pollux, um nur ein paar wenige zu nennen. Am Anfang von ihnen allen steht die griechisch-mythologische Geschichte der Zwillingsbrüder Castor und Pollux oder Kastor und Poly-

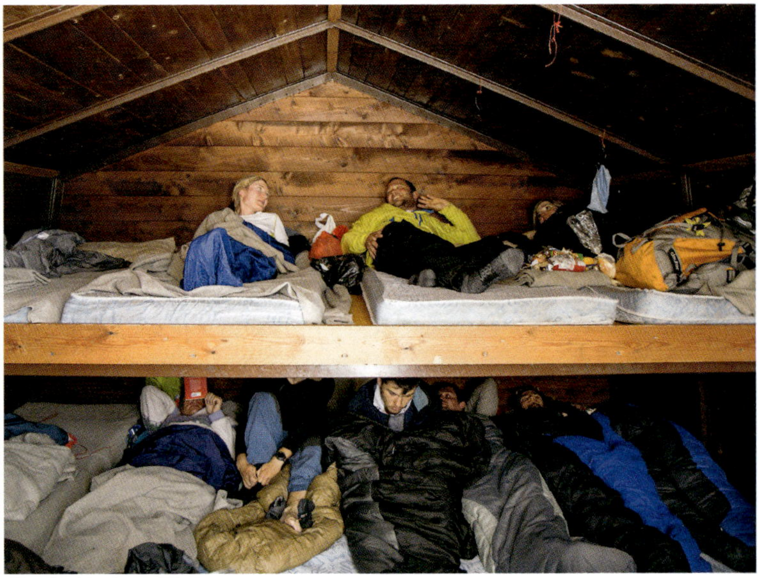

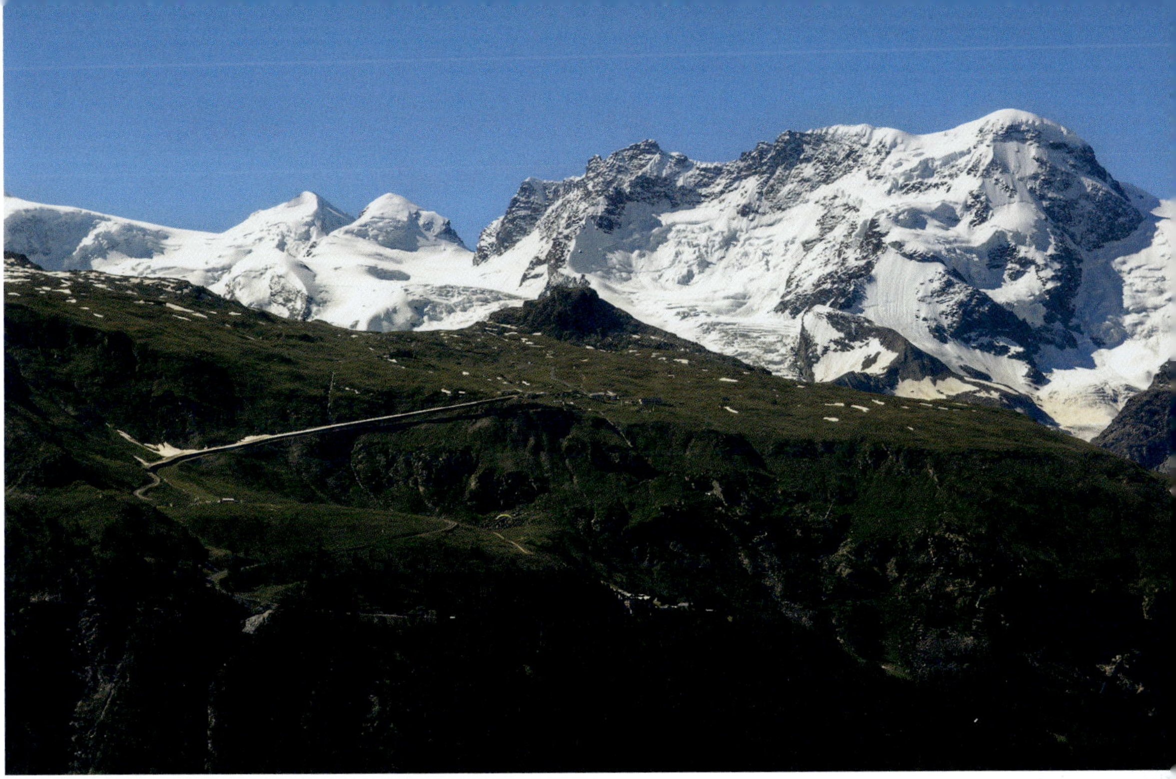

deukes. Als Söhne der Leda haben sie gemäß Sage unterschiedliche Väter: Pollux ist als Sohn des Zeus unsterblich, Kastor jedoch ein Normalsterblicher. Als Kastor als erwachsener Mann von seinem Cousin erschlagen wird, ist der unsterbliche Pollux in so tiefer Trauer, dass er seinen Vater Zeus bittet, auch ihn sterblich zu machen. So erhält er als Halbgott die Erlaubnis, künftig abwechselnd einen Tag mit seinem Zwillingsbruder im Hades, dem Reich der Toten, und einen Tag auf dem Götterberg Olymp zu verweilen. Im Gegenzug dafür verliert er seinen Status als Halbgott und altert fortan, um schließlich auch zu sterben.

Neben dem Breithorn wirken Pollux und Castor (links im Bild oben) wie Winzlinge.

Linke Seite: Das Bivacco Rossi e Volante am südöstlichen Fuss des Breithorns ist oft überbelegt.

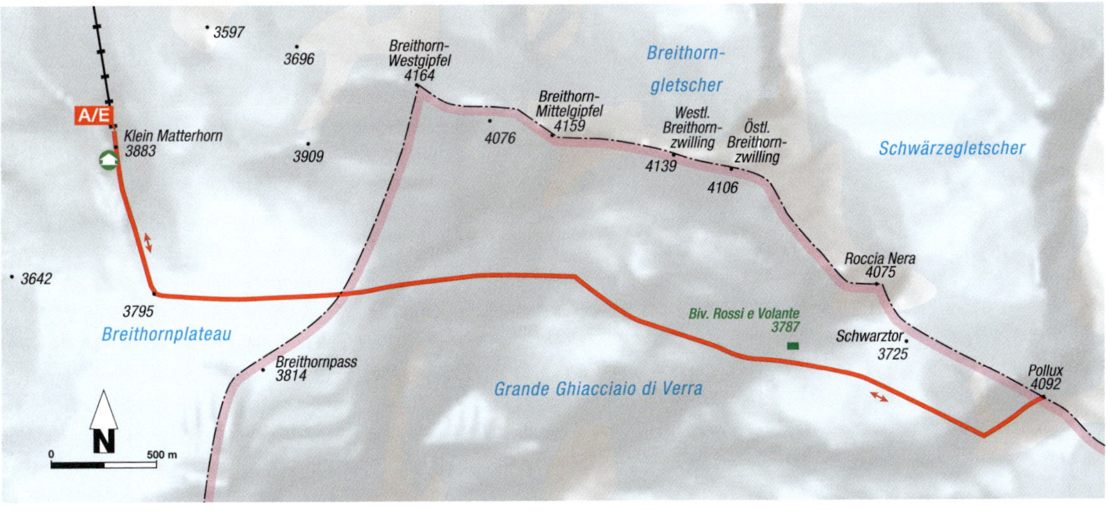

Unbekannt und doch beliebt Der kleine Berg östlich des Breithorns hat also einen ehrwürdigen Namensgeber. Was zu ihm passt: Er gehört nicht zu den großen Halbgöttern unter den Viertausendern, vermag aber Alpinisten dank seiner vielseitigen und doch gutmütigen Gestalt aus Fels und Firn seit Jahrzehnten zu entzücken. Daran erinnert auch eine Textpassage, die der Schweizer Bergsteiger Max Liniger im Jahrbuch des SAC 1920 schrieb: »Doch wie der Verliebte inmitten der Schar der schönsten Mädchen nur die Geliebte sieht und sie, die Unscheinbare, für den Augenblick als die Herrlichste verehrt, so ging es uns. Inmitten des strahlenden Kranzes der teils berühmten, teils berüchtigten, schönsten Riesengestalten hatten wir die kleinste und unbekannteste ausgesucht, um ihr unsere besondere Aufmerksamkeit und Ergebenheit zu Füssen zu legen (…) Dieses Mal war unsere spröde Schöne zufällig ein Mann, der Zwillingsbruder des Castors, genannt Pollux.«

Vom Klein Matterhorn Richtung Schwarztor Von der Bergstation Klein Matterhorn (3817 m) gelangt man durch einen kurzen Tunnel auf die Südseite des Gebäudes. Von hier folgt man kurz dem Skilift in Richtung von P. 3795, um nach wenigen Metern nach Osten abzuzweigen. Nun traversiert man das Breithornplateau ostwärts, passiert P. 3824 und erreicht leicht absteigend den Grande Ghiacciaio di Verra. Die Höhe haltend, wird dieser überquert, wobei man unterhalb der Spaltenzonen am

Die entschärfte Schlüsselstelle am Pollux macht diesen Aufstieg um einiges einfacher.

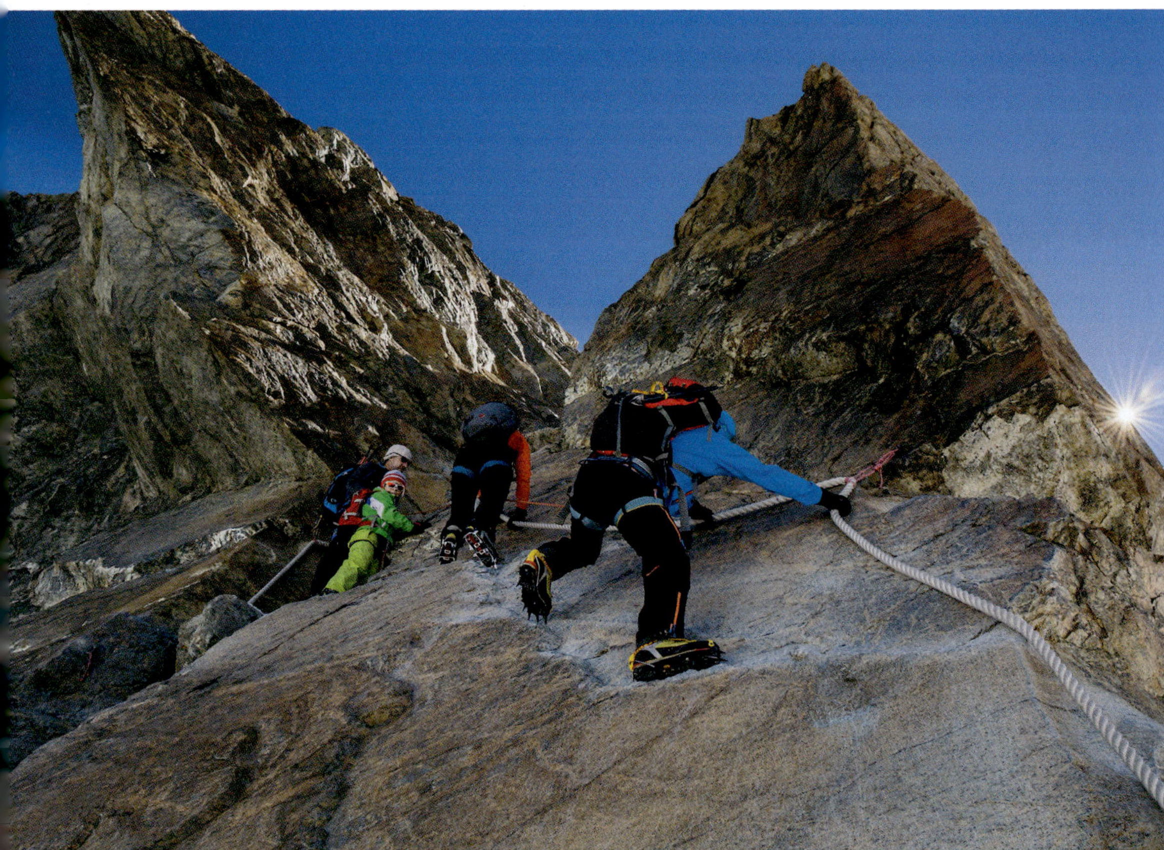

Fuß der Südflanken des Breithorns bleibt, bis man das gesamte Breithorn-Massiv hinter sich gelassen und den weiten Sattel des Schwarztors (3725) erreicht hat. Dieser Übergang bietet im Frühling eine schöne Skiabfahrt via Gornergletscher nach Zermatt. Den Pollux im Fokus lässt man das Schwarztor indes links liegen und geht weiter zum Fuß der Westseite des Berges.

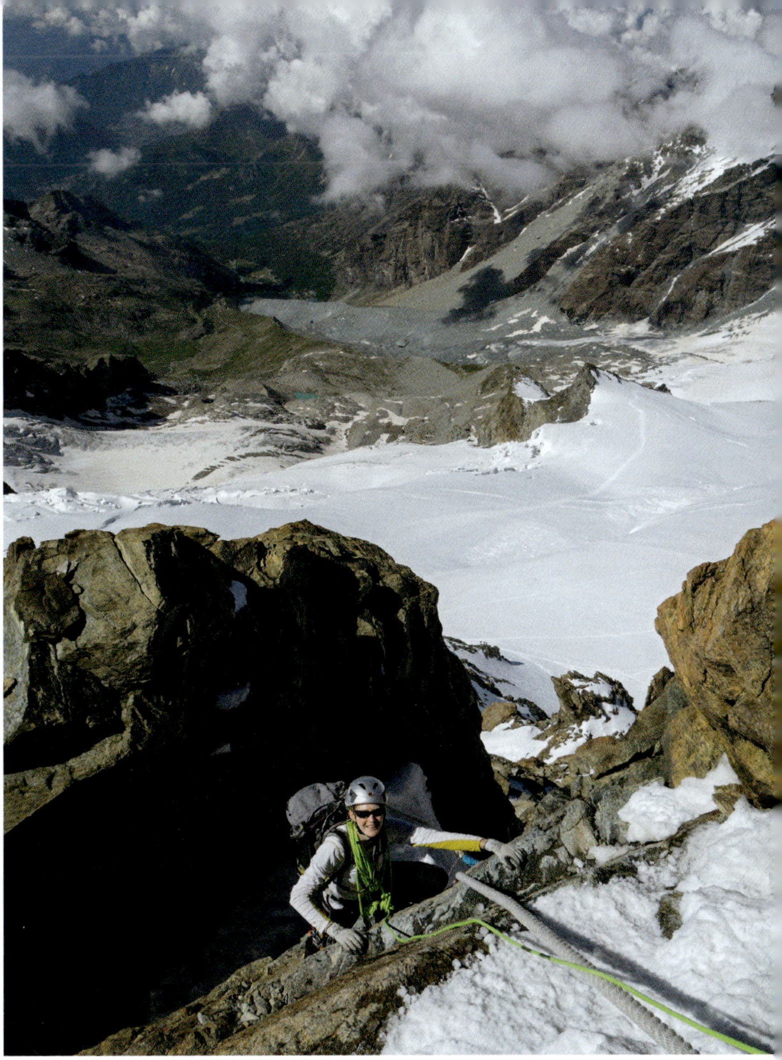

Über die Südwestrippe zum Gipfel Die Route führt nun über Bänder und teils Wegspuren der Südwestrippe entlang hoch, über mehrere Absätze, erst auf deren linken, dann auf deren rechten Seite; die Routenfindung erfordert etwas Gespür, die Felsen sind jedoch einfach und gezeichnet von Begehungsspuren wie Steigeisenkratzern. So gelangt man zur Schlüsselstelle, die mit Fixseilen ausgerüstet ist. Im SAC-Führer ist der Pollux bis heute mit ZS– eingestuft, massive Taue entschärfen die folgenden Passagen jedoch deutlich. Unterhalb eines mächtigen Felsturms quert man entweder auf einem schmalen Band bis zum Einstieg unterhalb einer Verschneidung oder aber man hangelt sich drei Meter höher den ersten Fixseilen entlang in die Verschneidung (je nach Staulage). Anschließend führt die Route direkt durch die Verschneidung in eine Scharte auf der Rückseite des großen Turms. Aus dieser steigt man, ebenfalls an Fixseilen oder in schöner Kletterei, einen weiteren Aufschwung empor und erreicht bald die Madonnenstatue, die diesmal nicht auf dem Gipfel steht. Auf diesen gelangt man über einen hübschen Firngrat, der einfach, aber leicht exponiert zum höchsten Punkt des Pollux (4092 m) leitet. Der Abstieg erfolgt über dieselbe Route.

Und fix geht es weiter: die zweite Kletterstelle am Pollux ist ebenfalls mit Seilen versichert.

Weitere Aufstiegsrouten

Solange die Westflanke nicht ausgeapert ist, bietet sich eine direkte Route vom Schwarztor durch die kurze, steile Westflanke zum Gipfel (WS) an; eine weitere Route, meist vom Rifugio Guide della Val d'Ayas aus begangen, führt via Zwillingsjoch/Passo di Verra in leichter Blockkletterei und steilem Firn zum Gipfel (WS). Als Skitour liegt er am Wegrand all jener, die via Schwarztor nach Zermatt (ZS+) abfahren oder unterwegs in die Neue Monte-Rosa-Hütte sind. In diesem Fall eignet sich der Aufstieg über die kurze Westflanke.

11

Castor (4223 m)

Firn für alle und von allen Seiten

WS 7.30 Std. 900 Hm S/ZS

Tourencharakter
Eine technisch wenig schwierige Hochtour in hochalpiner Umgebung, die vor allem Firn- und Gletscher-Aficionados glücklich macht. Der Verbindungsgrat zwischen Vorgipfel und Gipfel ist ausgesetzt, und die WNW-Flanke ist nach Neuschneefällen auch im Sommer lawinengefährlich. Insgesamt sollte man auf die Spaltengefahr auf den Gletschern sowie auf blanke Stellen im Aufstieg zum Gipfel achten.

Ausgangs-/Endpunkt
Bergstation Klein Matterhorn (3817 m) oberhalb von Zermatt

Anfahrt/Rückreise
Vom Bahnhof Visp mit der Matterhorn-Gotthard-Bahn nach Zermatt. Mit dem Auto von Visp nach Täsch und weiter mit der Matterhorn-Gotthard-Bahn nach Zermatt. In Täsch gibt es ein großes Parkhaus (Zermatt ist autofrei).

Gehzeiten
Klein Matterhorn – Zwillingsjoch 2.30 Std.; Zwillingsjoch – Castor 2 Std.; Castor – Klein Matterhorn 3 Std.

Beste Jahreszeit
Juli bis September (mit Ski Ende März bis Mai)

Einkehr/Unterkunft
Lodge Matterhorn, Tel. +41 (0)27 966 81 00,www.matterhornparadise.ch; Gandegghütte, Tel. +41 (0)79 607 88 6, www.gandeggh.ch; Rifugio Guide della Val d'Ayas, Tel. +39 346 244 12 19; www.guide-champoluc.com; Rifugio Quintino Sella, Tel. Tel. +39 0125 366113, +39 348 8107793, www.rifugio-quintinosella.com

Karten
Swisstopo-Karte 1:25 000, Blatt 1348 »Zermatt«; Swisstopo-Skitourenkarte 1:50 000, Blatt 284S »Mischabel«; www.map.geo.admin.ch

Wer es in Weiß mag, der wird den Castor lieben. Mehrere Varianten, allesamt im Firn, führen zum Gipfel. Und für Herzklopfen sorgen die dünne Luft, das geniale Panorama wie auch ein ausgesetztes Grätchen zum Gipfel.

Viele Routen führen zum Ziel Wer die griechische Mythologie kennt, der weiß: Wo ein Castor ist, muss auch ein Pollux sein. Und so ist es auch hier: Castor und Pollux – oft auch einfach als »die Zwillinge« bezeichnet – bilden ein kleines, feines Gipfelpaar zwischen den mächtigen Massiven von Breithorn und Lyskamm. Was den Castor angeht, so zeichnet sich der Berg ferner durch eine Besonderheit aus: Von insgesamt drei Ausgangspunkten – dem Klein Matterhorn, dem Rifugio Guide del Val d'Ayas und dem Rifugio Quintino Sella – führen mehrere Routen zum Gipfel, und sie alle bewegen sich im Schwierigkeitsgrad WS. Jede der Routen birgt jedoch ihre Tücken und ist je nach Verhältnissen vorzuziehen (siehe dazu Tipp-Kasten). Im folgenden wird die gängige Normalroute vom Klein Matterhorn respektive vom italienischen Rifugio Guide del Val d'Ayas her beschrieben. Diese führt vom Zwillingsjoch – italienisch »Passo di Verra« – durch die WNW-Flanke des Berges zum Gipfel. Bei dieser Route gilt es, die Lawinengefahr im Auge zu behalten. Auch im Hochsommer kann die Flanke nach Neuschneefällen und Windverfrachtungen lawinengefährdet sein.

Vom Klein Matterhorn zum Zwillingsjoch Von der Bergstation Klein Matterhorn (3817 m) gelangt man durch einen Tunnel auf die Südseite des Gebäudes. Von hier folgt man kurz dem Skilift in Richtung von P. 3795,

Routen von allen Seiten

Ins Zwillingsjoch gelangt man auch bequem vom Rifugio Guide del Val d'Ayas oberhalb von Champoluc-St. Jacques aus; außerdem bietet der direkte Anstieg aus dem Joch über den NW-Grat (WS) eine Variante zur Flanke. Vom Rifugio Quintino Sella her, erreichbar ab Gressoney, ist jene Route üblich, die aus dem Felikjoch/Colle di Felik über den SO-Grat zum Gipfel führt (WS). Diese kann bei Blankeis heikel sein. Im Frühjahr als Skitour steigt man analog dazu ab dem Klein Matterhorn oder dem Rifugio Guide del Val d'Ayas (S) oder von der Capanna Quintino Sella (ZS) her auf.

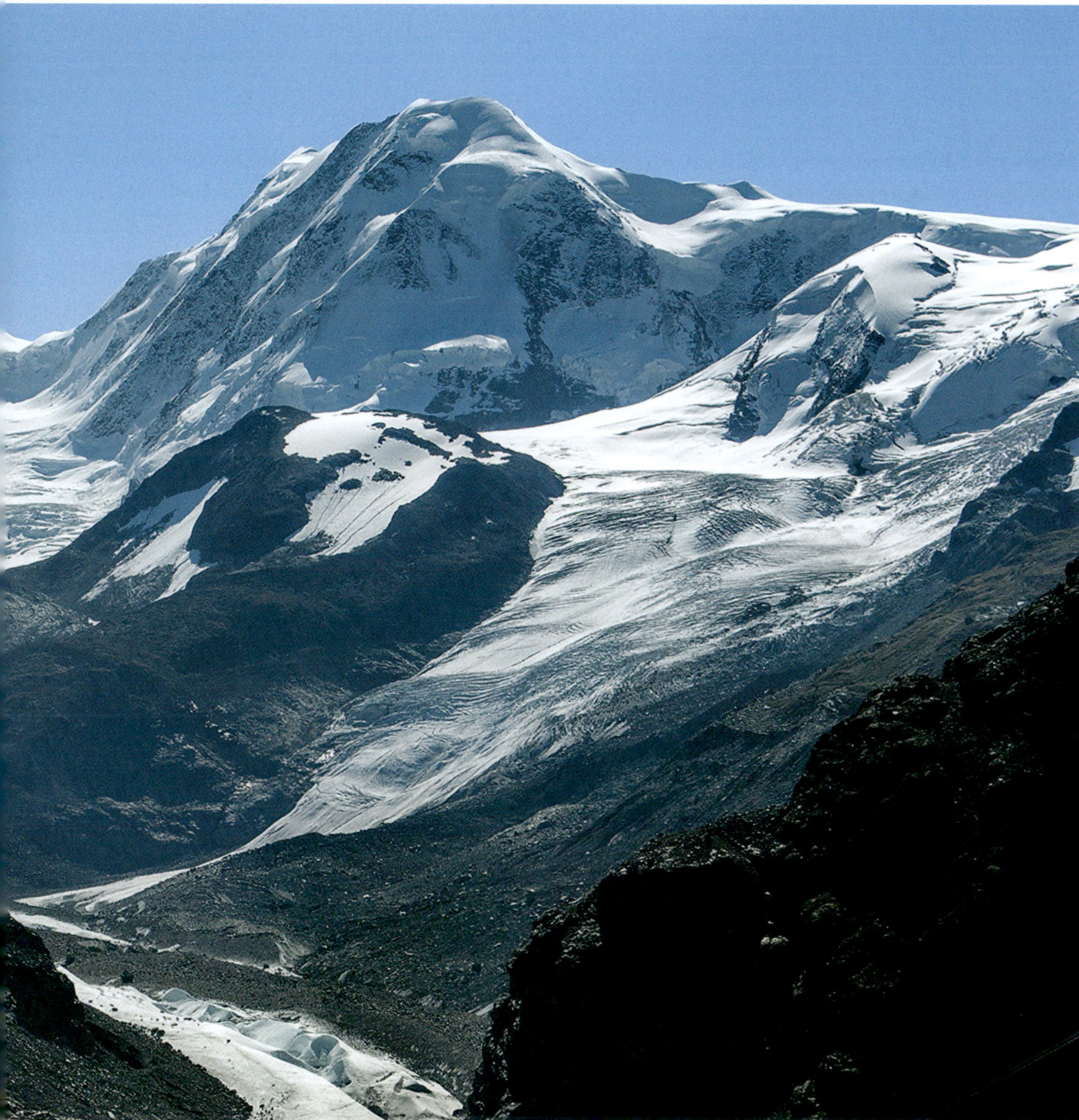

cher Richtung aufsteigt, und mit Peilung Felikhorn (4087 m) östlich des Perazzispétz vorbeizieht. Auf den letzten rund 60 Höhenmetern folgt ein steiler Hang, den man nach rechts ansteigend hinter sich bringt, kurz vor dem Gipfelkamm des Felikhorns nach links zieht und wenig später, leicht absteigend, das Felikjoch (4063 m) erreicht. Wer mag, nimmt das Felikhorn mit: ein Quasi-Viertausender, dem die Schartenhöhe fehlt, um es auf die Liste der offiziellen Viertausender zu schaffen. Vom Felikjoch steigt man über einen breiten, oft blanken Rücken, auf und gelangt dann über einen allmählich schmaleren Firngrat zu P. 4207. Anschließend geht es in der Flanke steil bergauf und weiter dem Kamm entlang via Vorgipfel (4447 m) zum Lyskamm-Westgipfel (4479 m). Der Abstieg erfolgt auf der Aufstiegsroute.

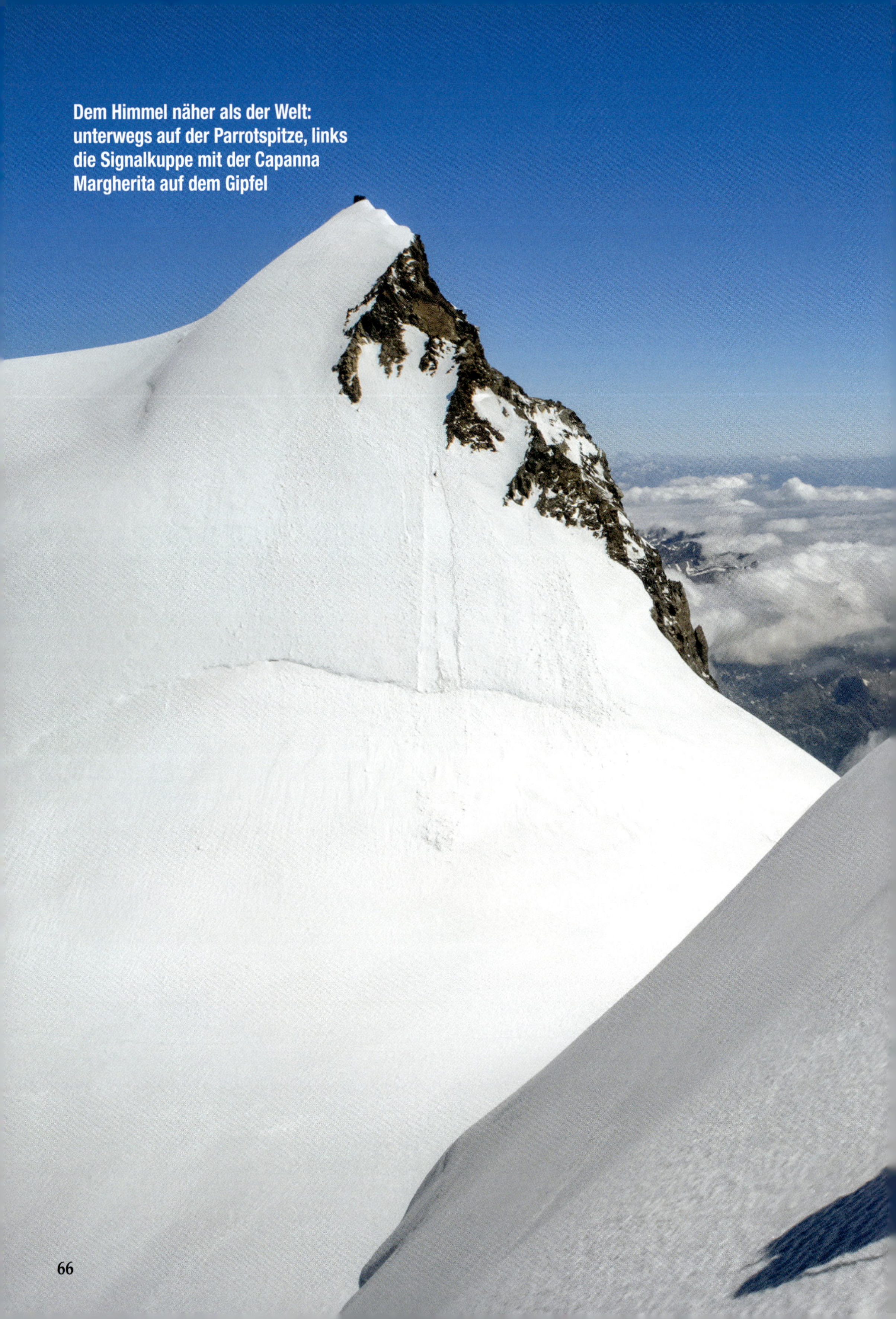

Dem Himmel näher als der Welt: unterwegs auf der Parrotspitze, links die Signalkuppe mit der Capanna Margherita auf dem Gipfel

Königin Monte Rosa

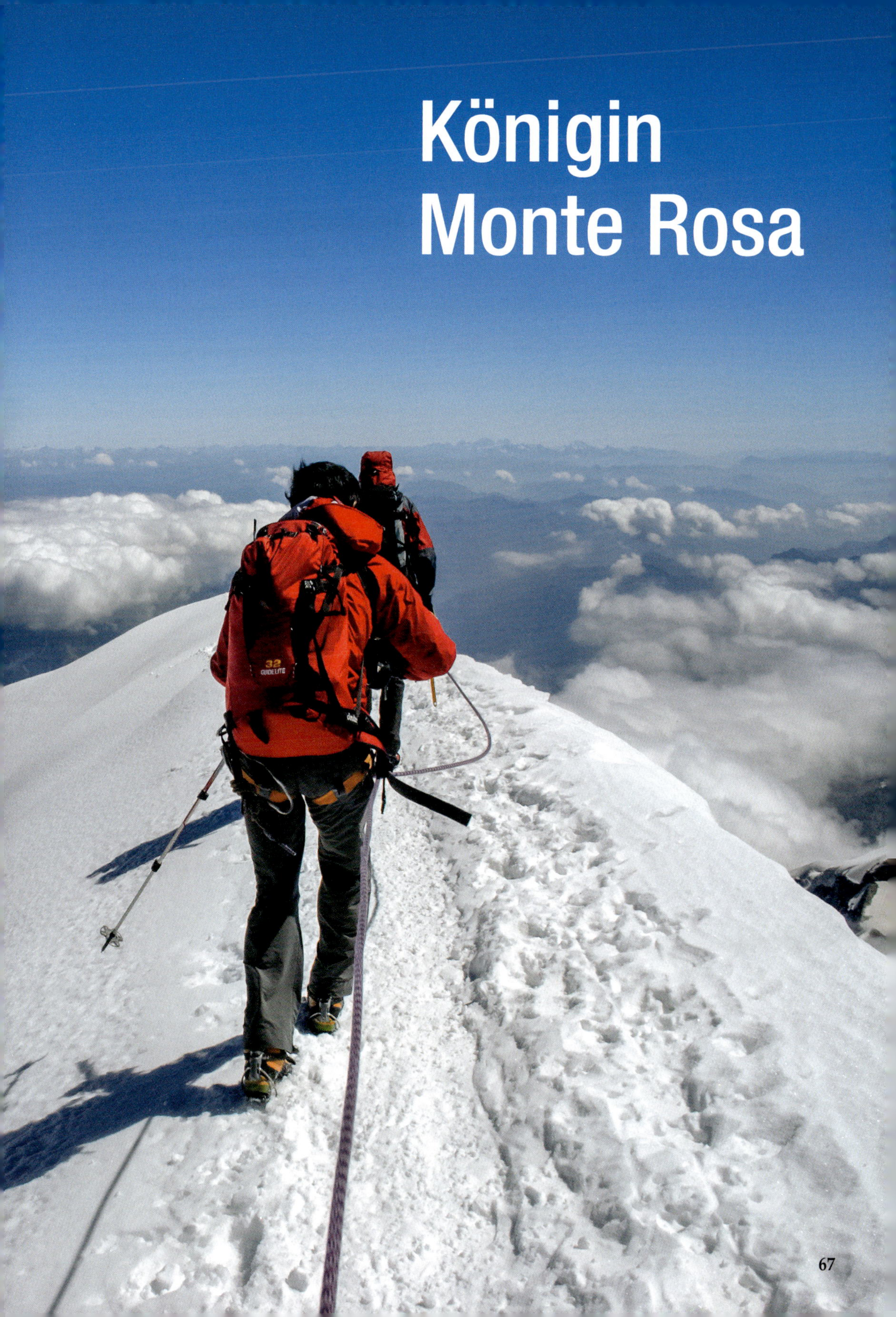

13

Zumsteinspitze (4562 m)

Der Gipfel der frühen Forscher

L+

2–3 Tage 2500 Hm ZS/von Italien WS

Tourencharakter
Technisch einfacher Gipfel, der viel Gletscher, Firn und zum Schluss ganz wenig Fels bietet. Die große Höhe und die Spaltengefahr auf dem Grenzgletscher sind nicht zu unterschätzen. Wer noch Puste hat, kann gleichentags weitere Monte-Rosa-Viertausender sammeln.

Ausgangs-/Endpunkt
Bahnstation Rotenboden (2815 m) oberhalb von Zermatt

Anfahrt/Rückreise
Vom Bahnhof Visp mit der Matterhorn-Gotthard-Bahn nach Zermatt. Mit dem Auto von Visp nach Täsch und weiter mit der Matterhorn-Gotthard-Bahn nach Zermatt. In Täsch gibt es ein großes Parkhaus (Zermatt ist autofrei).

Gehzeiten
Rotenboden – Neue Monte-Rosa-Hütte 2.45 Std.; Neue Monte-Rosa-Hütte – Colle Gnifetti 5.30 Std.; Colle Gnifetti – Zumsteinspitze 0.30 Std.; Zumsteinspitze – Neue Monte-Rosa-Hütte 3.30 Std.; Neue Monte-Rosa-Hütte – Rotenboden 2.15 Std.

Beste Jahreszeit
Juli bis September (mit Ski April und Mai)

Einkehr/Unterkunft
Neue Monte-Rosa-Hütte SAC, Tel. +41 (0)27 967 21 15, www.monterosahuette.ch; Capanna Margherita und Rifugio Gnifetti, Tel. +39 348 141 54 90 / Tel. +39 348 141 54 91, www.rifugimonterosa.it; Rifugio Città di Mantova, Tel. +39 163 781 50, www.rifugiomantova.it

Karten
Swisstopo-Karte 1:25 000, Blatt 1348 »Zermatt«; Swisstopo-Skitourenkarte 1:50 000, Blatt 284S »Mischabel«; www.map.geo.admin.ch

Bereits im Jahr 1820 erhielt die Zumsteinspitze Besuch von Forschern. Die große Höhe war spannend, ließ die Bergsteiger aber leiden. Dennoch kehrten sie mehrmals zurück – auf jener Route, über die Alpinisten bis heute den Gipfel erreichen.

Der unverzagte Forscher Der dritthöchste Gipfel des Monte Rosa wirkt neben der Dufourspitze zienmlich klein. Dennoch, oder deswegen, erhielt die Zumsteinspitze schon früh Menschenbesuch: Am 1. August 1820 erreichte Joseph Zumstein (1783–1861) mit den Brüdern Joseph und Johann Vincent sowie weiteren Begleitern über die noch heute übliche Normalroute den höchsten Punkt des Berges. Es sollte während 35 Jahren ein Höhenrekord in den Schweizer Alpen bleiben. Erst dann nämlich wurde mit der Dufourspitze ein noch höherer Gipfel erstiegen. Und wenn einem ein Gipfel gebührt, dann Joseph Zumstein: In den Sommern 1821 und 1822 stand der Walser Naturforscher, Stoffhändler und Forstinspektor aus dem Val de Gressoney auf der Zumsteinspitze, und zwei weitere Male unternahm er Expeditionen in die Gegend. Dies immer mit demselben Ziel: die Alpen zu erforschen. Eine Entwicklung, die er vorantreiben

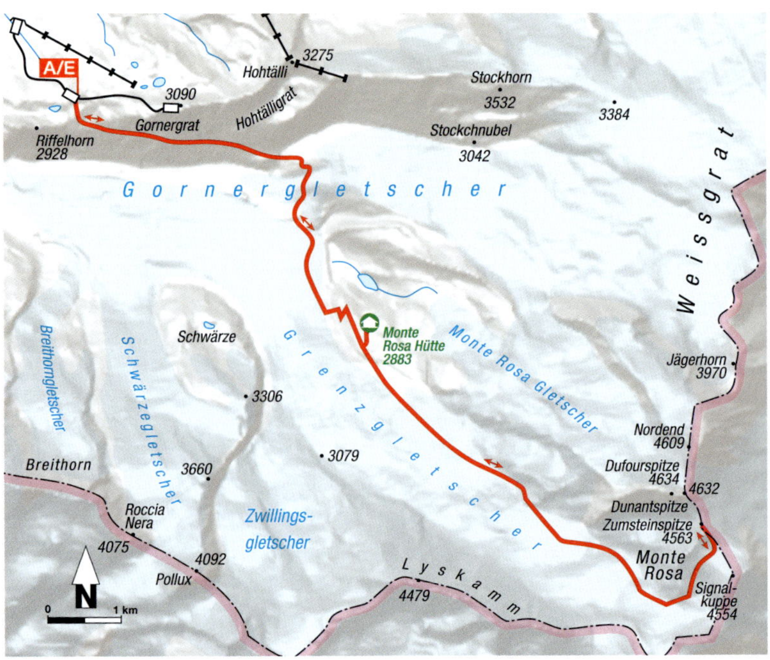

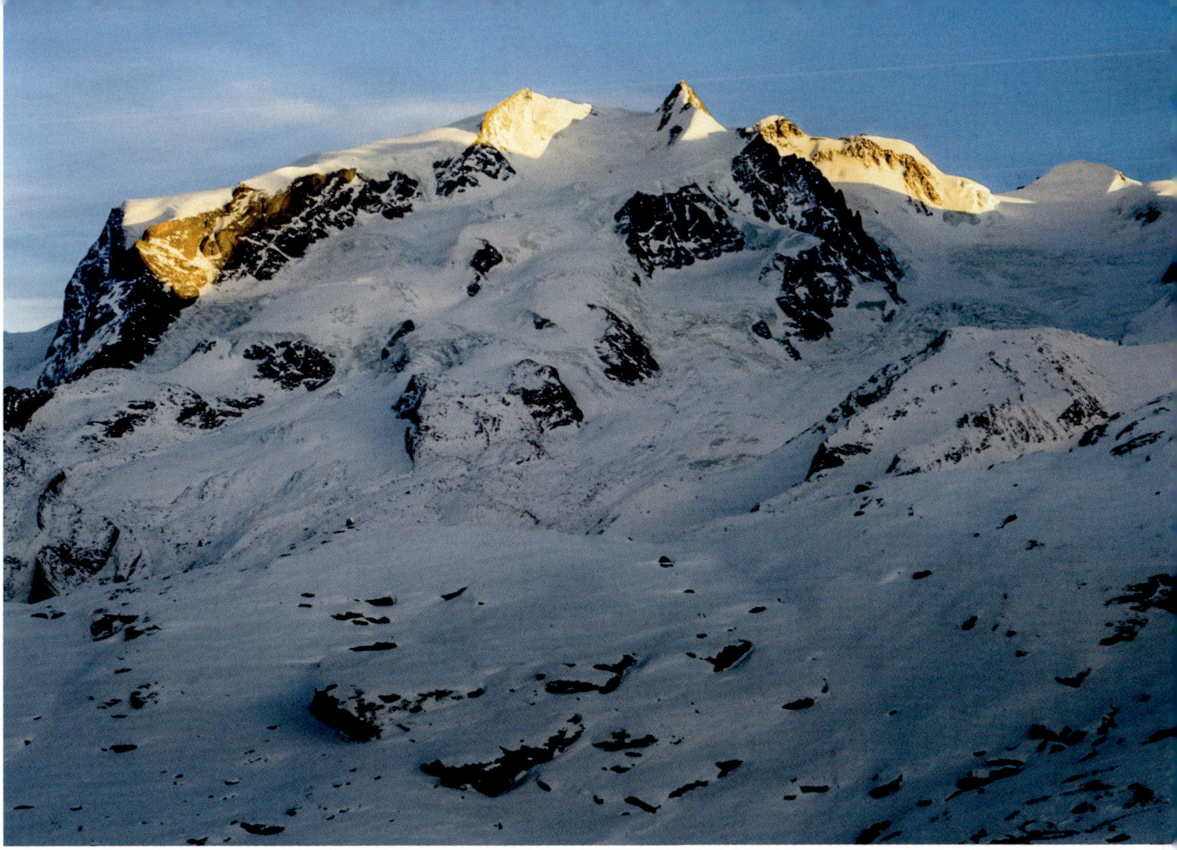

wollte, nachdem Naturforscher sich seit einigen Jahrzehnten für die hochalpinen Gebiete interessierten und in dünner Luft physikalische Messungen unternahmen und Temperatur und Luftdruckunterschiede notierten. Der Preis für Joseph Zumstein und seine Kollegen (wie auch andere frühe Bergsteiger) war hoch: Sie wurden oft höhenkrank und schneeblind, litten an Erschöpfung und hatten übelste Sonnenbrände. Doch ihre wissenschaftliche Neugier ging vor. Dass die Spitze schließlich nach Joseph Zumstein benannt wurde, geht nicht auf Zumstein selbst zurück. Er selbst hatte den Berg unbenannt gelassen. Erst Ludwig Freiherr von Welden verteilte an die Monte-Rosa-Gipfel Namen zwecks besserer Orientierung, wobei Herr Zumstein wie auch die Herren Vincent zum Zug kamen.

Nordend (links), Dufourspitze (Mitte) und Zumsteinspitze (rechts) bilden den nördlichen Abschluss des Monte-Rosa-Massivs.

Die schillerndste Hütte des SAC Wer von der Zermatter Seite her aufsteigt, wie hier beschrieben, kommt in den Genuss der wohl bekanntesten SAC-Hütte der letzten Jahre: der Neuen Monte-Rosa-Hütte. Nachdem die ältere, rund hundert Meter tiefer gelegene Monte-Rosa-Hütte ausgedient hatte, machte sich die Eidgenössische Technische Hochschule Zürich (ETHZ) an ein gewagtes Konzept: den Bau einer futuristischen Hütte mit autarker Energieversorgung im Hochgebirge. Sechs Jahre lang dauerte die Planung, im Jahr 2009 wurde der mehrstöckige »Bergkristall« schließlich eröffnet. Ein Bau, der dank seiner Architektur und seiner Funktion als Forschungsobjekt für zukünftiges Bauen im Hochgebirge in den Medien Furore machte und rasch – im wahrsten wie im übertragenen Sinne des Wortes – zur schillerndsten Hütte des Schweizer Alpen-Clubs SAC wurde.

Vom Rotenboden zum Gornergletscher Der Hüttenzustieg zur Neuen Monte-Rosa-Hütte startet bei der Station Rotenboden (2815 m) der Gornergratbahn. Vom Rotenboden führt der Weg südwärts knapp 300 Meter weit bis zum Wegweiser bei P. 2775. Allerdings lohnt es sich, einen kurzen Abstecher zum Riffelsee zu machen, der wenige Minuten südöstlich der Bahnstation liegt. Der See ist weltbekannt, da sich in seinem Wasser das Matterhorn spiegelt und Tausende von Touristen ihn fotografieren. Vom Riffelsee gelangt man auf dem Wanderweg in wenigen Minuten ebenfalls zu P. 2775. Hier beginnt der Höhenweg, der über mehrere Kilometer sanft abwärts durch die Südflanke des Gornergrats, das sogenannte Usser Gornerli, führt. Bei P. 2805 passiert man die Chinischlucht, rund eine Viertelstunde später das Felsbändchen der Stiermur, um nach wenigen Minuten die Wegverzweigung von P. 2695 zu erreichen. Hier zweigt der Weg Richtung Gornergrat steil bergwärts ab. Richtung Neue Monte-Rosa-Hütte geht es indes weiter ostwärts, nun etwas steiler bergab durch die zunehmend felsigen Hänge, durch die der Pfad über P. 2658 zu P. 2649 leitet. Hier folgt bald die Schlüsselstelle für all jene, die nicht ganz schwindelfrei sind: eine lange Leiter, die über einen senkrechten Felsabsatz hinab zu einem der Bäche führt, die dem Gornergletscher entspringen. Dieser Teil der Wanderung verändert sich von Jahr zu Jahr, da der Gletscher ständig in Bewegung ist und der Übergang vom Fels auf das Eis sich immer anders gestaltet. Einmal auf dem Gletscher, beginnt nun die lange Querung der Zunge des Gornergletschers, die in mehr oder weniger südlicher Richtung zum Fuß des Sporns führt, auf dem die Neue Monte-Rosa-Hütte (2883 m) steht. Auf dem Gletscher ist die Route mit blau-weiß markierten Dreibeinen aus Metall gekennzeichnet.

Madonna! Wie auf vielen italienischen Gipfeln findet sich auf dem Grenzgipfel der Zumsteinspitze eine hübsche Marienstatue.

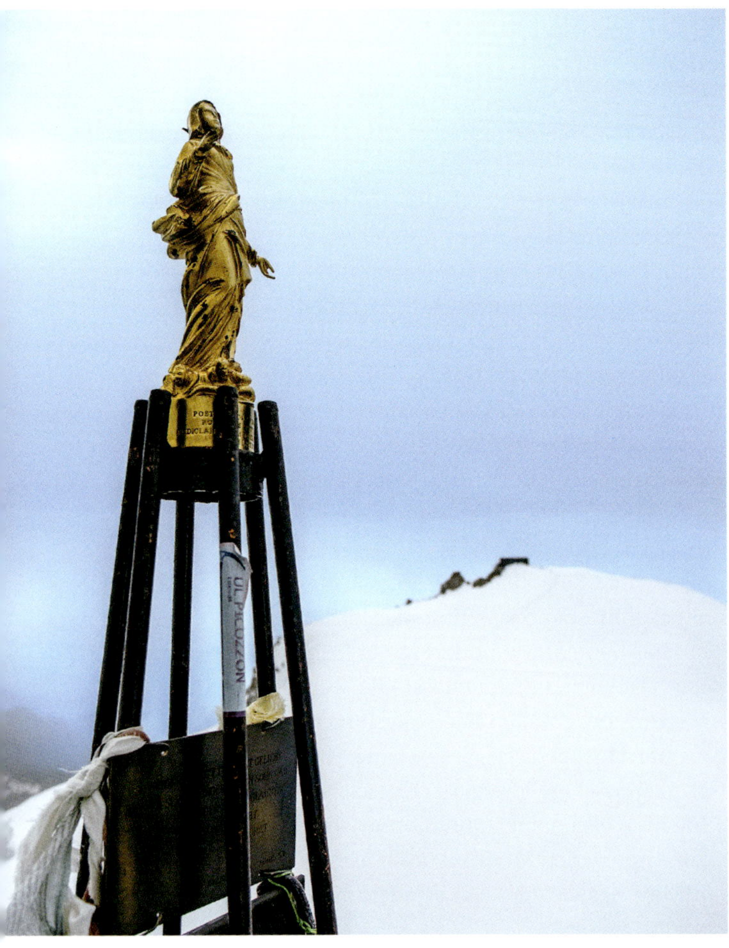

Weiter zur Neuen Monte-Rosa-Hütte Auf einer Höhe von rund 2580 Meter führt die Route am Fuß des Sporns wieder auf festen Fels. In einem weiten Zickzack, teils mit Ketten und Stäben versichert, geht es bergauf zu P. 2795, wo die alte Monte-Rosa-Hütte stand. Heutzutage ist man hier aber noch nicht am Ziel, sondern steigt weitere knapp hundert Höhenmeter auf, um in einem weit ausholenden Linksbogen, teils durch wegloses Gelände, zur Neuen Monte-Rosa-Hütte zu gelangen. Diese letzten hundert

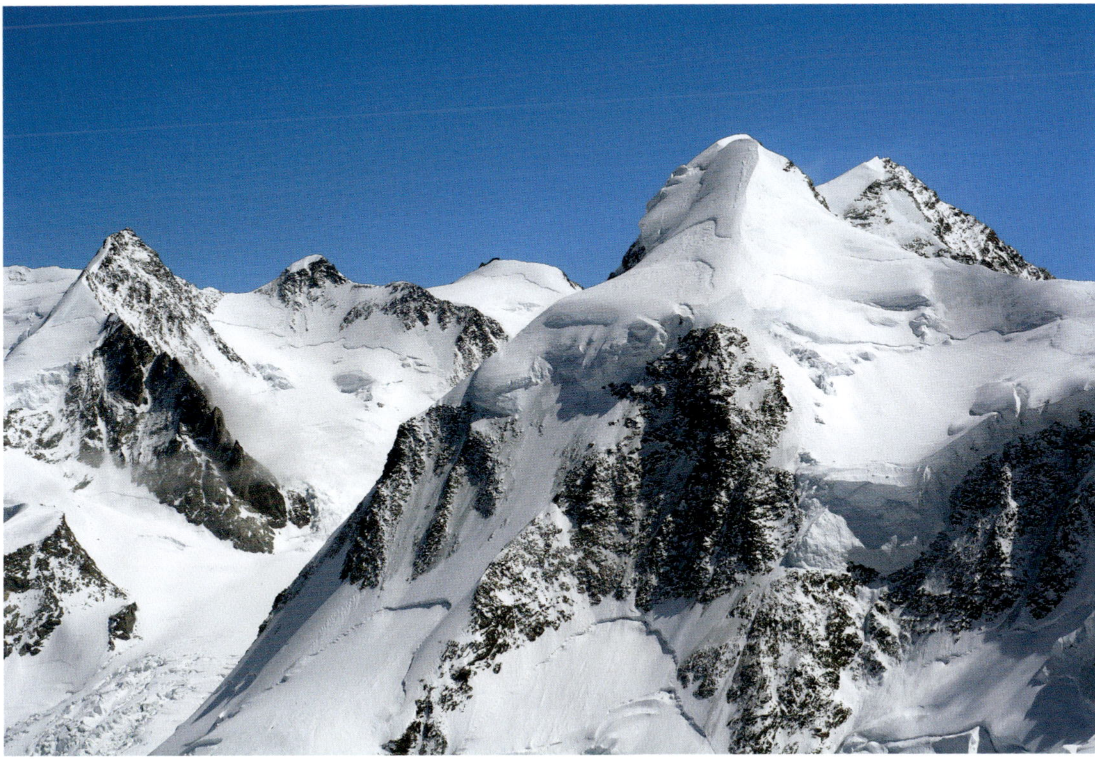

Höhenmeter werden von Wanderern weniger geschätzt als von Bergsteigern. Während erstere weitergehen müssen, um zu einer Rast zu gelangen, freuen sich die Alpinisten darauf, tags darauf den langen, langen Aufstieg zu Dufourspitze, Nordend, Signalkuppe und Zumsteinspitze wenigstens um knapp hundert Meter verkürzt zu haben.

Im Kreis der Großen: Dufourspitze, Zumsteinspitze, Parrotspitze, Lyskamm-Westgipfel und -Ostgipfel (von li. nach re.)

Von der Neuen Monte-Rosa-Hütte zur Zumsteinspitze Von der Neuen Monte-Rosa-Hütte geht man, Steinmännern folgend, kurze Zeit über Steine und Felsplatten bis zum Grenzgletscher, den man auf ca. 2940 Metern Höhe betritt. Auf dessen orografisch rechter Seite steigt man nun an in Richtung des Felssporns von P. 3472. Diesen wie auch die Felsen von P. 3700 passiert man südlich und gelangt danach auf ein erstes Gletscherplateau. Auf dem Grenzgletscher gilt insgesamt große Vorsicht, was die Spaltengefahr angeht, da man sich teils auch auf Spalten befindet, die in Marschrichtung liegen. Man traversiert dieses erste Plateau südostwärts und erreicht ein weiteres Plateau auf rund 4000 Metern Höhe. Dabei meidet man die Nähe des Lyskamm, da aus dessen Flanke Eisschlag drohen kann. In einem weiten Rechtsbogen umrundet man nun die Zumsteinspitze und steigt auf in den Colle Gnifetti. Von diesem aus führt die Route über den Südostgrat der Zumsteinspitze, erst in Firn, dann in leichten Felsen zum Gipfel. Der Abstieg erfolgt auf derselben Route. Ebenfalls attraktiv ist eine Überschreitung des Monte-Rosa-Massivs mit Abstieg nach Italien; wer noch nicht genug hat, kann dabei ein paar weitere Viertausender mitnehmen (siehe Touren Nr. 14 bis 19).

14 Signalkuppe (4554 m)

Schlafen im höchsten Bett der Alpen

L
3 Tage 1680/2120 Hm WS+

Tourencharakter
Lange Hochtour über weite Firnhänge und teils stark zerschrundete Gletscher in die hauchdünne Luft des zweithöchsten Massivs der Alpen. Wer auf dem Gipfel in der Capanna Margherita übernachtet, tut gut daran, an die Höhe akklimatisiert zu sein.

Ausgangspunkt
Punta Indren, 3275 m, oberhalb von Gressoney und Alagna

Endpunkt
Rotenboden, 2815 m, oberhalb von Zermatt

Anfahrt
Mit dem Zug nach Martigny, weiter per Bus über den Grossen Sankt Bernhard nach Aosta und erneut mit dem Zug bis Pont-Saint-Martin IT. Von dort mit dem Bus nach Gressoney und mit der Seilbahn via Passo dei Salati zur Punta Indren.

Rückreise
Mit der Gornergratbahn nach Zermatt und mit der Bahn via Visp zurück nach Martigny.

Gehzeiten
Punta Indren – Rifugio Città di Mantova 0.45 Std.; Rifugio Città di Mantova – Signalkuppe 5 Std.; Signalkuppe – Neue Monte-Rosa-Hütte 3.30 Std.; Neue Monte-Rosa-Hütte – Rotenboden 2.15 Std.

Beste Jahreszeit
Juli bis September (mit Ski April und Mai)

Einkehr/Unterkunft
Rifugio Città di Mantova, Tel. +39 163 781 50, www.rifugiomantova.it; Capanna Margherita und Rifugio Gnifetti, Tel. +39 348 141 54 90, www.rifugimonterosa.it; Neue Monte-Rosa-Hütte SAC, Tel. +41 (0)27 967 21 15, www.monterosa-huette.ch

Karten
Swisstopo-Karte 1:25 000, Blatt 1348 »Zermatt«; Swisstopo-Skitourenkarte 1:50 000, Blatt 284S »Mischabel«; www.map.geo.admin.ch

Auf dem Gipfel eines Viertausenders ankommen, in die Stube eintreten, Pasta essen und im Abendlicht vor dem Schlafengehen auf das Matterhorn hinüberblicken. Wo ist dies möglich? In der Capanna Margherita auf dem Gipfel der Signalkuppe!

Stube anstatt Gipfelkreuz Ich stehe auf dem Gipfel der 4554 Meter hohen Signalkuppe. Einem der stolzen Gipfel des Monte-Rosa-Massivs. Als Erstes stelle ich den Rucksack ab, dann ziehe ich die schweren Bergstiefel aus und schlüpfe in meine Turnschuhe. Auf der Signalkuppe anzukommen fühlt sich an, als wäre die Welt verkehrt: Auf anderen Viertausendern steigt man rasch wieder ab, auf der Signalkuppe – auf Italienisch Punta Gnifetti – tritt man ein in die Stube. Hier steht mit der Capanna Margherita die am höchsten gelegene Hütte der Alpen. Und wer auf ihrem Balkon steht, blickt hinab in die 2400 Meter hohe Ostwand des Monte Rosa, die höchste Wand der Alpen.

Akklimatisieren geht über probieren Von Nordwesten und Süden her sind die Gipfel des Monte Rosa auf technisch einfachen Routen zu erreichen. Dennoch gleicht eine Hochtour auf die Signalkuppe einer kleinen

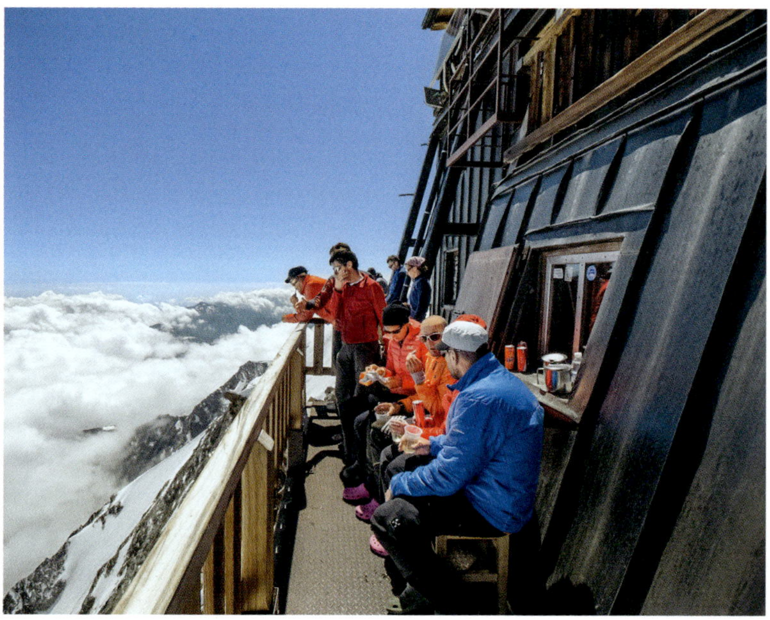

Expedition. Ganz besonders dann, wenn man in der dünnen Luft der Capanna Margherita übernachten will. Da auch wir diesen Plan hegen, sind wir vier Tage zuvor zwecks Akklimatisation in Zürich losgefahren. Übernachteten auf dem Großen Sankt Bernhard, dann auf 2600 Meter Höhe in der Oreshütte und noch eine weitere Nacht auf 3400 Meter Höhe im Rifugio Città di Mantova. So scheint mir, als wäre die Capanna Margherita tatsächlich eine Königin – eine Audienz bei ihr braucht Zeit und Geduld. Was nicht erstaunt, trägt sie doch einen königlichen Namen: Namensgeberin ist keine geringere als Margherita Maria Teresa Giovanna di Savoia. Kurz: La Regina Margherita, Königin von Italien. Eine passionierte, royale Bergsteigerin, die bis heute mit ihrem Namen nicht nur für eine Pizza, sondern auch für diese Hütte auf der Signalkuppe steht, in der sie anlässlich der Einweihung im August 1893 selbst übernachtete. Die heutige Hütte ist freilich nicht mehr ganz dieselbe, steht aber am genau gleichen Ort und trotzt seit 1980 Höhenstürmen, während sie im Winter zur Eisskulptur wird.

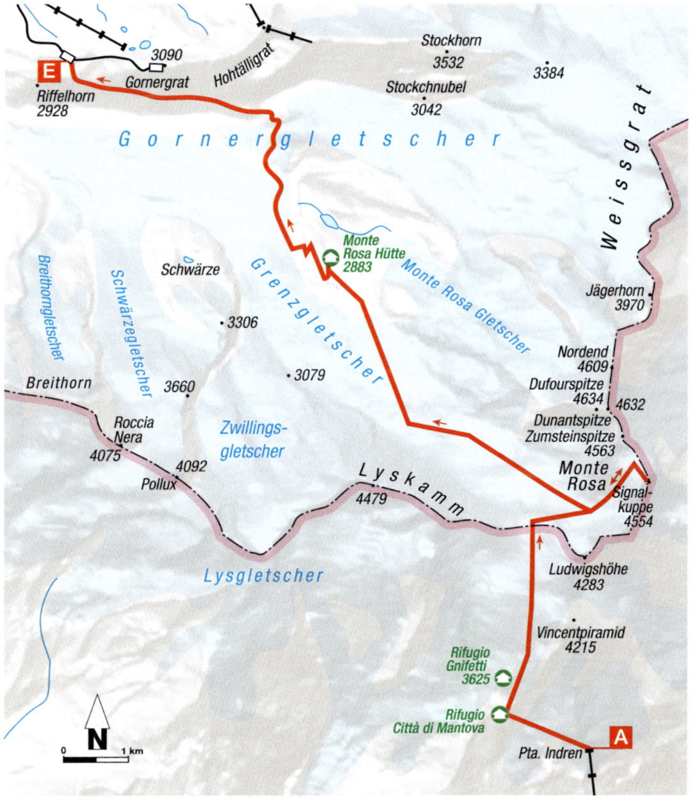

Linke Seite: Ein Balkon mit Aussicht – Bergsteiger blicken von der Capanna Margherita, auf dem Gipfel der 4554 Meter hohen Signalkuppe gelegen, in die Weite Norditaliens.

Die »Königin der Berge Europas« Als ich eine halbe Stunde nach Ankunft auf dem Gipfel in der warmen Stube sitze, eine Minestrone esse und durch das Fenster auf die Welt hinabblicke, fühle ich mich wie in einer Raumkapsel, irgendwo zwischen Himmel und Erde schwebend. Wenn auch eine Nacht auf 4554 Metern Höhe kaum Erholung bringen wird, freue ich mich darauf, im Abendlicht den Gipfel des Matterhorns unter uns zu betrachten und später die Lichter der Städte Norditaliens glitzern zu sehen. Und dabei vielleicht an Giovanni Gnifetti zu denken, der nach seiner Erstbesteigung der Signalkuppe – oder eben der Punta Gnifetti – schrieb: »Um halb ein Uhr des 9. August 1842 steckte Farinetti die rote Fahne ein, sechs und mehr Fuß lang, und drei Fuß hoch. Und so wehte diese Flagge über einen der erhabensten Gipfel der Königin der Berge Europas, ein Gipfel, der seit der Schöpfung bis zu jenem Tag von jedem sterblichen Fuß unberührt geblieben war.«

Von der Punta Indren zur Mantovahütte Von Gressoney (oder auch Alagna Valsesia) gelangt man per Seilbahn via Passo dei Salati zur Punta Indren. Von dort überquert man praktisch horizontal den Indrengletscher – auch Endregletscher genannt – und

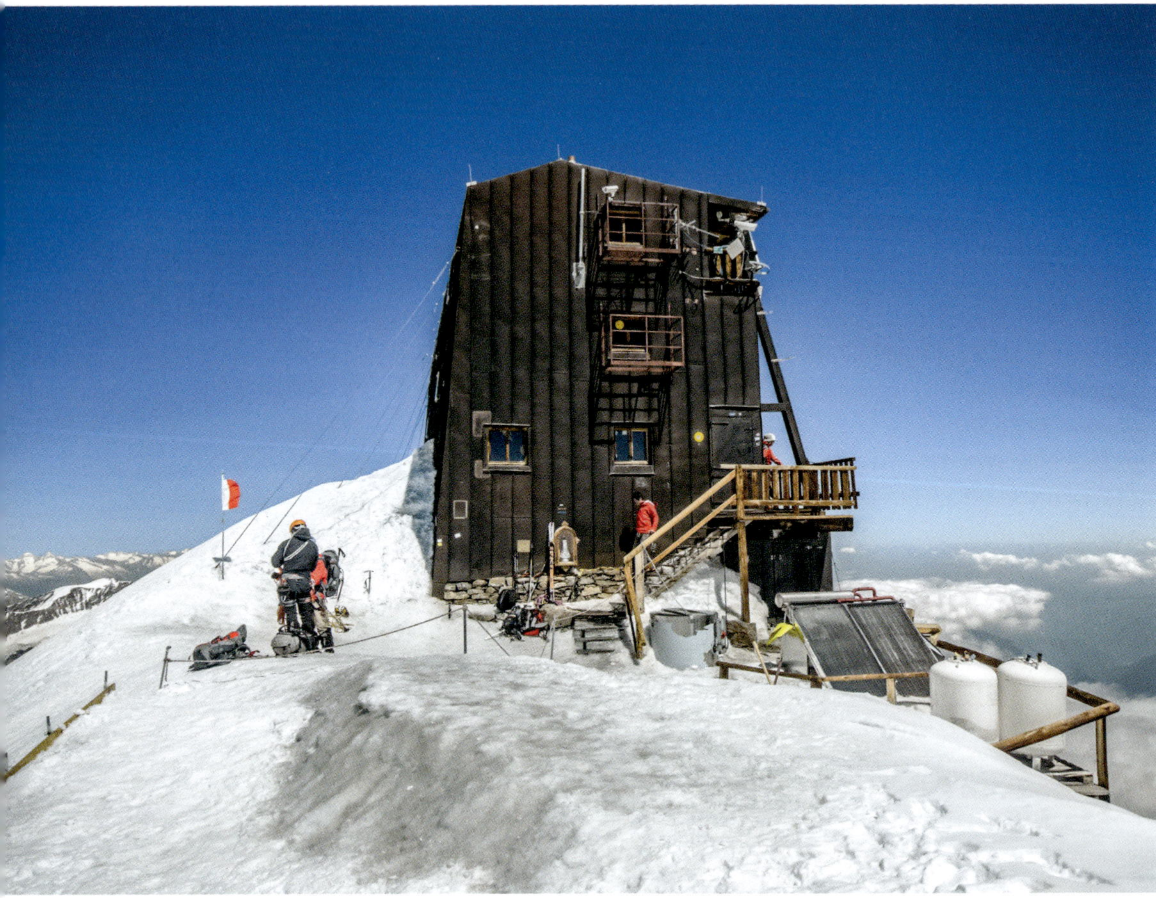

Gut mit Stahlseilen gesichert, hat die Capanna Margherita schon so manchem Höhensturm die Stirn geboten.

steigt anschließend eine kurze Felspassage hoch, die mit Fixseilen versichert ist, um wenige Minuten später das Rifugio Città di Mantova zu erreichen. Zwecks Akklimatisierung eignet sich ein Abstecher auf die 4046 Meter hohe Punta Giordani direkt über der Punta Indren (siehe Tour Nr. 19). Das Rifugio Città di Mantova liegt 200 Meter tiefer als die benachbarte Capanna Gnifetti, ist jedoch moderner, komfortabler und meist auch etwas weniger stark frequentiert.

Von der Mantovahütte zur Signalkuppe Wenig hinter dem Rifugio gelangt man auf einen Ausläufer des mächtigen Lysgletschers. Über diesen steigt man hoch zur Capanna Gnifetti, geht an dieser vorbei und – immer am östlichen Rand des mächtigen Lysgletschers – hoch zu den Gipfeln des Monte Rosa. Je nach Gusto lassen sich hier Vincentpyramide, Balmenhorn, Schwarzhorn, Ludwigshöhe und Parrotspitze mitnehmen (siehe Touren Nr. 15 bis 18). Wer Kraft und Zeit sparen will, lässt diese rechts liegen und steigt über die weiten Gletscherflächen direkt ins Lysjoch und weiter Richtung Colle Gnifetti, um kurz vor diesem Pass den Schlussaufstieg durch die wenig steile Westflanke der Signalkuppe zu beginnen. Je nach Schneeverhältnissen und Akklimation erreicht man mehr oder wenige Minuten später den Gipfel der Signalkuppe und damit die Capanna Margherita.

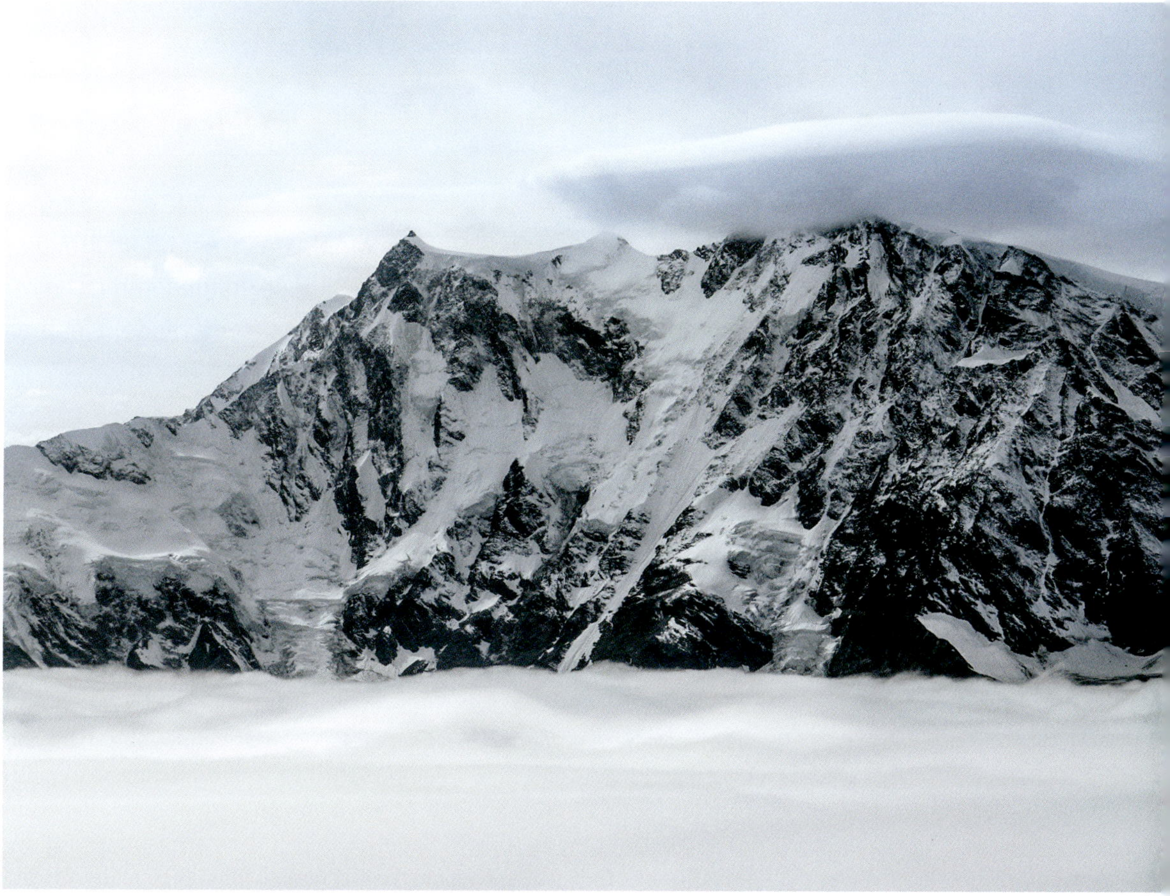

Sie ist die höchste Wand der Alpen – die Monte-Rosa-Ostwand. Und ganz oben? Steht wie ein Adlerhorst die Capanna Margherita …

Von der Signalkuppe nach Rotenboden Am nächsten Tag steigt man ab Richtung Colle Gnifetti, umgeht dann die Zumsteinspitze weiträumig – es sei denn, man besteigt sie (siehe Tour Nr. 13) – und beginnt südlich dieses Berges den langen Abstieg über den Grenzgletscher. Dieser Gletscher weist teils mächtige Spaltenzonen sowie Spalten in Marschrichtung auf und sollte früh am Tag und mindestens in Dreierseilschaft begangen werden. Die Route folgt dem Verlauf der Gletscherzunge, wobei man im oberen Bereich die Nähe des Lyskamms meidet, da aus seiner Flanke Eisschlag droht. Über zwei Gletscherplateaus geht es weiter talwärts und anschließend südlich an P. 3700 und P. 3472 vorbei, eher auf der orografisch rechten Seite des Gletschers bleibend. Auf einer Höhe von rund 2920 Metern verlässt man den Gletscher, steigt auf den Sporn von Plattje und folgt Wegmarkierungen bis zur Neuen Monte-Rosa-Hütte (2883 m). Von dieser aus ist der Hüttenweg bis Rotenboden bestens markiert: Erst führt dieser über Wegspuren im Geröll hinab auf den Gornergletscher, der – den blau-weißen Dreibeinen folgend – in Richtung Gornergrat überquert wird, um danach über eine etwas ausgesetzte Leiter zum Wanderweg hochzuklettern. Diese Passage verändert sich regelmäßig, da sie im Übergangsgebiet von Gletscher, Gletscherwasser und Fels liegt. Auf dem Wanderweg einfach und sanft ansteigend bis Rotenboden und damit zur Bahnstation der Gornergratbahn.

15 Parrotspitze (4431 m)

Über elegante Firngrate zum Gipfel

WS– 3 Tage 1180 Hm WS

Tourencharakter
Diese lange Firntour glänzt besonders mit den kurzen, aber eleganten Gipfelgraten mit hochalpinem Flair. Der Blick auf die Felsflanken der benachbarten Signalkuppe sowie die exponierten Grate lassen Bergsteiger das Monte-Rosa-Massiv von seiner wilden Seite erleben.

Ausgangs-/Endpunkt
Punta Indren, 3275 m, oberhalb von Gressoney und Alagna

Anfahrt/Rückreise
Mit dem Zug nach Martigny, weiter per Bus über den Grossen Sankt Bernhard nach Aosta und erneut mit dem Zug bis Pont-Saint-Martin IT. Von dort mit dem Bus nach Gressoney und mit der Seilbahn via Passo dei Salati zur Punta Indren.

Gehzeiten
Punta Indren – Rifugio Città di Mantova 0.45 Std.; Rifugio Città di Mantova – Parrotspitze 4.15 Std.; Parrotspitze – Punta Indren 3 Std.

Beste Jahreszeit
Juli bis September (mit Ski April und Mai)

Einkehr/Unterkunft
Rifugio Città di Mantova, Tel. +39/163 781 50, www.rifugiomantova.it; Capanna Margherita und Rifugio Gnifetti, Tel. +39/348 141 54 90 bzw. Tel. +39/348 141 54 91, www.rifugimonterosa.it; Neue Monte-Rosa-Hütte SAC, Tel. +41 (0)27 967 21 15, www.monterosahuette.ch

Karten
Swisstopo-Karte 1:25 000, Blatt 1348 »Zermatt«; Swisstopo-Wanderkarte 1:50 000, Blatt 5028T »Monte Rosa-Matterhorn«, Swisstopo-Skitourenkarte 1:50 000, Blatt 284S »Mischabel«; www.map.geo.admin.ch

Die Parrotspitze ist ein Gipfel des Monte Rosa, der oft im Aufstieg zur oder im Abstieg von der Signalkuppe mitgenommen wird. Doch auch als eigenständiger Gipfel macht er Freude, bietet er doch hübsche Firngrate und Rundblick im Großformat.

Alpingeschichte am Seserjoch Wenngleich nur einer unter vielen Monte-Rosa-Gipfeln, so stellt die Parrotspitze ein schönes Ziel dar: Einerseits führen elegante Firngrate zu ihrem höchsten Punkt, anderseits bietet sie einen perfekten Ausblick auf die Capanna Margherita auf der benachbarten Signalkuppe. Und natürlich erinnert auch diese Spitze wieder an einen Menschen, in diesem Fall an Herrn Johann Jakob Friedrich Wilhelm Parrot (1792–1841). Als deutsch-baltischer Arzt und Naturforscher stand er zwar nie auf »seinem« Berg, dafür aber als erster Mensch auf dem Ararat. Alpingeschichte vor Ort schrieben indes die beiden Schwestern und britischen Bergpionierinnen Ellen (1836–1902) und Anna Pigeon (1832–1917) im August 1869: Sie überschritten aufgrund eines Navigationsfehlers ihres Führers als erste Menschen, von Zermatt her kommend, das Seserjoch (4296 m) – jenen Sattel zwischen der Parrotspitze und der Signalkuppe, und stiegen ab nach Alagna, wobei Ellen Pigeon im Abstieg

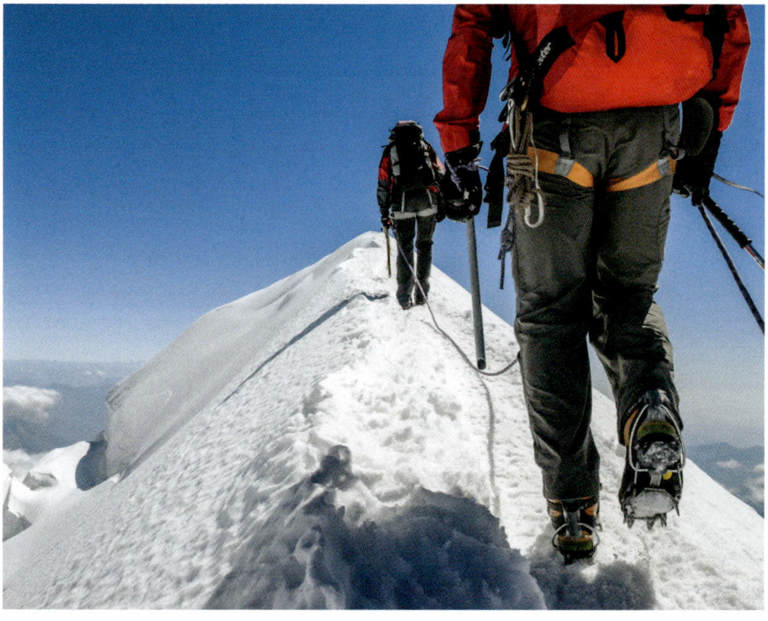

offenbar die Führung übernahm, nachdem das Vertrauen in den Führer vollends geschwunden war. Ihre fast 18-stündige Tour de Force war für viele männliche Kollegen so unglaublich, dass es mehrere schriftliche Bestätigungen von Pfarrer und Bergsteiger Giuseppe Farinetti aus Alagna brauchte, um die alpinistische Tat zu bezeugen. Erst dann erhielten die »Pigeon Sisters« die gebührende Anerkennung für diese Tour.

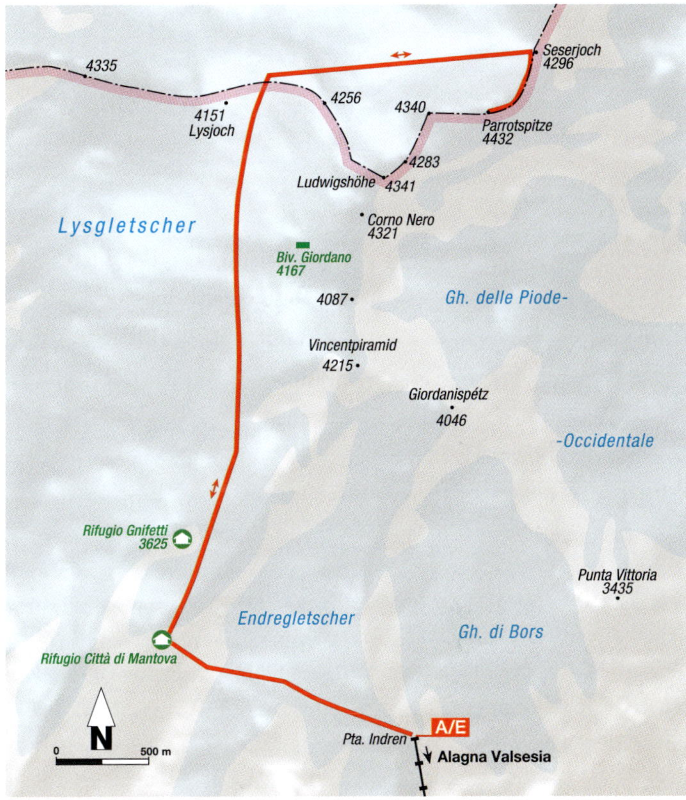

Von der Punta Indren zur Mantovahütte Von Gressoney (oder auch Alagna Valsesia) gelangt man per Seilbahn via Passo dei Salati zur Punta Indren. Von dort überquert man praktisch horizontal den Indrengletscher – auch Endregletscher genannt – und steigt anschließend eine kurze Felspassage hoch, die mit Fixseilen versichert ist, um nur wenige Minuten später das Rifugio Città di Mantova zu erreichen. Zwecks Akklimatisierung eignet sich ein Abstecher auf die 4046 Meter hohe Punta Giordani direkt über der Punta Indren (siehe Tour Nr. 19). Das Rifugio Città di Mantova liegt zwar 200 Meter tiefer als die benachbarte Capanna Gnifetti, ist jedoch moderner, komfortabler und meist auch etwas weniger überlaufen.

Von der Mantovahütte zur Parrotspitze Wenig hinter dem Rifugio gelangt man tags darauf auf einen Ausläufer des mächtigen Lysgletschers. Über diesen steigt man hoch zur Capanna Gnifetti, geht an dieser vorbei und – immer am östlichen Rand des mächtigen Lysgletschers – hoch zu den Gipfeln des Monte Rosa. Je nach Gusto lassen sich hier Vincentpyramide, Balmenhorn, Schwarzhorn und Ludwigshöhe mitnehmen (siehe Touren Nr. 16 bis 18). Wer Kraft und Zeit sparen will, lässt diese rechts liegen und zieht über die weiten Gletscherflächen direkt ins Lysjoch und weiter ins Seserjoch, um von diesem aus über jenen Firnrücken Richtung Parrotspitze aufzusteigen, der zu einem Schneegrat wird und elegant zum Gipfel führt. Der Rückweg führt über dieselbe Route oder aber via Grenzgletscher und die Neue Monte-Rosa-Hütte nach Zermatt (siehe Tour Nr. 14).

Linke Seite: Luftig und doch noch gemütlich zeigt sich bei guten Bedingungen der Firngrat der Parrotspitze.

Warum nicht noch einer?

Wer schon so hoch oben ist, dem bietet sich ein Besuch der Signalkuppe an. Falls einem der Appetit in der großen Höhe noch nicht vergangen ist, gibt es dort sogar Kaffee und Kuchen. Die Ludwigshöhe kann dies nicht bieten. Dafür liegt sie ideal südlich der Parrotspitze. Von ihrem Gipfel her kommend, steigt man über den Westgrat hoch zur Parrotspitze (WS–).

16

Ludwigshöhe (4341 m)

Ein Firngipfel am Wegrand

L
2 Tage 1460/1920 Hm ZS

Tourencharakter
Umgeben von weiten Gletschern, bietet der sanfte Firngipfel viel Aussicht und hochalpines Ambiente bei geringen technischen Schwierigkeiten. Nicht zu unterschätzen ist die Orientierung bei schlechter Sicht sowie die Spaltengefahr, besonders auf dem Grenzgletscher.

Ausgangspunkt
Punta Indren, 3275 m, oberhalb von Gressoney und Alagna

Endpunkt
Rotenboden, 2815 m, oberhalb von Zermatt

Anfahrt
Mit dem Zug nach Martigny, weiter per Bus über den Grossen Sankt Bernhard nach Aosta und erneut mit dem Zug bis Pont-Saint-Martin IT. Von dort mit dem Bus nach Gressoney und mit der Seilbahn via Passo dei Salati zur Punta Indren.

Rückreise
Von Rotenboden mit der Gornergratbahn nach Zermatt und mit der Bahn via Visp zurück nach Martigny.

Gehzeiten
Punta Indren – Rifugio Città di Mantova 0.45 Std.; Rifugio Città di Mantova – Ludwigshöhe 3.15 Std.; Ludwigshöhe – Neue Monte-Rosa-Hütte 3.15 Std.; Neue Monte-Rosa-Hütte – Rotenboden 2.30 Std.

Beste Jahreszeit
Juli bis September (mit Ski April und Mai)

Einkehr/Unterkunft
Rifugio Città di Mantova, Tel. +39 163 781 50, www.rifugiomantova.it; Capanna Margherita und Rifugio Gnifetti, Tel. +39 348 141 54 90 / Tel. +39 348 141 54 91, www.rifugimonterosa.it; Neue Monte-Rosa-Hütte SAC, Tel. +41 (0)27 967 21 15, www.monterosahuette.ch

Karten
Swisstopo-Karte 1:25 000, Blatt 1348 (Zermatt); Swisstopo-Skitourenkarte 1:50 000, Blatt 284S »Mischabel«; www.map.geo.admin.ch

Die Ludwigshöhe reiht sich ein in die Kette von Viertausendern des Monte-Rosa-Massivs. Als eigenständiges Ziel ist der »kleine« Gipfel hübsch, meist wird er jedoch in Kombination mit seinen Nachbarn Corno Nero und Parrotspitze besucht.

Der Herr der Namen Am 25. August 1822 stieg der österreichische Offizier Ludwig Freiherr von Welden, gleichsam Topograf, Botaniker und Bergsteiger, als Erster mit seinen Vermessungsgehilfen auf die Ludwigshöhe. Da die Gipfel des Monte Rosa noch unbenannt waren und der Freiherr bei der Orientierung gewisse Mühe bekundete, entschloss er sich, die Spitzen und Kuppen zu benennen. So verewigte er die Herren Zumstein, Parrot und Vincent, schuf das Nordend und die Signalkuppe. Letztere, da sich diese gemäß seines Kollegen Zumstein für Messungen eignen würde. Und seinen persönlichen Gipfel? Auch den benannte er – allerdings laut eigenen Aussagen aufgrund des Datums seiner Besteigung: der 25. August ist der Tag des heilig gesprochenen französischen Königs Ludwig IX.

Von der Punta Indren zur Mantovahütte Von Gressoney (oder auch Alagna Valsesia) gelangt man per Seilbahn via Passo dei Salati zur Punta

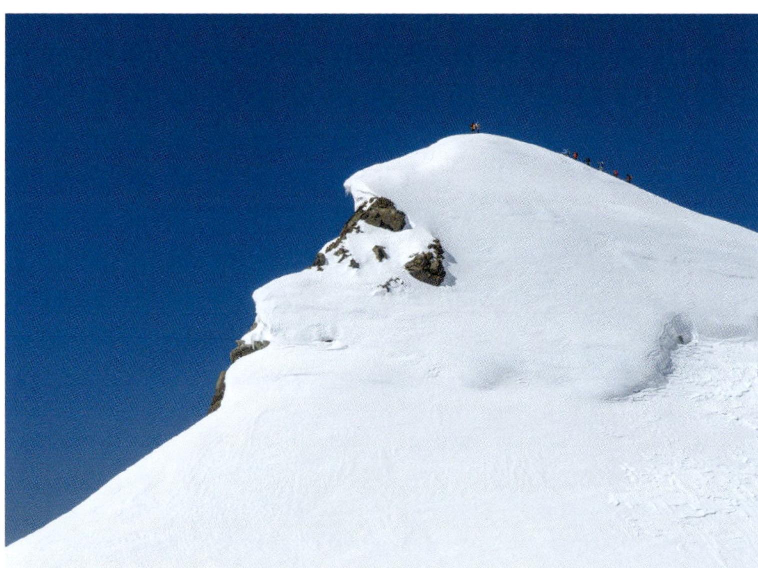

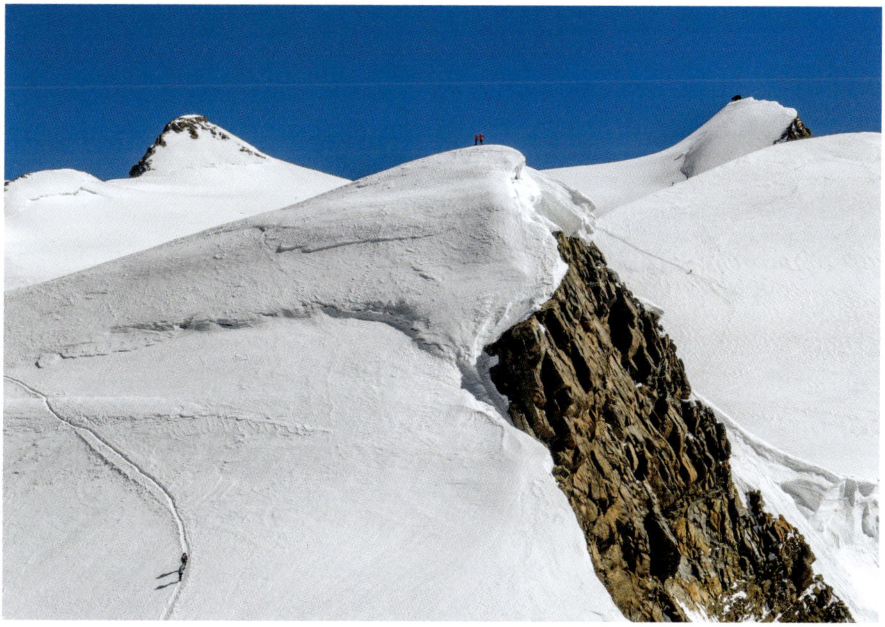

Wer auf der Ludwigshöhe steht (Mitte), blickt auf noch Größere, etwa auf die Zumsteinspitze (links) und die Signalkuppe (rechts).

Indren. Von dort überquert man den Indrengletscher – auch Endregletscher – und steigt eine kurze Felspassage hoch, um wenig später das Rifugio Città di Mantova zu erreichen. Dieses liegt 200 Meter tiefer als die Capanna Gnifetti, ist jedoch komfortabler und weniger stark frequentiert.

Linke Seite: Am höchsten Punkt der Ludwigshöhe

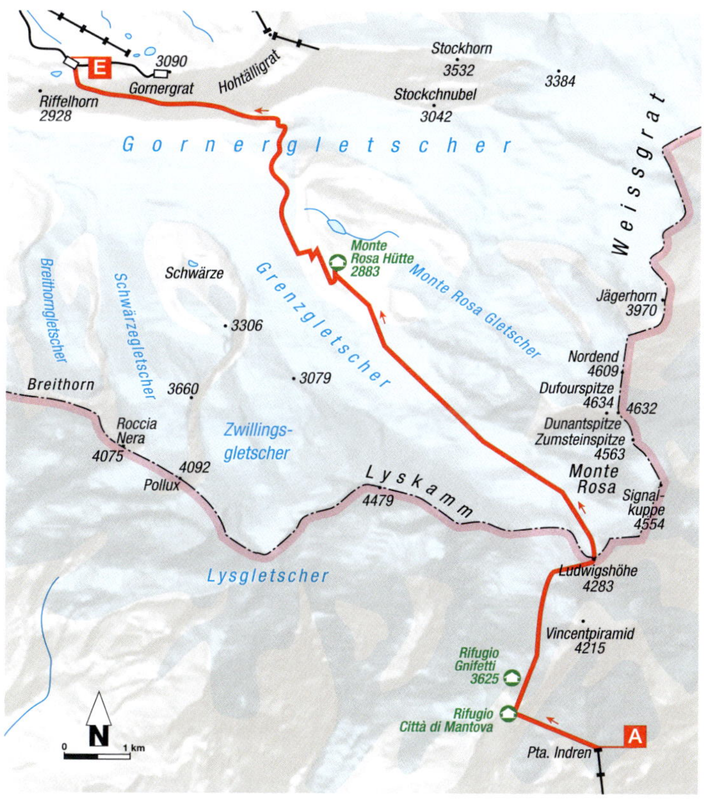

Von der Mantovahütte zur Ludwigshöhe Hinter dem Rifugio gelangt man auf einen Ausläufer des mächtigen Lysgletschers. Die Capanna Gnifetti passiert man rechts und steigt weiter hoch Richtung Lysjoch. Wer Viertausender sammelt, nimmt hier wahlweise Vincentpyramide und Corno Nero mit, alle anderen lassen diese Gipfel rechts liegen und steigen bis auf rund 4200 Meter, schwenken nach Osten Richtung Colle Zurbriggen (4279 m) und gelangen über die SW-Flanke zum Gipfel der Ludwigshöhe. Der Abstieg erfolgt über den Grenzgletscher nach Zermatt (siehe Tour 14) oder auf der Aufstiegsroute.

17 Corno Nero (4321 m)

Der Felsige in der Monte-Rosa-Reihe

WS 6.15 Std. 1060 Hm ZS

Tourencharakter
Der Corno Nero ist der technisch interessanteste Gipfel in der langen Reihe der Monte-Rosa-Viertausender. Seine Nordwestflanke bietet auf kurzer Strecke steilen Firn und am Gipfel eine kurze Kraxelei. Der Gipfel ist von der Punta Indren aus als Tagestour erreichbar, eine Übernachtung in der Mantova- oder Gnifetti-Hütte empfiehlt sich dennoch, vor allem bei milder Witterung, wenn die Gletscher schon früh aufweichen.

Ausgangs-/Endpunkt
Punta Indren, 3275 m, oberhalb von Gressoney und Alagna

Anfahrt/Rückreise
Mit dem Zug nach Martigny, weiter per Bus über den Grossen Sankt Bernhard nach Aosta und erneut mit dem Zug bis Pont-Saint-Martin IT. Von dort mit dem Bus nach Gressoney und mit der Seilbahn via Passo dei Salati zur Punta Indren.

Gehzeiten
Punta Indren – Rifugio Città di Mantova 0.45 Std.; Rifugio Città di Mantova – Corno Nero 3 Std.; Corno Nero – Punta Indren 2.30 Std.

Beste Jahreszeit
Juli bis September (mit Ski April und Mai)

Einkehr/Unterkunft
Rifugio Città di Mantova, Tel. +39 163 781 50, www.rifugiomantova.it; Rifugio Gnifetti, Tel. +39 348 141 54 90 / Tel. +39 348 141 54 91, www.rifugimonterosa.it

Karten
IGC-Karte 1:25 000, Blatt 109 »Monte Rosa, Alagna, Valsesia, Macugnaga, Gressoney«; Swiss topo-Karte 1:50 000, Blatt 5028T »Monte Rosa-Matterhorn«, Swisstopo-Skitourenkarte 1:50 000, Blatt 284S »Mischabel«, www.map.geo.admin.ch

Der Corno Nero verdankt diesen Namen seinem felsigen Gipfelaufbau. Dieser und seine steile Nordwestflanke machen ihn zu einem der interessanteren Gipfel des Monte Rosa, die auf dem Weg zur Signalkuppe »mitgenommen« werden können.

Das schwarze Horn Auch dieser kleinere Monte-Rosa-Gipfel ist hoch genug, dass einem die Puste ausgehehn kann. Nicht zuletzt, weil er im Vergleich zu seinen Nachbarn doch einen gewissen technischen Anspruch verlangt: Der Schlussaufstieg zum Gipfel wartet mit steilem Firn und Fels auf, bevor man die Madonna auf dem Gipfel in den Arm nehmen kann. Und noch etwas unterscheidet diesen Berg von seinen Nachbarn: Er ist nicht nach einem Bergpionier benannt. Aufgrund seiner felsigen Spitze heißt er ganz einfach Schwarzhorn. Oder im Original auf Italienisch, so wie er auch auf der Karte verzeichnet ist, Corno Nero. Nicht zu verwechseln mit der Roccia Nera, jenem kleinen Viertausender am östlichen Ende des nahen Breithorn-Massivs (siehe Tour 9).

Ein hoher Pass für einen großen Bergsteiger Ein interessanter Name befindet sich dennoch in seiner Nähe, nämlich im unmittelbar nördlich ge-

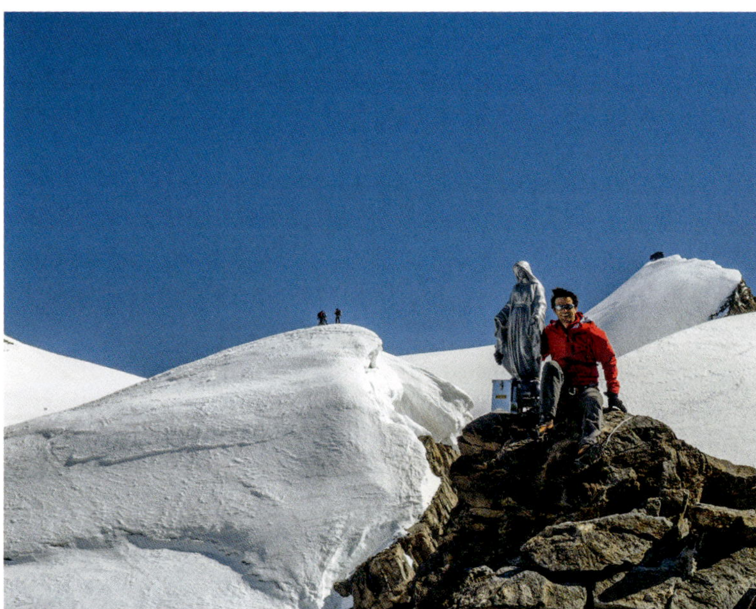

legenen Übergang des Colle Zurbriggen. Ist dieser doch Matthias Zurbriggen (1856–1917) gewidmet, der mit seiner Familie als Kleinkind vom Saastal ins italienische Walserdorf Macugnaga auswanderte. Dort wurde er als junger Mann zu einem begehrten lokalen Bergführer, bevor er später im Rahmen von britischen Expeditionen im Karakorum, in Australien, Neuseeland und Südamerika weltbekannt wurde – nicht zuletzt dank seiner Erstbesteigung des 6958 Meter hohen Aconcagua, des höchsten Gipfels des amerikanischen Kontinents, den Matthias Zurbriggen 1897 im Alleingang erreichte. Doch so erfolgreich er auf Gipfel stieg, so markant war sein sozialer Abstieg in alten Tagen: Gegen Ende seiner Tage hin war er ein schwer alkoholkranker Landstreicher, bevor er sich 1917 in Genf das Leben nahm. Dennoch: Angesichts seiner alpinhistorischen Leistungen hätte er anstelle des Passes doch allemal eine wuchtige Punta Zurbriggen verdient!

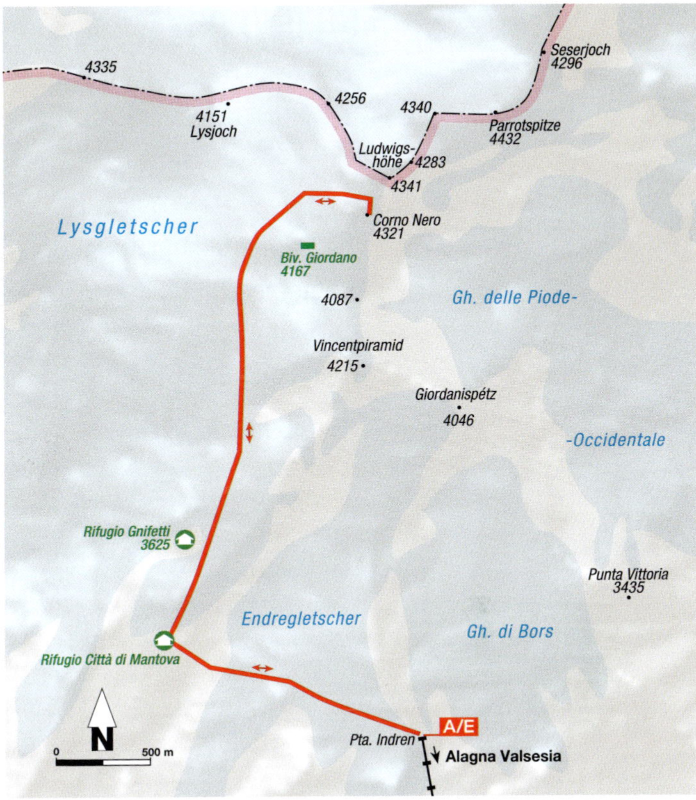

Von der Punta Indren zur Mantovahütte Von Gressoney (oder auch Alagna Valsesia) gelangt man per Seilbahn via Passo dei Salati zur Punta Indren. Von dort überquert man den Indrengletscher – auch Endregletscher genannt – und steigt anschließend eine mit Fixseilen versicherte Felspassage hoch, um wenige Minuten später das Rifugio Città di Mantova zu erreichen. Dieses liegt 200 Meter tiefer als die benachbarte Capanna Gnifetti, ist jedoch komfortabler und meist auch weniger stark frequentiert.

Von der Mantovahütte zum Corno Nero Wenig hinter dem Rifugio gelangt man auf einen Ausläufer des Lysgletschers. Über diesen steigt man hoch zur Capanna Gnifetti, geht an dieser vorbei und weiter in Richtung Balmenhorn, welches kein eigenständiger Viertausender ist und auf der Schweizer Landeskarte mit »Bivacco Giordano« bezeichnet ist. Dieses lässt man rechts liegen, es sei denn, man nimmt den kleinen Gipfel mit, und steigt bis auf eine Höhe von gut 4200 Metern. Hier zieht man dann ostwärts Richtung Corno Nero und steigt über dessen hübsche, steile Nordwestflanke zu den leichten Gipfelfelsen und weiter zum Gipfel. Der Abstieg erfolgt auf der Aufstiegsroute.

Linke Seite: Eine edle Gipfelgefährtin ist die Madonnenstatue auf dem Gipfel des Corno Nero.

18

Piramide Vincent (4215 m)

Am Südzipfel des Monte Rosa

L
5.45 Std. 960 Hm ZS

Tourencharakter
Diese technisch einfache Firntour führt auf einen eingenständigen Berg des Monte Rosa. Eilige erreichen den Gipfel als Tagestour ab Punta Indren; wer es gemütlicher nimmt oder sich für höhere Ziele akklimataisieren will, übernachtet in der Mantova- oder Gnifettihütte.

Ausgangs-/Endpunkt
Punta Indren, 3275 m, oberhalb von Gressoney und Alagna

Anfahrt/Rückreise
Mit dem Zug nach Martigny, weiter per Bus über den Grossen Sankt Bernhard nach Aosta und erneut mit dem Zug bis Pont-Saint-Martin IT. Von dort mit dem Bus nach Gressoney und mit der Seilbahn via Passo dei Salati zur Punta Indren

Gehzeiten
Punta Indren – Rifugio Città di Mantova 0.45 Std.; Rifugio Città di Mantova – Vincentpyramide 2.45 Std.; Vincentpyramide – Punta Indren 2.15 Std.

Beste Jahreszeit
Juli bis September (mit Ski Ende März bis Mai)

Einkehr/Unterkunft
Rifugio Città di Mantova, Tel. +39 163 781 50, www.rifugiomantova.it; Rifugio Gnifetti, Tel. +39 348 141 54 90 / Tel. +39 348 141 54 91, www.rifugimonterosa.it

Karten
IGC-Karte 1:25 000, Blatt 109 »Monte Rosa, Alagna, Valsesia, Macugnaga, Gressoney«; Swisstopo-Karte 1:50 000, Blatt 5028T »Monte Rosa-Matterhorn«, Swisstopo-Skitourenkarte 1:50 000, Blatt 284S »Mischabel«, www.map.geo.admin.ch

Die Piramide Vincent ist als formschöner Berg einer der ausgeprägtesten Gipfel des Monte-Rosa-Massivs. Dank ihrer Lage am südlichen Ende des mächtigen Massivs bietet sie wunderbaren Weitblick nach Süden.

Die Pyramide im Süden Die Piramide Vincent hat eine besondere Stellung im Monte-Rosa-Massiv: Im Gegensatz zu anderen Gipfeln, die eher ausgeprägte Aufschwünge sind, ist sie ganz eindeutig ein eigenständiger Gipfel. Was auch mit ihrer Lage zu tun hat: Als südlichster Gipfel des Monte-Rosa-Massivs – einmal abgesehen von der kleinen Punta Giordani – ragt sie wuchtig in den Himmel auf und dominiert den Anblick des Gebirgsmassivs von Süden her als schöne Pyramide.

Herr Vincent auf Besuch Der Gipfel erhielt denn auch als einer der ersten Berge im Gebiet Menschenbesuch. Namentlich von Johann Nikolaus Vincent, der im August 1819 mit Gemsjägern und Mineuren hochstieg. Als Bergbauingenieur und Besitzer einer Goldmine am Rand des Indrengletschers kannte er das Gebiet bestens, und was die Entdeckerlust anging, so lag diese in der Familie: Bereits Vater Vincent war mit von der Partie gewesen, als eine Gruppe von Männern 1778 zum Lysjoch aufgestiegen

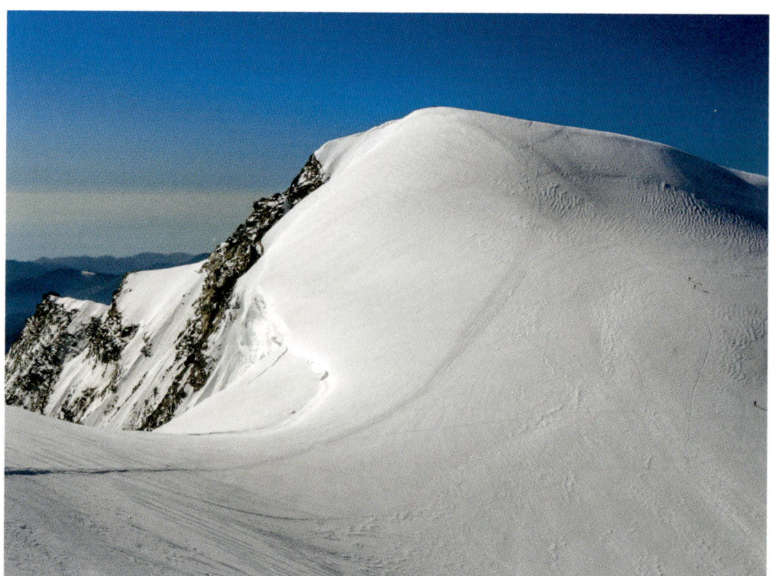

war, um das sagenumwobene »verlorene Tal« voll saftiger Wiesen auf der Zermatter Seite des Monte-Rosa-Massivs zu suchen. Stattdessen fanden sie Gletscher und noch mehr Gletscher, die nach Zermatt führten. Zu ihren Ehren heißt der kleine Gipfel westlich des Lysjochs, den sie 1778 erreichten, bis heute Roccia della Scoperta oder Entdeckungsfelsen, wenngleich er auf der offiziellen Schweizer Karte nur als P. 4178 m verzeichnet ist.

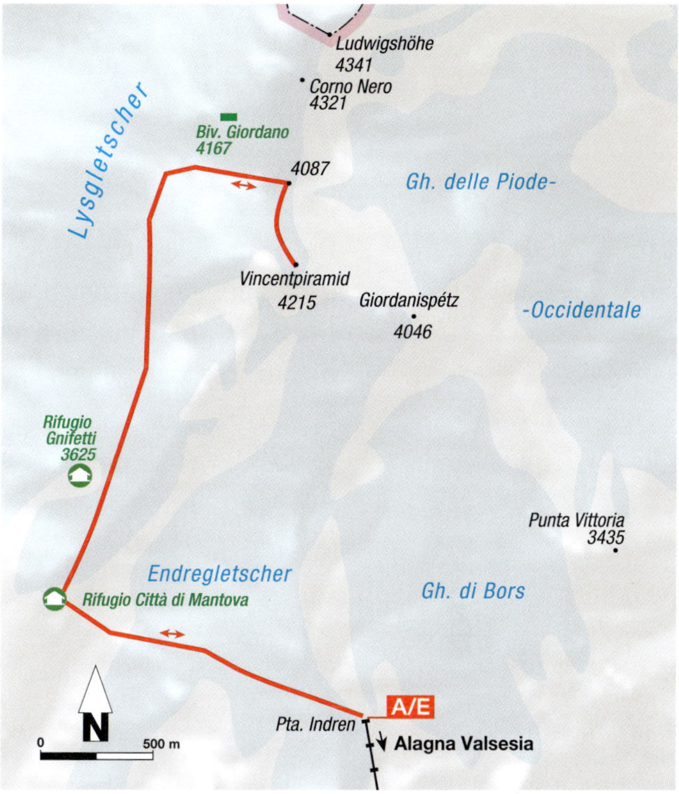

Von der Punta Indren zur Mantovahütte Von Gressoney (oder auch Alagna Valsesia) gelangt man per Seilbahn via Passo dei Salati zur Punta Indren. Von dort überquert man den Indrengletscher – auch Endregletscher genannt – und steigt anschließend eine kurze Fels-passage hoch, die mit Fixseilen versichert ist, um wenige Minuten später das Rifugio Città di Mantova zu erreichen. Das Rifugio Città di Mantova liegt 200 Meter tiefer als die benachbarte Capanna Gnifetti, ist jedoch komfortabler und meist auch weniger stark frequentiert.

Vor dem Aufstieg zur Piramide Vincent (li.) übernachtet man im Rifugio Città di Mantova (u.).

Von der Mantovahütte zur Piramide Vincent Wenig hinter dem Rifugio gelangt man auf einen Ausläufer des Lysgletschers. Über diesen steigt man hoch zur Capanna Gnifetti, geht an dieser vorbei und weiter in Richtung Balmenhorn, welches kein eigenständiger Viertausender ist und auf der Schweizer Landeskarte mit »Bivacco Giordano« bezeichnet ist. Auf einer Höhe von knapp 4050 Metern zieht man nach rechts in den Colle Vincent nördlich der Piramide Vincent und gelangt über Firn einfach auf den Gipfel. Ebenfalls führen Routen über den steileren Südwestrücken und den Südwestgrat oberhalb des Rifugio Gnifetti sowie über den Südostgrat der Punta Giordani (alle WS).

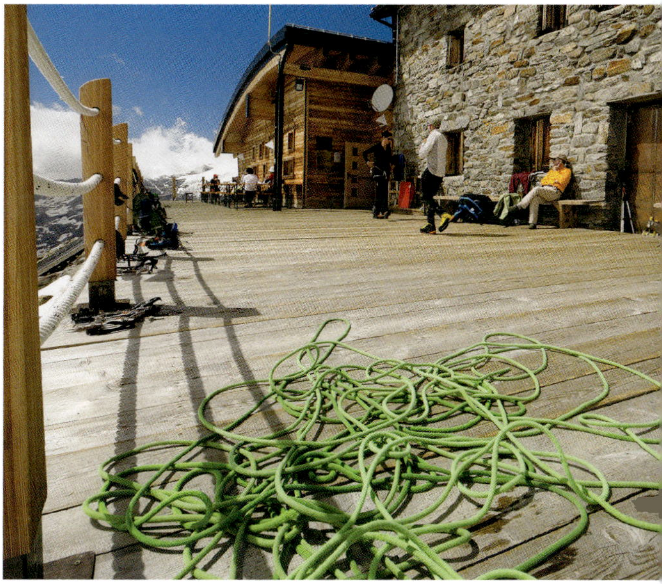

19 Punta Giordani (4046 m)

Ein Zwerg unter Giganten

L | 4 Std. | 780 Hm | WS

Tourencharakter
Die Punta Giordani ist dank der Seilbahn bis Punta Indren ein klassischer Tagesausflugs-Viertausender, der sowohl eine einfache Firnroute, aber auch leicht anspruchsvollere Touren in Firn und Fels bietet (siehe Kasten). Für alle, die danach höhere Monte-Rosa-Gipfel besteigen wollen, ist die Punta Giordani ein idealer Akklimatisations-Gipfel, der quasi am Weg zur Mantova- oder Gnifettihütte liegt.

Ausgangs-/Endpunkt
Punta Indren, 3275 m, oberhalb von Gressoney und Alagna

Anfahrt/Rückreise
Mit dem Zug nach Martigny, weiter per Bus über den Grossen Sankt Bernhard nach Aosta und erneut mit dem Zug bis Pont-Saint-Martin IT. Von dort mit dem Bus nach Gressoney und mit der Seilbahn via Passo dei Salati zur Punta Indren.

Gehzeiten
Punta Indren – Punta Giordani 2.30 Std.; Punta Giordani – Punta Indren 1.30 Std.

Beste Jahreszeit
Juli bis September (mit Ski Ende März bis Mai)

Einkehr/Unterkunft
Rifugio Città di Mantova, Tel. +39 163 781 50, www.rifugiomantova.it; Rifugio Gnifetti, Tel. +39 348 141 54 90 / Tel. +39 348 141 54 91, www.rifugimonterosa.it

Karten
IGC-Karte 1:25 000, Blatt 109 »Monte Rosa, Alagna, Valsesia, Macugnaga, Gressoney«; Swisstopo-Karte 1:50 000, Blatt 5028T »Monte Rosa-Matterhorn«, Swisstopo-Skitourenkarte 1:50 000, Blatt 284S »Mischabel«

Die Punta Giordani ist als südöstlichster Ausläufer des Monte Rosa eher ein Aufschwung im Südostgrat der Vincentpyramide. Doch als Aussichtspunkt gibt er einiges her, bietet Alpinisten mehrere schöne Routen und ist ideales Ziel zur Akklimatisation.

Der erste Menschenbesuch im Jahr 1801 Die Punta Giordani oder auf Walserdeutsch der Giordanispétz erzählt mit ihrem Namen gleich zwei Geschichten: jene des Herrn Giordani und jene der Walser. So war es Pietro Giordani, ein Arzt aus Alagna, der bereits sehr früh, nämlich im Juli 1801, mit Gefährten auf diesen Gipfel stieg. Inspiriert von den Bergfahrten des Schweizer Naturforschers Horace-Bénédict de Saussure und angetrieben von Neugier und Entdeckerlust, erreichte er als Erster die südöstlichste Erhebung des Monte Rosa. Wie im wunderbaren Buch »Monte Rosa – Königin der Alpen« nachzulesen ist, war Pietro Giordani tief beeindruckt von seiner Bergfahrt und schrieb auf dem Gipfel einen Brief an einen Freund. In diesem schildert er, dass er in ein »Naturheiligtum« gestiegen sei und nun von den Seealpen über den Mont Blanc bis zu den Tiroler Alpen blicke. »Stellen Sie sich vor, mein Freund, was das für ein Schauspiel ist! Unfassbar, wenn man es nicht gesehen hat.« Recht hatte er, ist es doch auch heute noch schwer in Worte zu fassen, wie es sich anfühlt, auf einem Gipfel des Monte Rosa zu stehen!

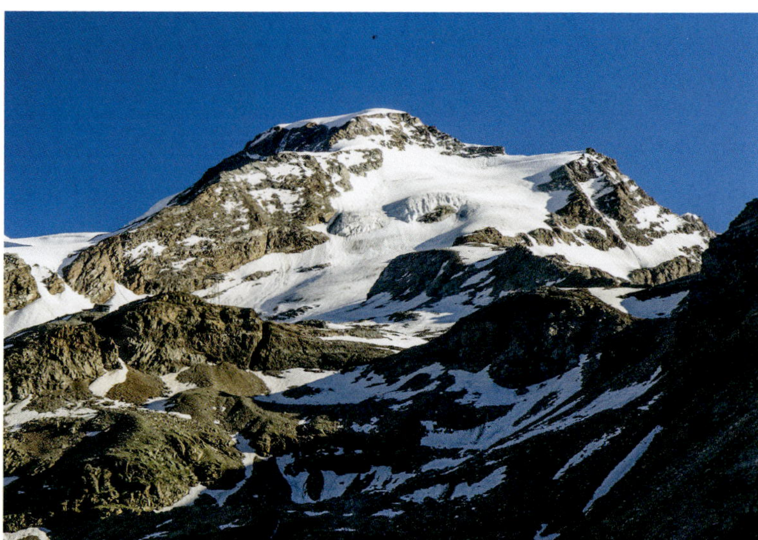

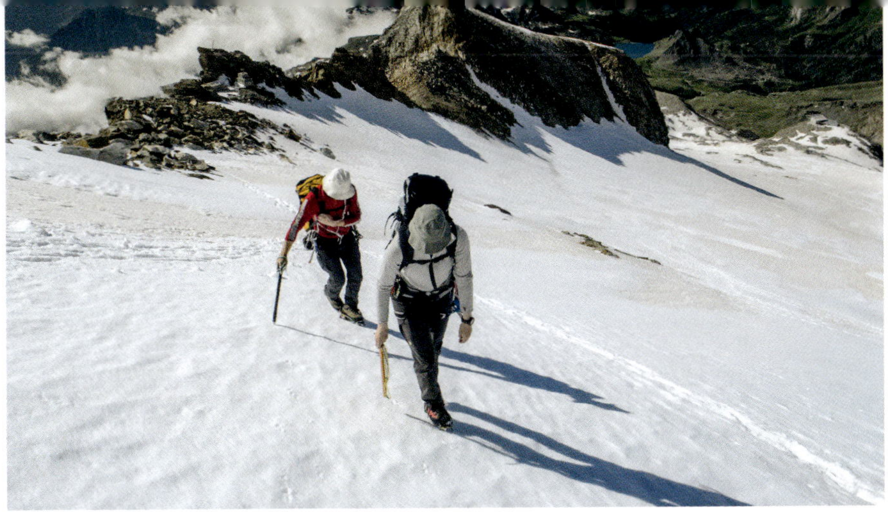

Der Aufstieg von der Punta Indren zur Punta Giordani bietet allem voran gemütlichen Firn.

Linke Seite: Von Süden betrachtet, bildet die Punta Indren (r.) einen sanften Vorgipfel der Piramide Vincent.

Die Spuren der Walser Dass dieser kleine Gipfel gleichsam Punta und Spétz heißt, führt uns auf die Spuren der Walser. Jene Bewohnern des Oberwallis also, die ab dem 13. Jahrhundert auswanderten und von Savoyen bis Tirol neue Siedlungen gründeten – aufgrund des noch verfügbaren Landes meist in den höheren, unwirtlichen Lagen ihres neuen Siedlungsgebietes gelegen. So auch südlich und östlich des Monte Rosa in den Dörfern Gressoney, Alagna Valsesia und Macugnaga. In vielen Walserdörfern der Alpen wird bis heute Walserdeutsch gesprochen. Und so erinnert auch der italienische Giordanispétz an das Erbe der Walserwanderungen – und daran, dass Italien ein durchaus mehrsprachiges Land ist.

Von der Punta Indren auf die Punta Giordani Von Gressoney (oder auch Alagna Valsesia) gelangt man per Seilbahn via Passo dei Salati zur Punta Indren. Die Seilbahnstation verlässt man in Richtung NW und steigt anschließend über den Endregletscher auf. Die Route verläuft anfangs gegen die Mitte des Gletschers hin und in einigem Abstand zur Felsrippe, die den Gletscher ostseitig begrenzt. Weiter nordwärts aufsteigend erreicht man so eine steilere und spaltenreichere Passage, bevor man wieder in einfacherem Gelände bis kurz vor den Kamm aufsteigt, um dann ostwärts in Firn und abschließend leichten Felsen den Gipfel zu erreichen. Der Abstieg erfolgt auf der Aufstiegsroute.

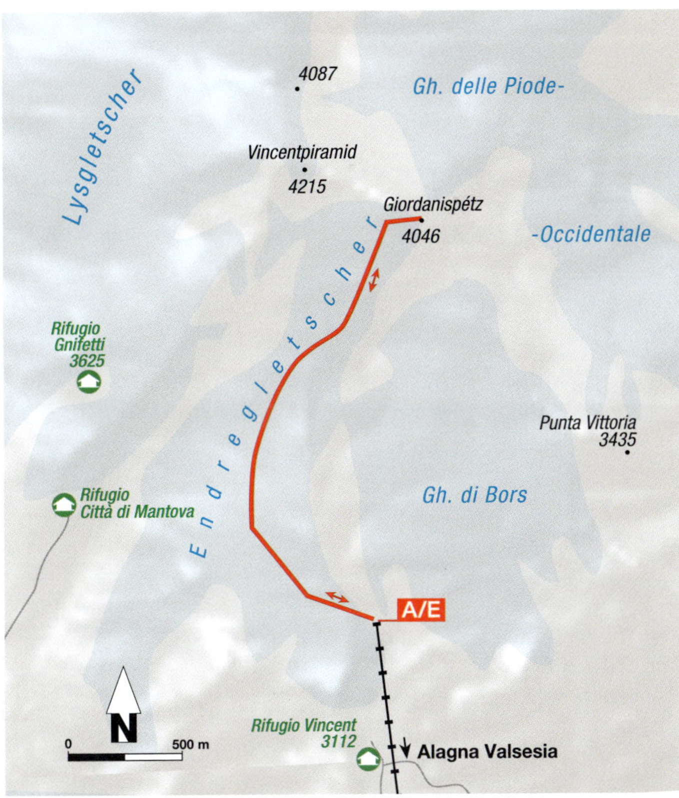

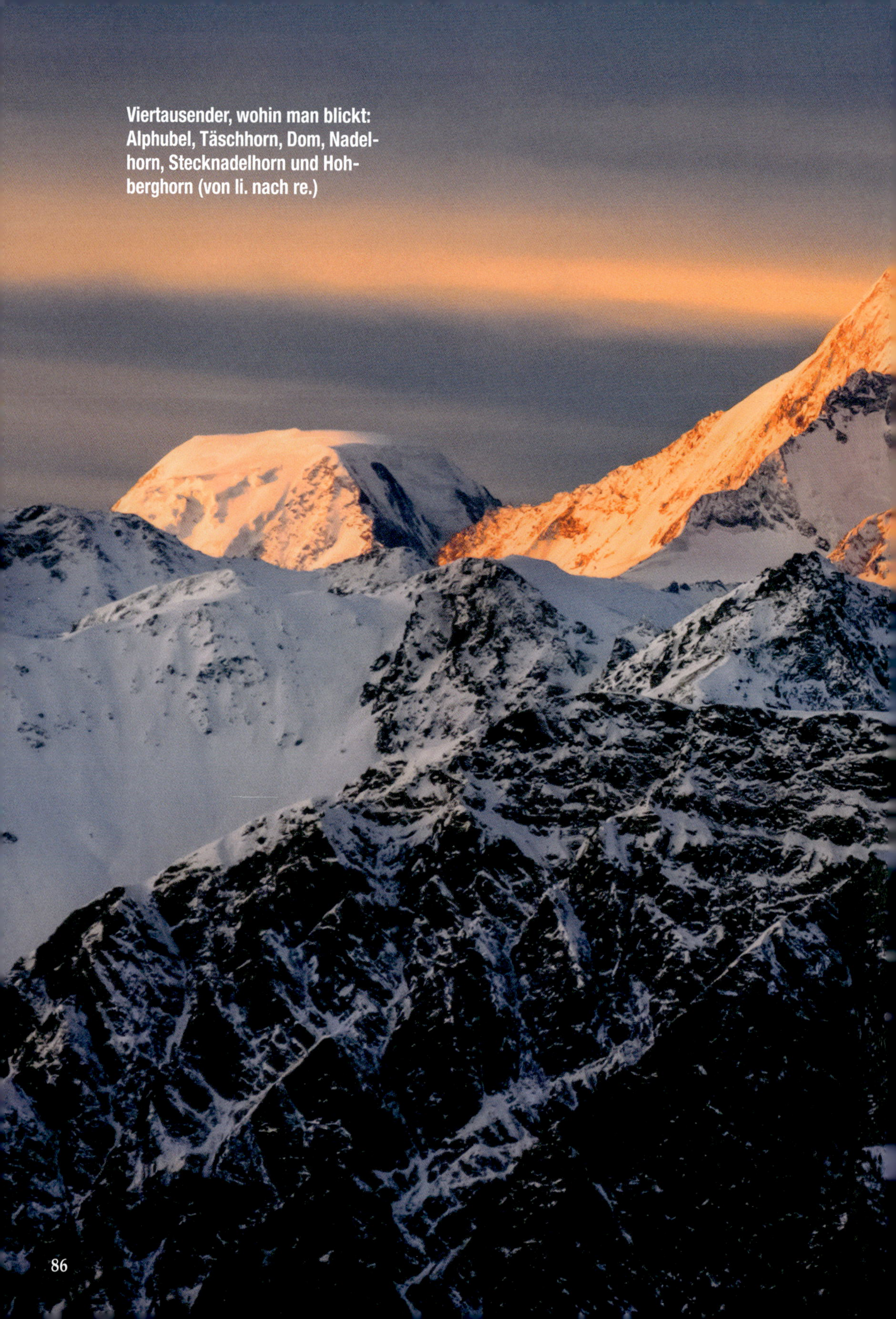

Viertausender, wohin man blickt: Alphubel, Täschhorn, Dom, Nadelhorn, Stecknadelhorn und Hohberghorn (von li. nach re.)

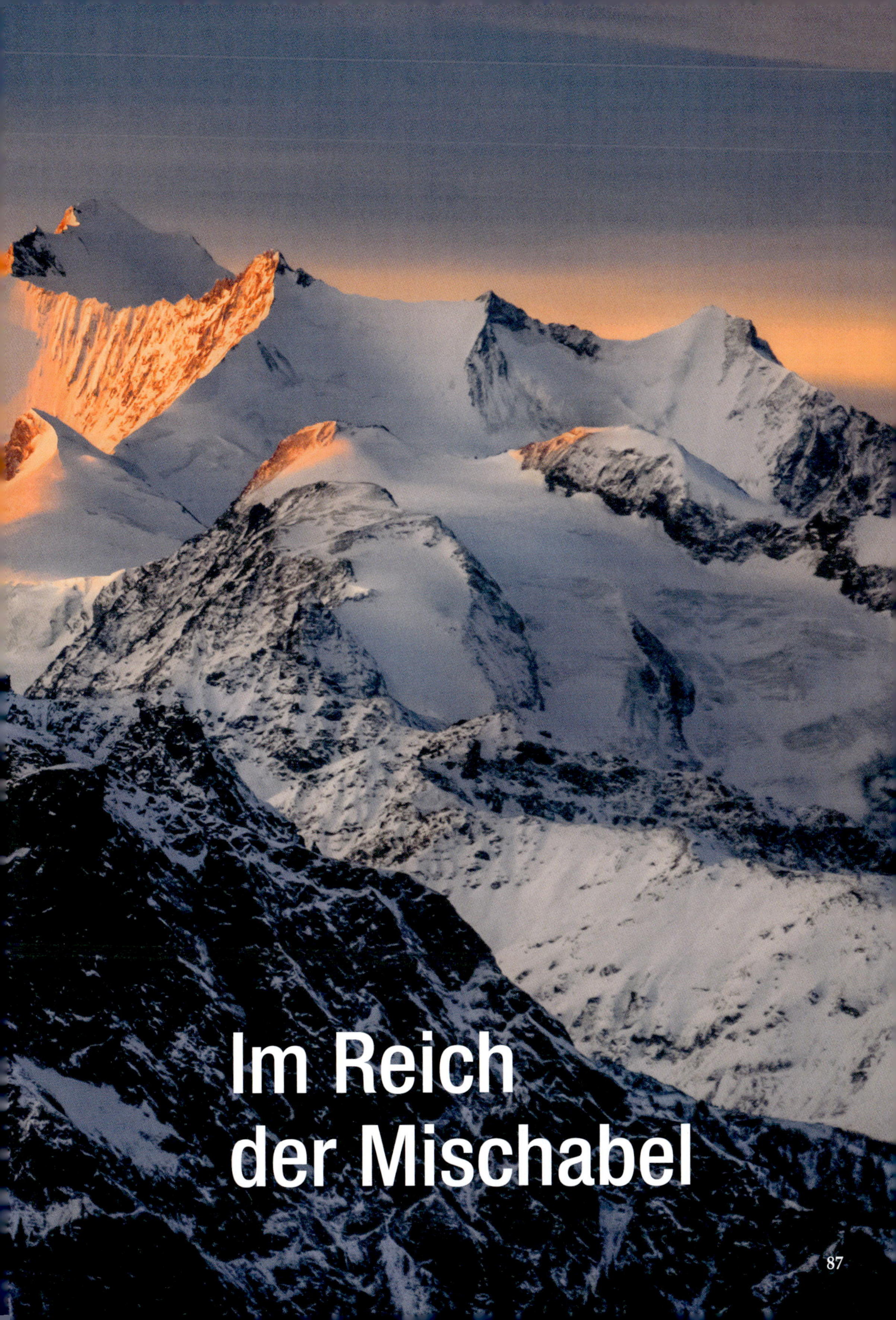

Im Reich der Mischabel

20 Dom (4545 m)

Der Höchste im ganzen Land

WS+ 2–3 Tage 3180 Hm S

Tourencharakter
Eine technisch recht einfache, jedoch lange Hochtour in großer Höhe; der Hüttenzustieg führt über exponierte Felsbänder, ist aber gut mit Fixseilen und Eisenstiften versichert, der Gipfelaufstieg bietet einen langen Gletscheranstieg Dieser verändert sich mit der Gletscherschmelze rasch; Infos zum Aufstieg ins Joch am besten vor Ort in der Hütte einholen..

Ausgangs-/Endpunkt
Randa (1406 m) im Mattertal

Anfahrt/Rückreise
Vom Bahnhof Visp mit der Matterhorn-Gotthard-Bahn nach Randa. Mit dem Auto via Visp und Stalden nach Randa.

Gehzeiten
Randa – Abzweigung Europahütte 2 Std.; Abzweigung Europahütte – Domhütte 2 Std.; Domhütte – Festijoch 2.30 Std.; Festijoch – Dom 3 Std.; Dom – Domhütte 3.45 Std.; Domhütte – Randa 2.45 Std.

Beste Jahreszeit
Juli bis September (mit Ski Mai; weite Tragstrecken)

Einkehr/Unterkunft
Europahütte, Tel. +41 (0)27 967 82 47, www.randa.ch; Domhütte SAC, Tel. +41 (0)27 967 26 34, www.domhuette.ch

Karten
Swisstopo-Karte 1:25 000, Blatt 1328 »Randa«; Swisstopo-Wanderkarte 1:50 000, Blatt 284 T »Mischabel«; www.map.geo.admin.ch

Die Dufourspitze ist zwar höher, doch teilen die Schweizer sie mit den Italienern. Deshalb kommt dem Dom eine besondere Stellung zu: Er ist der höchste Gipfel, der ganz auf Schweizer Boden steht. Und dabei ist der höchste »Schweizer« gar nicht mal so schwierig zu erreichen.

Hoch zum Wächter der Mischabel Die Lichtkegel der Stirnlampen flirren durch die Nacht. Unter den Füßen Geröll, über uns Sterne. Irgendwo dazwischen der Gipfel des Doms, mächtig wie ein Wächter über dem Mattertal. Er ist mit seinen 4545 Metern Höhe der höchste Berg der Schweiz, der ganz auf heimischem Boden steht, und damit auch der Kulminationspunkt des Mischabelmassivs. Nur die Dufourspitze ist mit ihren 4634 Metern höher, gehört aber zur Hälfte zu Italien.

Es ist Viertel nach drei Uhr nachts, als wir über die Schotterfelder am Rand des Festigletschers bergwärts steigen. Ganz angenehm ist es, in der tiefen Nacht zu starten: Die Dunkelheit verbirgt die 1600 Höhenmeter, die zwischen Hütte und Gipfel liegen. Die Normalroute auf den Dom ist eine technisch einfache Tour. Einzige Schlüsselstelle ist die Kraxelpassage im brüchigen Fels hoch zum Festijoch, jener Vertiefung im Felssporn, der vom Dom herabzieht und den Festigletscher vom Hohbärggletscher trennt. Dennoch will dieser Berg verdient sein: Zwischen dem Bahnhof im Talort Randa auf 1406 Meter Höhe und dem schmiedeeisenen Gipfelkreuz

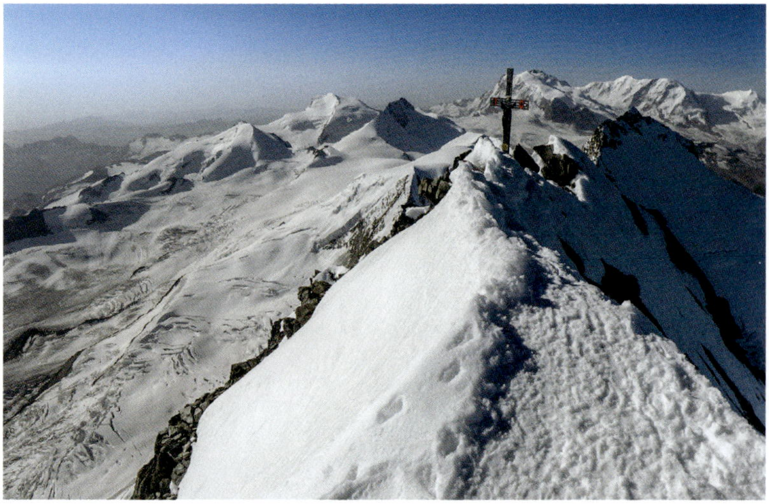

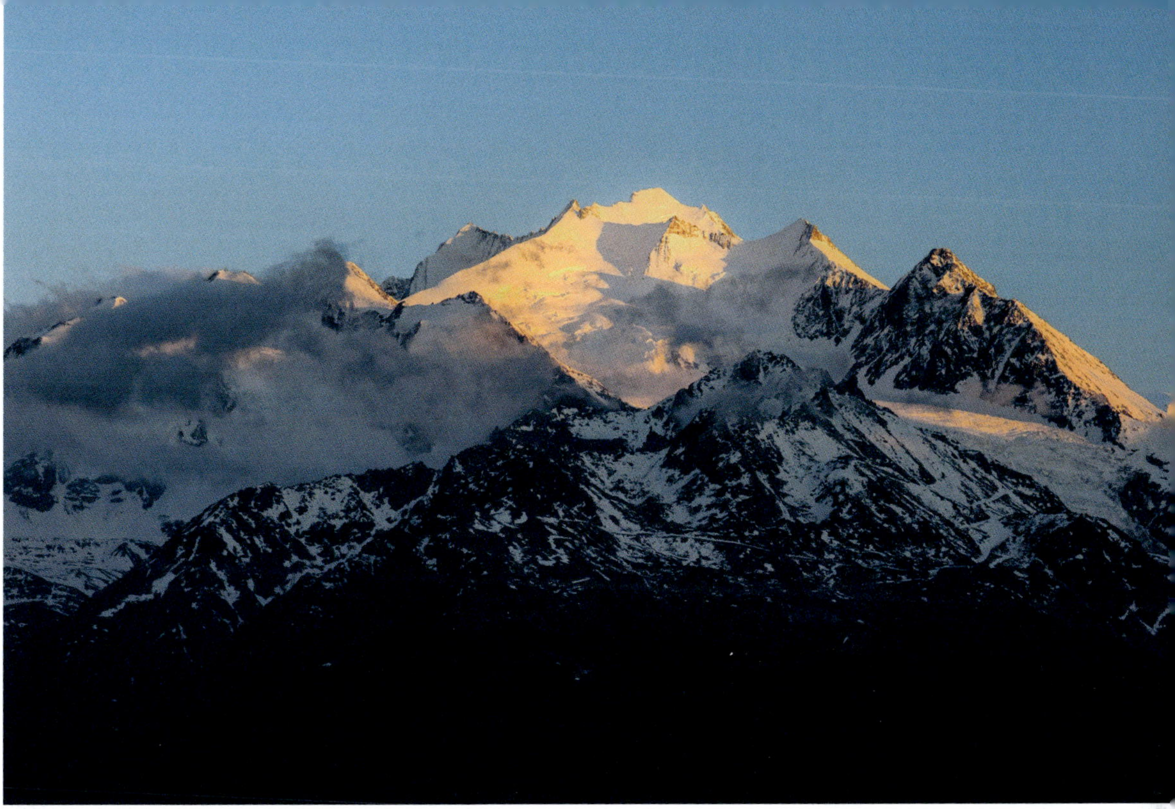

auf 4545 Meter Höhe liegen 3139 Meter Höhendifferenz und damit mehr Meter als bei jedem anderen Viertausender der Alpen; einzig das Täschhorn kann noch mithalten, sofern man alle Gegenanstiege mitrechnet.

Der Dom erhebt sich über manch anderen benachbarten Viertausender.

»Eine langweilige Route« Tags zuvor haben wir davon schon 1543 Höhenmeter wettgemacht, da wir von Randa bereits zur Domhütte aufgestiegen sind. Im Jahr 1937 wurde die schlechte Markierung des Hüttenwegs im Walliser Clubführer des SAC

Linke Seite: Je nach Verhältnissen verzichtet man am Gipfel auf die letzten Meter.

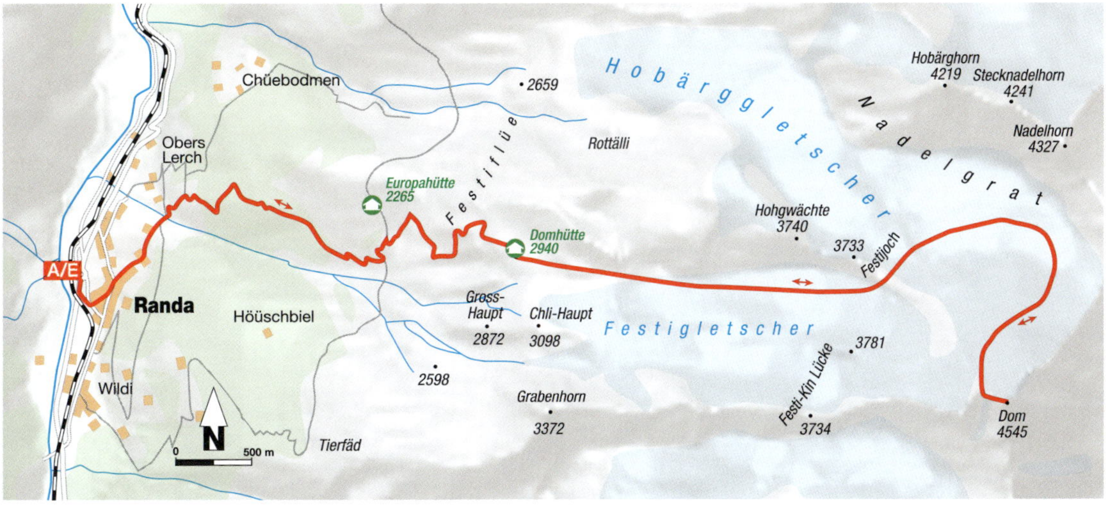

noch moniert, heute aber ist dieser durchgängig markiert und mit Fixseilen und Eisenstiften bestens versichert. Bis 2012 war die Domhütte im Gegensatz zum ausgebauten Hüttenweg indes das Paradebeispiel einer traditionellen – bei Vollbelegung äußerst unbequemen – Berghütte. Doch auch damit ist es nun vorbei: Seit Sommer 2013 hat die Domhütte einen modernen und großzügigen Anbau erhalten. Dennoch denken wir beim Gipfelanstieg in der Morgendämmerung nicht mehr an das bequeme Bett, dem wir wenig zuvor entstiegen sind. Vielmehr spüren wir, wie dünn die Luft hier oben ist. Und als es dann hell wird, spüren wir auch, wie müde die Augen und der Kopf noch sind. Gerade so, als würde der Tag die Anstrengung ans Licht zerren; genauso wie die Schründe des Hohbärggletschers, die aus der Finsternis auf einmal neben uns auftauchen. Noch 850 Höhenmeter liegen nach Tagesanbruch zwischen uns und dem Gipfel. Nicht viel, und dennoch eine Geduldprobe. 1640 Höhenmeter durch Schnee und Firn – nur unterbrochen von einer kurzen Kraxelei am Festijoch – sind weit, ganz besonders in dieser Höhe. Weshalb das Fazit zu dieser Route in alten Tourenführern auch eher ernüchternd ausfällt. »Eine langweilige Route«, heißt es im Clubführer von 1916. Doch Geduld bringt Aussicht: Vergessen die kurze Nacht, das lose Geröll und die Monotonie im Firn, als wir neben dem Gipfelkreuz stehen und um uns blicken. Unter uns Saastal und Mattertal, und unter uns auch: die Gipfel von Weisshorn und Matterhorn. Nur ein Gedanke trübt die Freude, auf dem Dom zu stehen: Randa, das Tagesziel, liegt ebenfalls 3139 Meter unter uns – den Gegenanstieg ins Festijoch nicht mitgerechnet.

Von Randa in die Domhütte Vom Bahnhof Randa (1406 m) geht man eine Gasse hoch zum Dorfkern und weiter an der Kirche vorbei zu den letzten Häusern am oberen Ortsrand. Hier zweigt die Route nach rechts ab und erreicht bald den Wald, durch

Die zahlreichen Spuren auf dem Hohberggletscher verraten, dass der Normalaufstieg zum Dom sehr beliebt ist.

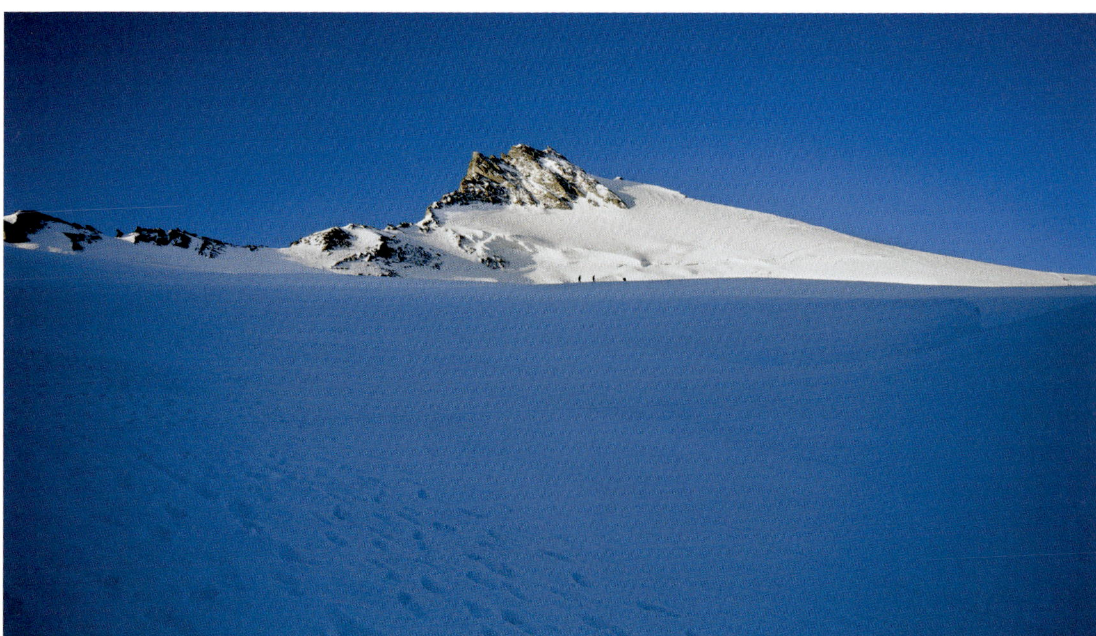

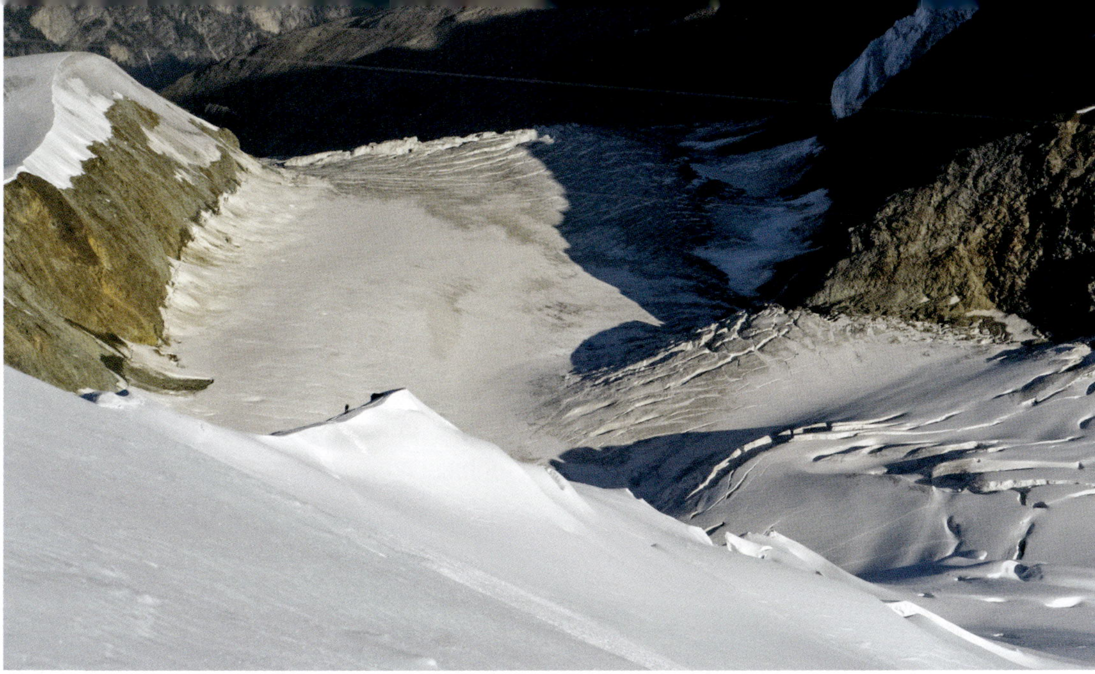

den es in mehreren Kehren bergwärts geht, bis man den Tobel des Dorfbachs auf einer Höhe von rund 1750 Metern überquert. Auf der anderen Seite des Bachs steigt man weiter aufwärts, mal in engem, mal in weitem Zickzack, durch den Wald von Lärchenberg bis zum Punkt, wo sich der Wanderweg Richtung Europahütte und Domhütte verzweigt. Der Weg zur Domhütte führt steil aufwärts zum Fuß der Felsbänder der Festiflüe. Gut markiert und abgesichert überwindet man die knapp 400 Höhenmeter im Fels und erreicht über weite Geröllfelder die Domhütte (2940 m).

Die Bergsteiger am Festigrat erreichen bald den Punkt, an dem sich ihre Route mit dem von rechts ansteigenden Normalaufstieg vereinigt.

Von der Domhütte zum Gipfel Von der Domhütte folgt man erst klaren, dann weniger ersichtlichen Wegspuren auf einer Seitenmoräne des Festigletschers ostwärts, bis man auf einer Höhe von knapp 3300 Metern auf den Gletscher wechselt. An dessen nördlichem Rand folgt die Route flach ansteigend zum Fuß der Felsscharte des Festijochs (3723 m). Hier folgt eine Kletterei im unteren dritten Grad. Der Zustieg zur eigentlichen Kletterei verändert sich stark. Am besten, man informiert sich in der Hütte. Die Kletterpassage ist mit Bohrhaken und Reflektoren ausgerüstet. Oft sind jedoch mehrere Seilschaften gleichzeitig im Aufstieg, was zur Gefahr durch Steinschlag führt. Vom Festijoch geht es kurz steiler hinab in den weiten Kessel des Hobärggletschers. In gebührendem Abstand zu den Eisabbrüchen rechterhand quert man den Kessel und steigt dann in einem weiten Bogen nach rechts hoch in die Nordflanke des Dom, über die der P. 4479 erreicht wird. Hier wendet man sich nach links und folgt dem Grat, der zum Gipfel des Dom (4545 m) führt. Der Abstieg erfolgt auf derselben Route.

Über den Festigrat zum Gipfel

Eine zweite, oft begangene Route auf den Gipfel des Dom ist jene über den Festigrat. Sie führt aus dem Festijoch direkt den NW-/NNW-Grat des Berges hoch Richtung Gipfel. Auf einer Höhe von rund 4450 Metern stößt sie auf die Normalroute. Eine elegante Linie im steilen Firn, ist sie nur bei gute Firnlage sinnvoll. Technisch und von ihrer Ausgesetztheit her ist sie anspruchsvoller (WS+) als die Normalroute.

21

Nadelhorn (4327 m)

Auf den höchsten Gipfel des Nadelgrats

WS

2 Tage 2100/2770 Hm ZS–*

* via Bordierhütte

Tourencharakter
Eine abwechslungsreiche Hochtour über mehrere Gletscher, einen eleganten Grat und ein paar leicht exponierte Kraxelstellen am Gipfelaufbau; die Überschreitung via Bordierhütte nach Gasenried ist lang, aber lohnend, da sie Einblicke in einen weiteren, wilden Gletscherkessel bietet.

Ausgangspunkt
Bergstation Hannigalp, (2245 m) oberhalb von Saas-Fee

Endpunkt
Gasenried (1659 m) oberhalb von St. Niklaus

Anfahrt
Mit dem Zug nach Visp und mit dem Postauto nach Saas-Fee, zu Fuß in ca. 15 Minuten zur Luftseilbahn, die vom Dorfteil Lomatte auf Hannig fährt. Parkhaus eingangs Dorf (Saas-Fee ist autofrei).

Rückreise
Von Gasenried mit dem Postauto wenige Verbindungen nach St. Niklaus, weiter mit der Matterhorn-Gotthard-Bahn nach Visp.

Gehzeiten
Hannig – Mischabelhütte 3.15 Std.; Mischabelhütte – Windjoch 1.45 Std.; Windjoch – Nadelhorn – Windjoch 2.30 Std.; Windjoch – Ulrichshorn – Bordierhütte 2.15; Bordierhütte – Gasenried 3 Std.

Beste Jahreszeit
Juli bis Mitte September

Einkehr/Unterkunft
Mischabelhütte AACZ, Tel. +41 (0)27 957 13 17, www.mischabelhütte.ch; Bordierhütte SAC, Tel. +41 (0)27 956 19 09 oder +41 (0)79 219 35 57, www.bordierhuette.ch

Karten
Swisstopo-Karte 1:25 000, Blatt 1328 »Randa«, Blatt 1308 »St. Niklaus«; Swisstopo-Wanderkarte 1:50 000, 284 T »Mischabel«; www.map.geo.admin.ch

Das Nadelhorn erhebt sich stolz zwischen Mattertal und Saastal. Als höchster Gipfel des Nadelgrats mit tollem Blick auf die benachbarte Mischabelgruppe gehört dieser Berg zu den großen Klassikern unter den technisch einfacheren Viertausendern.

Der Gipfel mit dem Öhr Das Nadelhorn steht im Schatten bekannter Nachbarn wie dem Dom oder dem gegenüberliegenden Weisshorn. Doch das Nadelhorn selbst ist ein ausgewachsener Hochgebirgsgipfel. Drei eindrucksvolle Grate führen zu seinem schlanken Gipfelaufbau, und alle sind sie bei Alpinisten beliebt. Bekanntester dieser Grate ist der sogenannte Nadelgrat, welcher die Gipfel der Viertausender Dürrenhorn, Hohberghorn, Stecknadelhorn und Nadelhorn verbindet, wobei das Nadelhorn im Süden den Kulminationspunkt bildet. Die Überschreitung des gesamten Nadelgrats gehört zu den großen Touren in den Schweizer Alpen. Technisch einfacher, indes nicht minder eindrucksvoll, ist die Besteigung des Nadelhorns vom Windjoch her über einen elegant geschwungenen Firngrat zum kurzen, felsigen Gipfelaufbau. Dank dieses Gipfelaufbaus ist der Name des Berges auch nicht ganz falsch: Nicht nur

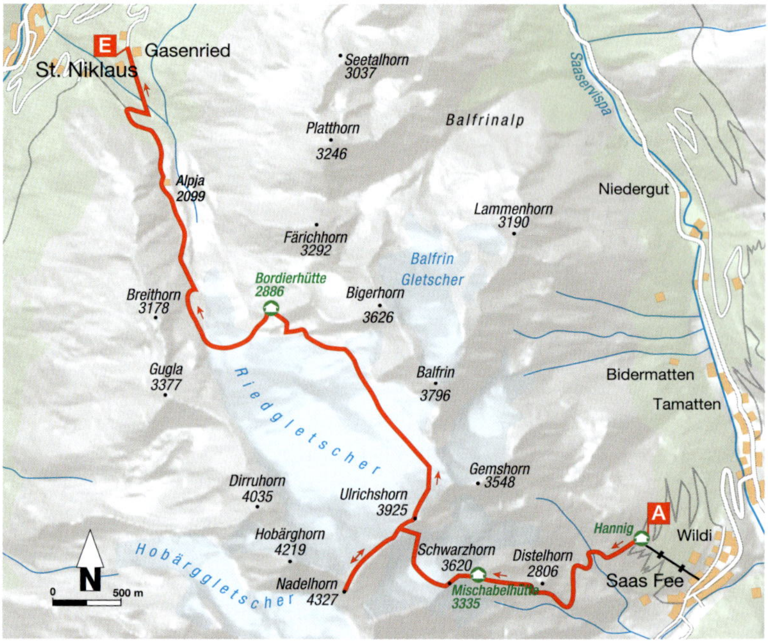

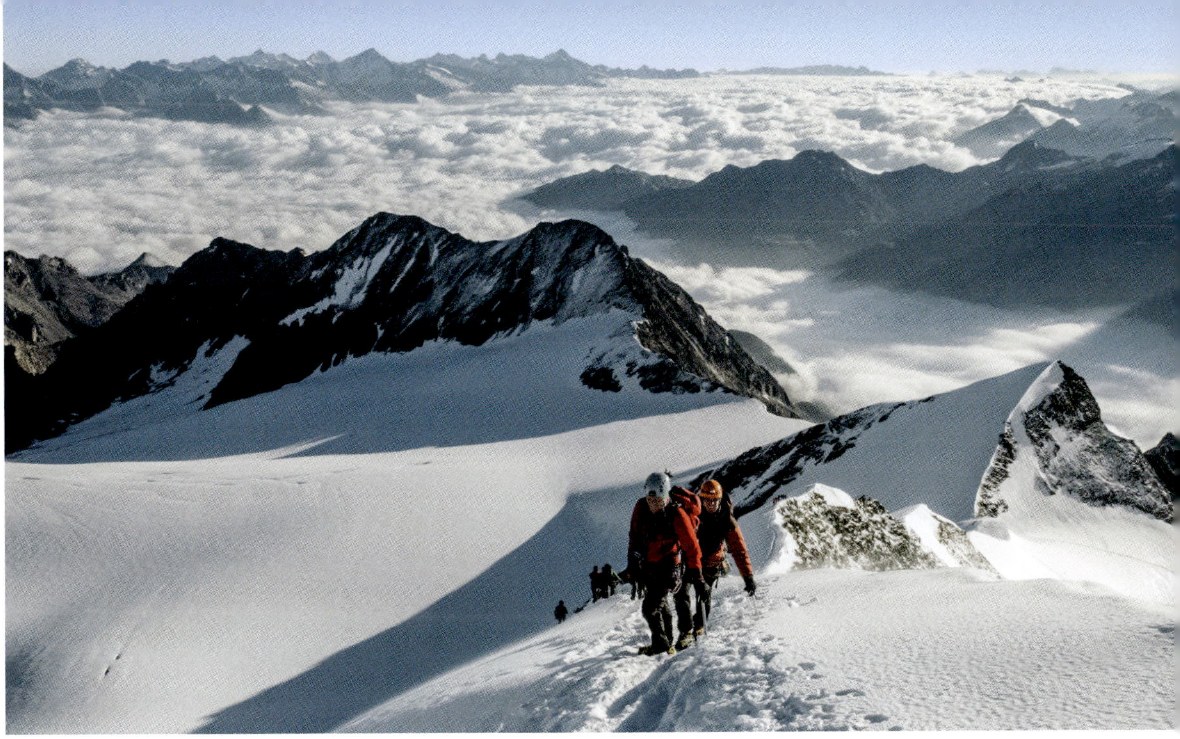

schlank und himmelwärts strebend ist seine höchste Spitze, tatsächlich besitzt das Nadelhorn im Gipfelbereich ein Nadelöhr in Form eines durchgehenden Lochs. Sichtbar wird dieses aus der Ferne, wenn die Sonne auf der anderen Seite des Berges auf- oder untergeht. Während Jahrzehnten war diese Eigenheit des Horns in Vergessenheit geraten, obwohl sie früher bereits bekannt war: So schrieb der bekannte Schweizer Alpinist und Alpinautor Heinrich Dübi schon 1890 im Jahrbuch des Schweizer Alpen-Club SAC: »Um 12 ½ verliessen wir den Gipfel. Einige Meter unter demselben, an der Stelle, wo man vom Hohberggletscher heraufkommt, zeigte man mir das Loch, das, unter dem Fels durchgehend, einen von Norden hineingeworfenen Stein auf der Südseite herausfallen lässt und den Namen des Gipfels, wenn auch wohl nicht veranlasst, so doch bestätigt hat. Es ist ein richtiges Nadelöhr.«

Im Aufstieg zwischen Windjoch und Nadelhorn vereinfachen gute Trittschneebedingungen die Tour wesentlich; so lässt sich auch entspannt der Blick auf das Wolkenmeer über dem Rhonetal genießen.

Von Hannig zur Mischabelhütte Oberhalb der Bergstation Hannig (2336 m) wendet sich der breite Weg nach Westen und bald darauf in ein Seitentälchen. Bis zur Querung des Torrenbaches verliert man etwa 50 Höhenmeter; danach bleibt man praktisch auf der Höhe bis zur Querung des Triftbachs im nächsten Tälchen. Nach der Brücke geht es auf dem oberen Weg weiter mäßiger steil den Moränenrücken empor zum Aussichtspunkt Schönegg (2419 m). Hier kommt auch der 1¼-stündige Weg von Saas-Fee herauf. Unter den Südhängen des Distelhorns geht es Kehre um Kehre höher, bis man auf einer Höhe von 2800 Metern auf den Ostgrat des Schwarzhorns und über diesen zur Mischabelhütte (3335 m) gelangt.

Von der Mischabelhütte zum Windjoch Hinter der oberen Hütte führt eine schwach erkennbare Spur direkt über die Felsrippe im Geröll empor. Auf einer Höhe von rund 3560 Metern betritt man den Hohbalmgletscher, der hier ein flaches Plateau

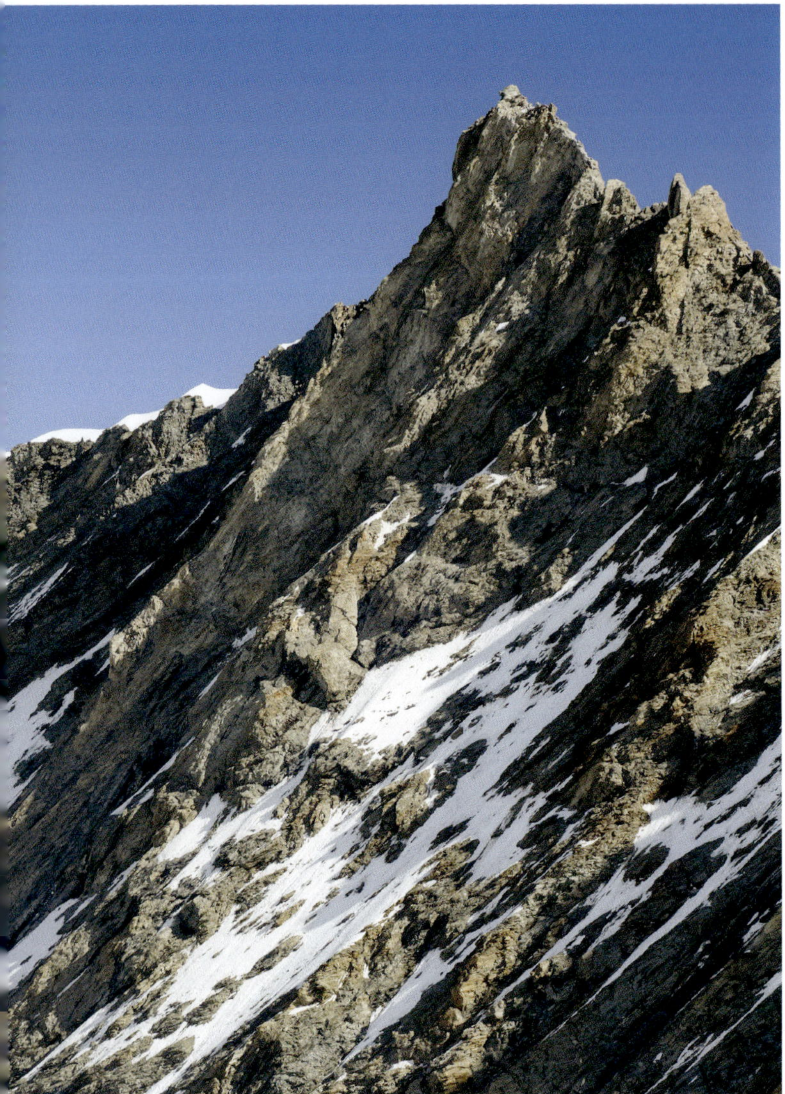

Eher abweisend: das Nadelhorn von Westen

bildet. Die Route zum Windjoch (3850 m) führt nun quer und wenig steil über den Hohbalmgletscher, um den Fuß des Hanges zu erreichen, der zum Windjoch hochzieht und über diesen steiler in wenigen Kehren ins Joch zu steigen.

Vom Windjoch zum Gipfel Das Windjoch macht seinem Namen oft alle Ehre. Der folgende Aufstieg über den Nordostgrat zum Gipfel des Nadelhorns kann eiskalt sein, selbst wenn das Rhonetal gleichzeitig einen Hitzetag vermeldet. Einmal auf dem Grat, fällt der Riedgletscher nordwärts steil ab, während die Route selbst erst mäßig steil bergauf führt. Bald wird der Grat jedoch schmaler, hie und da gilt es kleine Felsaufbauten rechts zu umgehen. Besonders bei blanken Verhältnissen können diese Passagen rasch anspruchsvoll werden. Den felsigen Gipfelaufbau überwindet man in teils ausgesetzter Kletterei, wobei Zacken gute Sicherungsmöglichkeiten bieten.

Vom Nadelhorn via Ulrichshorn zur Bordierhütte Der Abstieg ins Windjoch erfolgt auf derselben Route. Die meisten Alpinisten steigen von hier wieder ab in die Mischabelhütte. Etwas stiller und landschaftlich eindrucksvoll ist jedoch der Abstieg über die Bordierhütte (2886 m) ins Mattertal. Besonders an windigen Tagen ist es verlockend, vom Windjoch direkt nordwestwärts über eine steile Flanke auf den Riedgletscher abzusteigen. Damit handelt man sich möglicherweise Probleme beim Überqueren von Schründen am Fuß des Hangs ein. Der kürzeste und einfachste Weg führt über das Ulrichshorn (3925 m). Von dessen Gipfel steigt man anschließend über den breiten Nordosthang ab auf den Riedgletscher, auf dem man bis auf eine Höhe von 3400 Metern unschwierig talwärts geht. Die folgende Spaltenzone passiert man auf deren östlicher Seite, peilt den Felssporn von P. 3211 an und dreht auf einer Höhe von ca. 3250 Meter nach Westen ab, um dem Nordrand des Gletschers bis zum Fuß eines Baches unterhalb von P. 3084 zu folgen. Hier be-

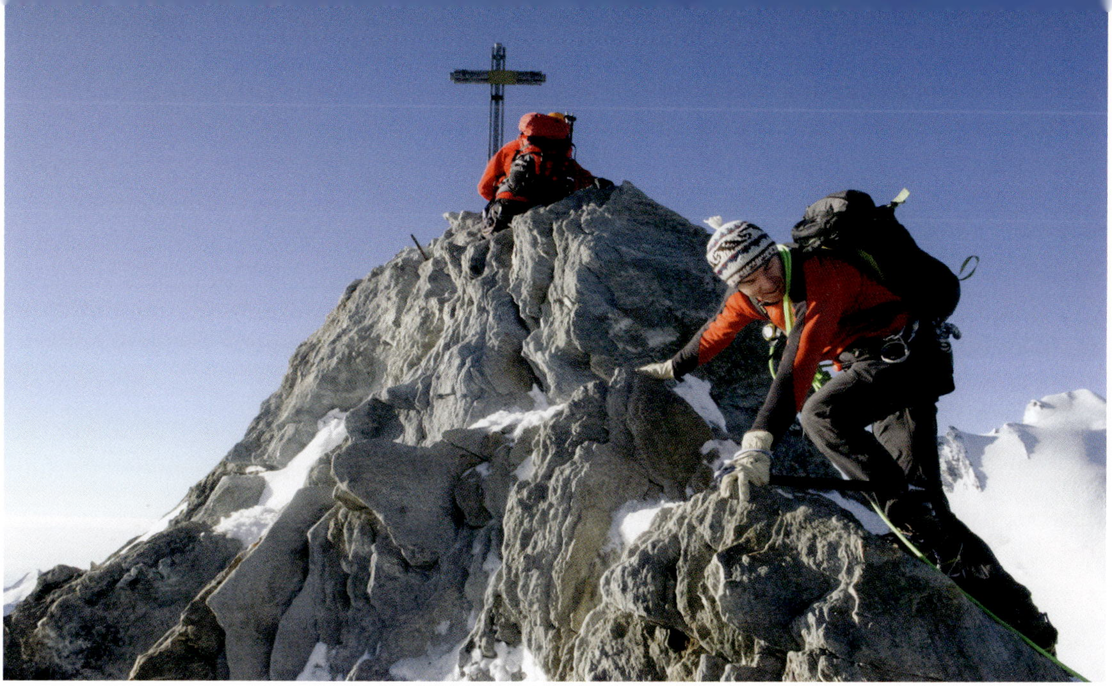

gibt man sich auf die Moräne, die mit Steinmännern gekennzeichnet ist, und folgt den Markierungen und Pfadspuren bis zur Bordierhütte.

Bitte warten: Auf dem Gipfel des Nadelhorns sind die Platzverhältnisse recht begrenzt.

Von der Bordierhütte nach Gasenried Von der Bordierhütte geht es steil über einen Felsrücken hinab auf den Riedgletscher, dessen Zunge man traversiert. Bei der Wegverzweigung von P. 2707 wählt man den unteren Weg und steigt in steilem Zickzack ab, um danach der westlichen Talflanke bis zu den Hütten von Alpja zu folgen und weiter bis P. 2055 zu wandern. Hier verzweigt sich der Weg erneut. Wir wählen den linken Pfad, der durch einen schönen Lärchenwald hinab zu P. 1739 führt, hier nach rechts abzweigt und bald den Riedbach auf einer Brücke überquert. Noch rund einen Kilometer lang folgt man nun einer Forststraße bis ins Dorf Gasenried (1659 m).

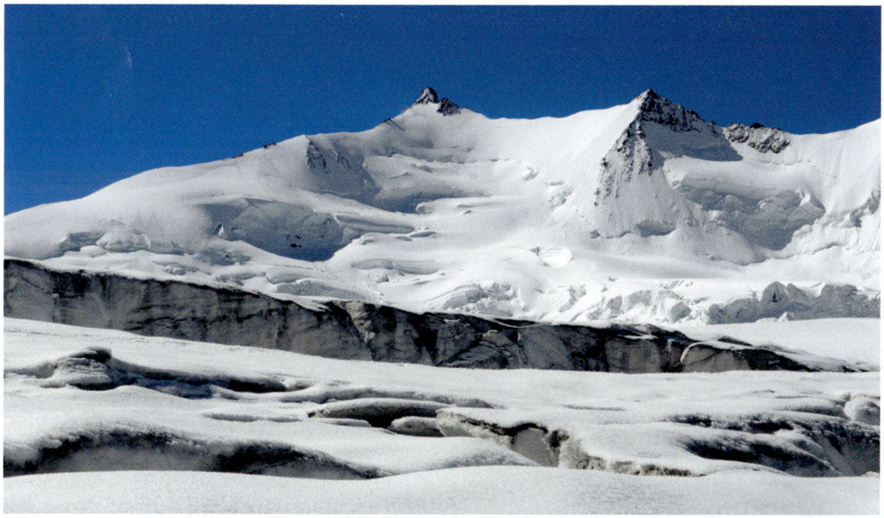

Groß und Klein in einem Bild: links das Nadelhorn, rechts das Stecknadelhorn

22 Stecknadelhorn (4241 m)

So klein und doch so hoch

● WS+ 3 Tage 2860 Hm

Tourencharakter
Eine abwechslungsreiche Hochtour, die vom Tal bis zum Gipfel aus eigener Kraft auf einen unbekannten Viertausender führt. Technisch ist die Tour nicht allzu schwierig, erfordert jedoch Erfahrung in der Routenfindung, Trittsicherheit im steilen und instabilen Gelände sowie ein offenes Auge für ungünstige Verhältnisse. Bei solchen wird diese Route rasch anspruchsvoll.

Ausgangs-/Endpunkt
Randa (1406 m) im Mattertal

Anfahrt/Rückreise
Vom Bahnhof Visp mit der Matterhorn-Gotthard-Bahn nach Randa. Mit dem Auto via Visp und Stalden nach Randa.

Gehzeiten
Randa – Abzweigung Europahütte 2 Std.; Abzweigung Europahütte – Domhütte 2 Std.; Domhütte – Festijoch 2.30 Std.; Festijoch – Stecknadelhorn 3 Std.; Stecknadelhorn – Domhütte 4.15 Std.; Domhütte – Randa 2.45 Std.

Beste Jahreszeit
Juli bis September

Einkehr/Unterkunft
Europahütte, Tel. +41 (0)27 967 82 47, www.randa.ch; Domhütte SAC, Tel. +41 (0)27 967 26 34, www.domhuette.ch

Karten
Swisstopo-Karte 1:25 000, Blatt 1328 »Randa«; Swisstopo-Wanderkarte 1:50 000, Blatt 284 T »Mischabel«; www.map.geo.admin.ch

Oft als Gipfel des Nadelgrats «mitgenommen», fristet das Stecknadelhorn ein vergessenes Dasein. Doch genau dies macht seinen Charme aus: Von Südwesten her gelangt man auf einsamen Wegen auf den vielleicht am wenigsten beachteten Viertausender in den Alpen.

Der Berg und sein Name Der Name des Stecknadelhorns kommt nicht von ungefähr: Einerseits liegt es direkt neben dem viel mächtigeren Nadelhorn, anderseits ist es tatsächlich ein Viertausender, so klein, dass man ihn im Gipfelmeer wie die Stecknadel im Heuhaufen sucht. Dies obwohl der Berg gemäß der Richtlinien der Union International des Associations d'Alpinisme (UIAA) – der höchsten Instanz in Sachen Berge und Bergsteigen – ein eigenständiger Viertausender mit stattlichen 4241 Metern Höhe ist. Doch die Tatsache, dass der Berg oft vergessen wird, liegt in erster Linie an seiner Lage: Zwischen Hohberghorn und Nadelhorn ist er der unscheinbarste Gipfel des Nadelgrats. Jener Kette, welche die Viertausender Dürrenhorn, Hohberghorn, Stecknadelhorn und Nadelhorn verbindet und sich als gewaltiger Kamm zwischen Saastal und Mattertal erhebt. Woher genau der Name rührt, ist indes unbekannt. Allerdings wissen wir, dass die Bezeichnung hie und da für Kopfschütteln gesorgt hat. Etwa 1887 im Jahrbuch des Schweizer Alpen-Clubs SAC, als ein Redakteur sich über das britische Alpine Journal beschwerte, welches diesen Gipfel »mit dem unschönen Namen Stecknadelhorn bezeichnet«. Oder gut hundert Jahre später, als im SAC-Magazin »Die Alpen« wiederum die Frage auftaucht, wer um Himmels willen in diesem eher stumpfen Gipfel eine Stecknadel gesehen habe.

Erstbesteigung mit hohem Besuch Doch Name hin oder her, gebührt dem Stecknadelhorn eine besondere Ehre, waren seine Erstbesteiger doch zwei Herren von Rang und Namen: Oscar Eckenstein und Matthias Zurbriggen, die den Gipfel am 8. August 1887 erstmals erreichten. Letzterer galt als einer der weltbesten Bergsteiger und Führer seiner Zeit. Im Jahr 1856 in Saas-Fee geboren und im italienischen Walserdorf Macugnaga aufgewachsen und später als Führer tätig, wurde er insbesondere durch seine Erstbesteigung des 6962 Meter hohen Aconcagua berühmt, nota bene eine Erstbesteigung im Alleingang (siehe auch Tour Nr. 17). Oscar Eckenstein, als sozialistischer Engländer mit deutsch-jüdischen Familienwurzeln eine ebenso illustre Persönlichkeit, ging später als Erfinder der

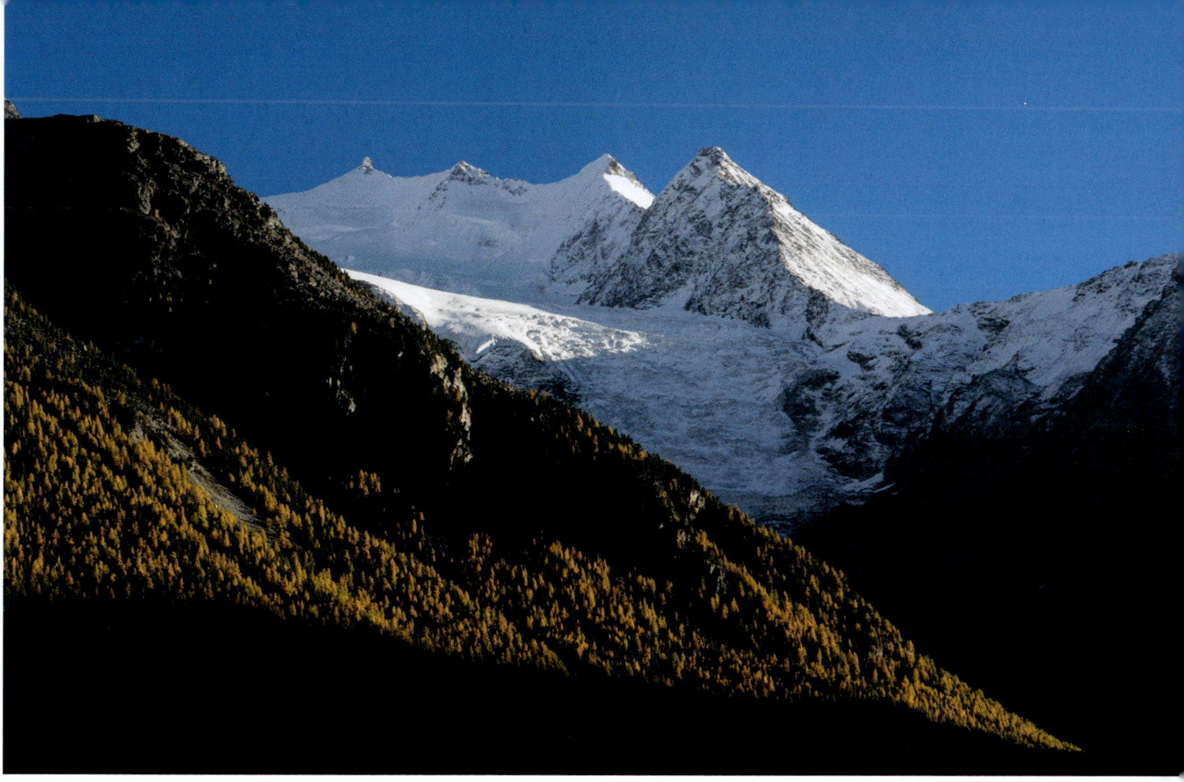

zehnzackigen Steigeisen in die Geschichte des Alpinismus ein. Diese beiden haben also als Erste auf unserem Stecknadelhorn gestanden. Und als wäre diese Ehre nicht schon Grund genug, den Berg zu besuchen, gelangt man von der Domhütte her auf einer wenig bekannten und deshalb oft einsamen Route zum Gipfel des kleinen und doch großen Berges.

Der sogenannte Nadelgrat verbindet hoch über dem Mattertal die Gipfel von Nadelhorn, Stecknadelhorn, Hohberghorn und Dürrenhorn (von li. nach re.).

Von Randa zur Domhütte Vom Bahnhof Randa (1406 m) geht man eine Gasse hoch zum Dorfkern und weiter, an der Kirche vorbei, zu den letzten Häusern am oberen

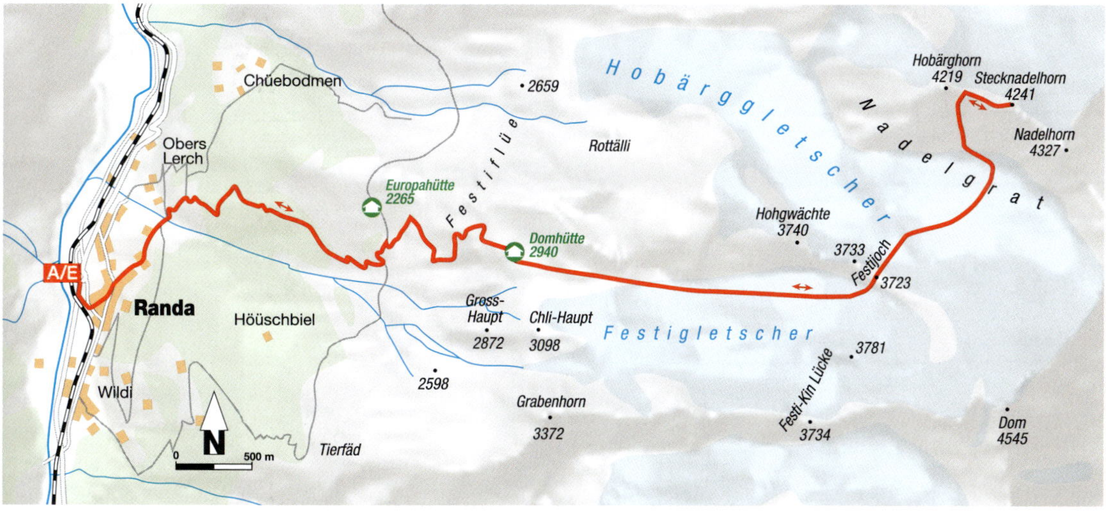

Ortsrand. Hier zweigt die Route nach rechts ab und erreicht bald den Wald, durch den es in mehreren Kehren bergwärts geht, bis man das Tobel des Dorfbachs auf einer Höhe von rund 1750 Metern überquert. Auf der anderen Seite des Baches steigt man weiter aufwärts, mal in engem, mal in weitem Zickzack, durch den Wald von Lärchenberg bis zum Punkt, wo sich der Wanderweg Richtung Europahütte und Domhütte verzweigt. Der Weg zur Domhütte führt steil aufwärts zum Fuß der Felsbänder der Festiflüe. Gut markiert und abgesichert überwindet man die knapp 400 Höhenmeter im Fels und erreicht über weite Geröllfelder die Domhütte (2940 m).

Der felsige Gipfelanstieg zum Stecknadelhorn ist bei schlechten Verhältnissen sehr anspruchsvoll.

Von der Domhütte auf das Stecknadelhorn Von der Domhütte folgt man erst deutlichen, dann weniger ersichtlichen Wegspuren ostwärts einer Seitenmoräne des Festigletschers, bis man auf einer Höhe von knapp 3200 Metern auf den Gletscher wechselt. An dessen nördlichem Rand verläuft die Route flach ansteigend zum Fuß der Felsscharte des Festijochs (3723 m). Nun folgt eine Kletterstelle im unteren III. Grad; der Zustieg zur eigentlichen Kletterei verändert sich stark. Am besten, man informiert sich in der Hütte. Die Kletterpassage ist mit Bohrhaken und Reflektoren ausgerüstet. Oft sind jedoch mehrere Seilschaften gleichzeitig im Aufstieg, was zur Gefahr durch Steinschlag führt. Vom Festijoch geht es kurz steiler hinab in den weiten Kessel des Hobärggletschers. In gebührendem Abstand zu den Eisabbrüchen rechterhand gelangt man in den weiten Kessel des Hohberggletschers oder Hobärggletschers. Meist findet sich hier eine ausgetretene Spur, da die einfachste Normalroute auf den Dom hier durchführt. Ansonsten ist angesichts mächtiger Spalten größte Vorsicht geboten, insbesondere bei schlechter Sicht. Anstatt wie die Domroute in der Mitte des Kessels rechts anzusteigen, halten alle mit dem Ziel Stecknadelhorn die Höhe und gehen weiter bis zum nördlichen Gletscherrand auf rund 3800 Metern Höhe, direkt unterhalb des Hobärgjochs (ca. 4150 m). Von hier führt die Route über eine steile Südflanke mehr oder weniger direkt empor ins Joch, das zwischen Hohberghorn und Stecknadelhorn liegt. Je nach Schneeverhältnissen ist es möglich, durch ein Schneecouloir

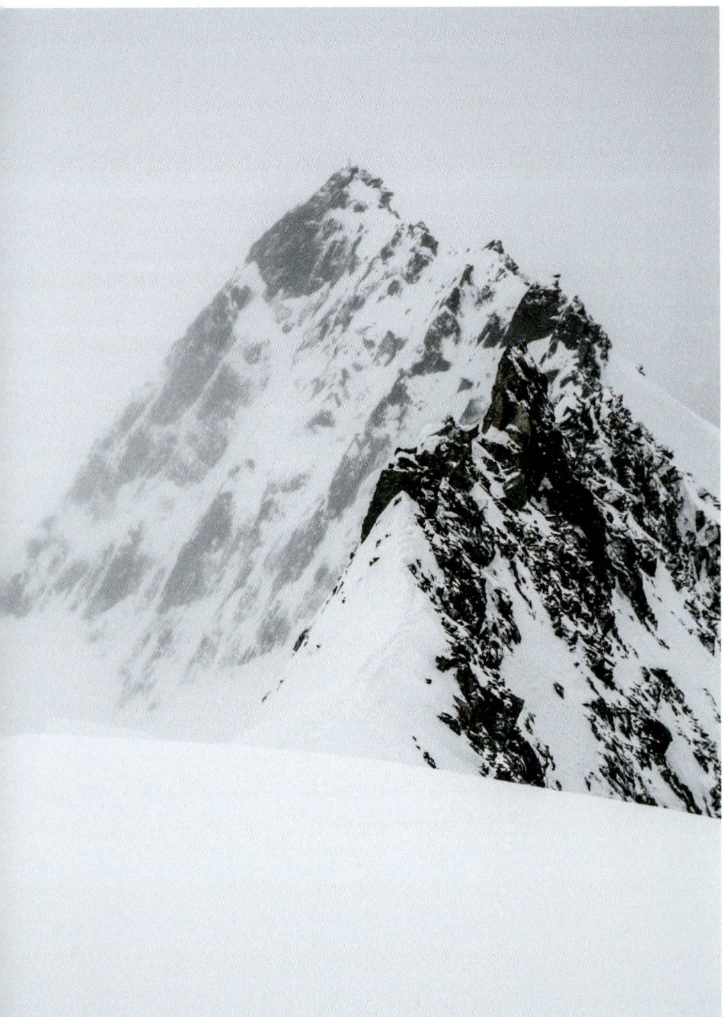

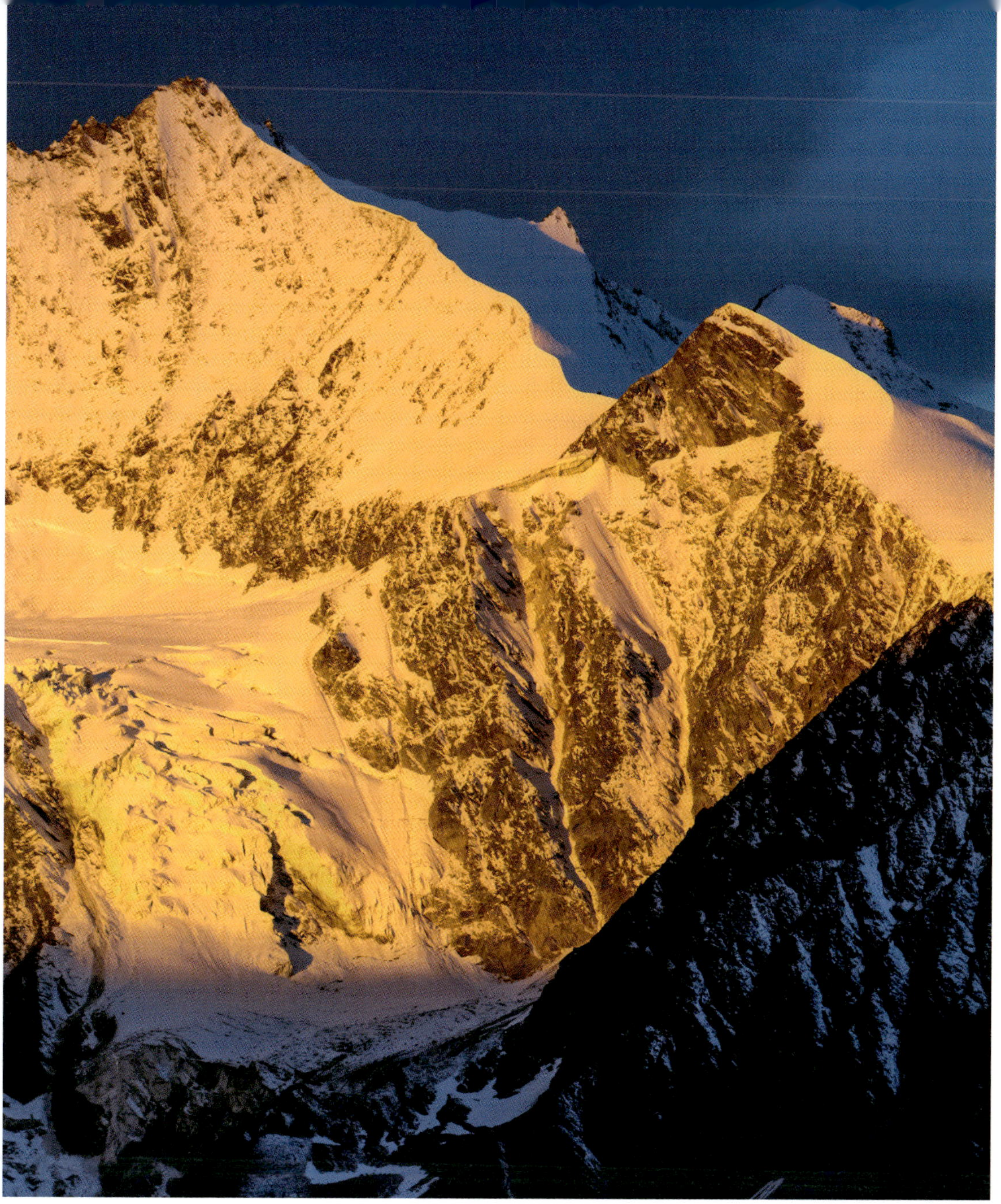

aufzusteigen, ansonsten wählt man die schuttige, wenig ausgeprägte Rippe links davon. Der Aufstieg ist unschwierig, erfolgt jedoch in instabilem Geröll. Bei mehreren Seilschaften in der Flanke kann Steinschlag ein ernsthaftes Probelm darstellen. Den oberen Teil der Flanke begeht man anschließend auf Frontzacken im Firn und etwas kombiniertem Gelände, bevor man das Joch erreicht. Im Joch wendet man sich nach Osten und klettert über den WNW-Grat zum Gipfel des Stecknadelhorns (4241 m), wobei man möglichst nah am Grat bleibt und nicht in die steilen Flanken ausweicht. Der Abstieg erfolgt auf derselben Route.

In der Morgensonne leuchtet das Spitzchen des Stecknadelhorns (Mitte) zwischen Nadelhorn (links) und Hohberghorn (rechts).

23

Hohberghorn (4219 m)

Durch die Hintertür auf den Gipfel

WS 3 Tage 2840 Hm

Tourencharakter
Ein langer Hüttenzustieg, ein nächtlicher Aufbruch, Kraxeln im Dunkeln am Festijoch und eine recht schuttige Flanke im Aufstieg zum Hohbergjoch machen diese Route zu einer kurzweiligen, aber nicht ganz trivialen Tour. Hauptschwierigkeit ist oft das nächtliche Finden der Route respektive der Bohrhaken unter dem Festijoch sowie die Steinschlaggefahr, wenn mehrere Seilschaften im Aufstieg zum Hohbergjoch sind.

Ausgangs-/Endpunkt
Randa (1406 m) im Mattertal

Anfahrt/Rückreise
Vom Bahnhof Visp mit der Matterhorn-Gotthard-Bahn nach Randa. Mit dem Auto via Visp und Stalden nach Randa.

Gehzeiten
Randa – Abzweigung Europahütte 2 Std.; Abzweigung Europahütte – Domhütte 2 Std.; Domhütte – Festijoch 2.30 Std.; Festijoch – Hohberghorn 2 1/4 Std.; Hohberghorn – Domhütte 3.15 Std.; Domhütte – Randa 2.45 Std.

Beste Jahreszeit
Juli bis September

Einkehr/Unterkunft
Europahütte, Tel. +41 (0)27 967 82 47, www.randa.ch; Domhütte SAC, Tel. +41 (0)27 967 26 34, www.domhuette.ch

Karten
Swisstopo-Karte 1:25 000, Blatt 1328 »Randa«; Swisstopo-Wanderkarte 1:50 000, Blatt 284 T »Mischabel«; www.map.geo.admin.ch

Das Hohberghorn ist allem voran bekannt für seine Nordwand. Von der Südseite her gelangt man jedoch einfacher zum Gipfel. Bis in das Hohbergjoch ist die Route gleich wie jene auf das Stecknadelhorn, führt danach aber kürzer und einfacher zum Gipfel.

Mehr als einer unter vielen Im Grunde müsste das Hohberghorn das Schicksal seiner zwei Nachbarn, des Stecknadelhorns und des Dürrenhorns, teilen: Obwohl alle eigenständige Viertausender sind, werden sie meist im Rahmen der Überschreitung des Nadelgrats – jenes Grates vom Dürrenhorn bis zum Nadelhorn – und selten als eigenständige Gipfel besucht. Einen Trumpf hat das Hohberghorn indes: Seine Nordostwand aus makellosem Firn. Diese führt dazu, dass dieser Viertausender in der Alpinistengemeinde ein gewisses Renommée genießt. Dass Bergsteiger indes von Süden her auf den Gipfel steigen, ist bis heute selten geblieben. Zu Unrecht! Die Route von der Domhütte her führt durch eine tolle Hochgebirgslandschaft und recht abwechslungsreich zum Ziel. Neben Gletscher gibt es eine Kraxelei am Festijoch, danach folgen ein Couloir, eine steile Felsflanke und steiler Firn. Und noch ein Wort zum Namen dieses Berges: Lange wurde dieser Viertausender auf der Schweizerischen Landeskarte mit dem hochdeutschen Namen Hohberghorn bezeichnet sowie Joch und Gletscher darunter als Hohberggletscher und Hohbergjoch. Im Zuge der allgemeinen Rückkehr zum Dialekt bei Flurnamen wurde auch der Name dieses Berges angepasst. Wie im Schweizerdeutschen korrekt ausgesprochen, heißt das Hohberghorn nun also Hobärghorn und sein Joch wie auch Gletscher Hobärgjoch und Hobärggletscher.

Randa – Domhütte – Hohberghorn Da die Route auf das Hohberghorn weitgehend auf jener Route erfolgt, die beim Stecknadelhorn beschrieben ist, wird hier auf den Hüttenzustieg »Von Randa in die Domhütte« sowie »Von der Domhütte zum Stecknadelhorn« verwiesen. Namentlich steigt man auf dieser Route bis ins Hohbergjoch oder eben Hobärgjoch (ca. 4150 m). Analog gilt auch hier gilt die Gefahr von Steinschlag in der Südflanke unterhalb des Jochs. Einmal dort angekommen, steht man zwischen Hohberghorn (4219 m) und Stecknadelhorn. Streckenmäßig ist es jedoch etwa halb so weit bis aufs Hohberghorn, und auch technisch ist die Route wesentlich einfacher: Über einen wenig geneigten Schneegrat

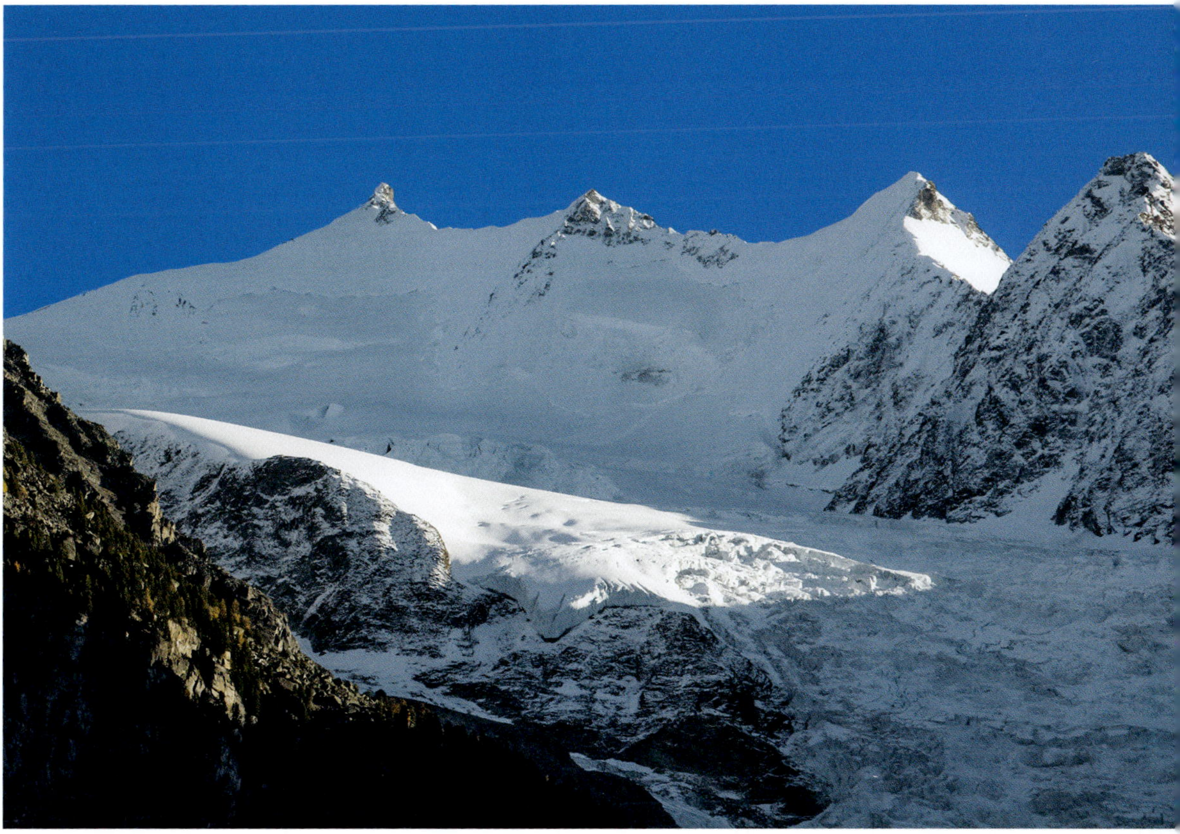

geht es hoch zum Gipfel. Einzig zu beachten gilt die nach Nordosten steil abfallende Flanke, welche die Herzen von Nordwandanwärtern, wie oben schon erwähnt, höher schlagen lässt (und jene derer, die hinabblicken, vielleicht auch …). Der Abstieg erfolgt auf derselben Route.

Eine nette Firnwand führt von Nordosten her auf das Hohberghorn (zweite von re.); einfacher geht es indes auf der Südseite.

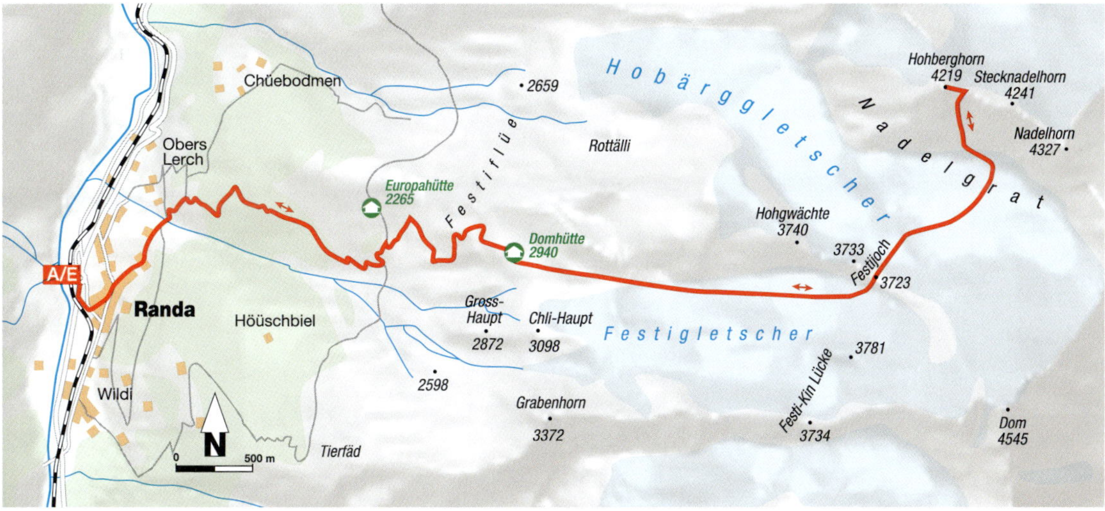

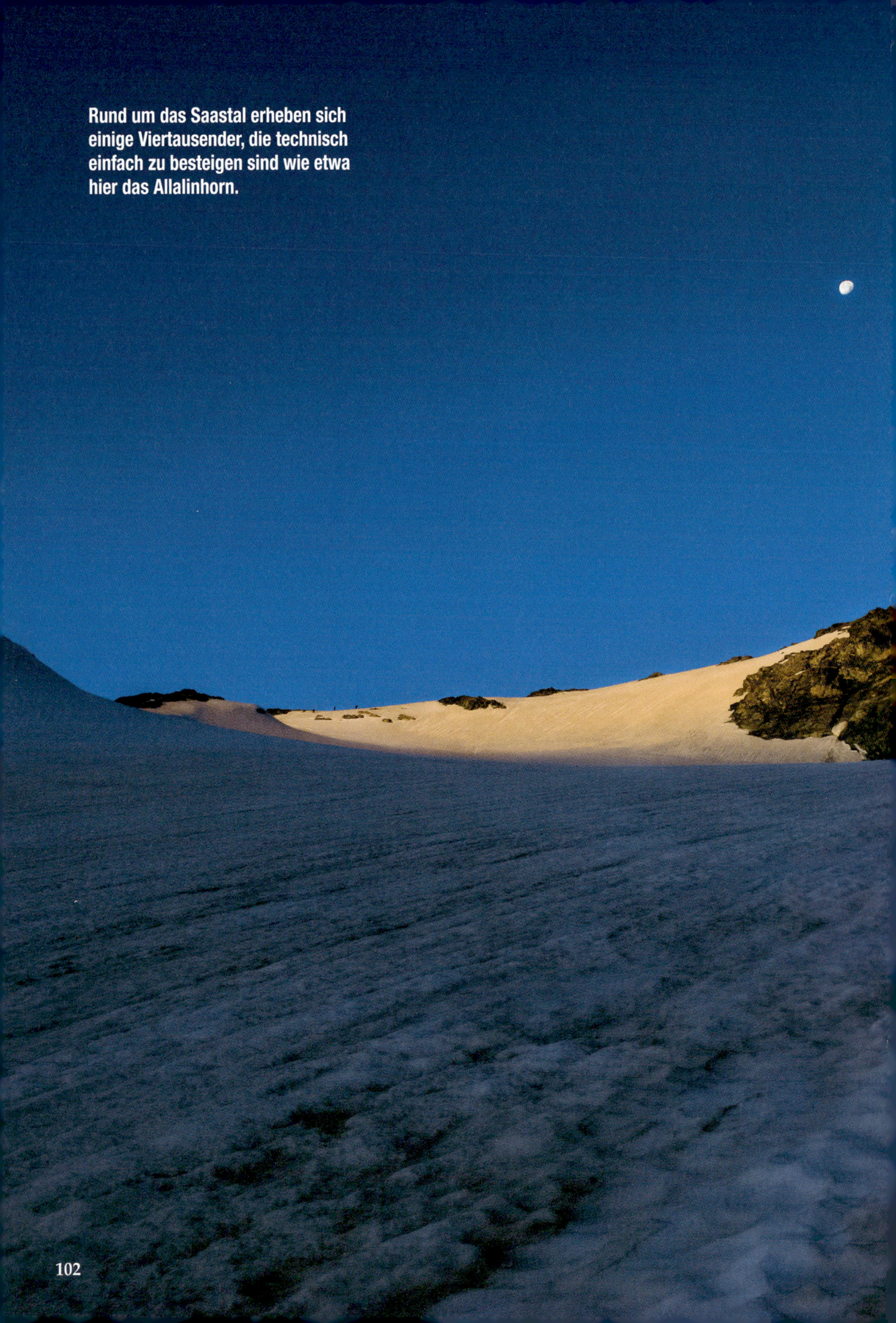

Rund um das Saastal erheben sich einige Viertausender, die technisch einfach zu besteigen sind wie etwa hier das Allalinhorn.

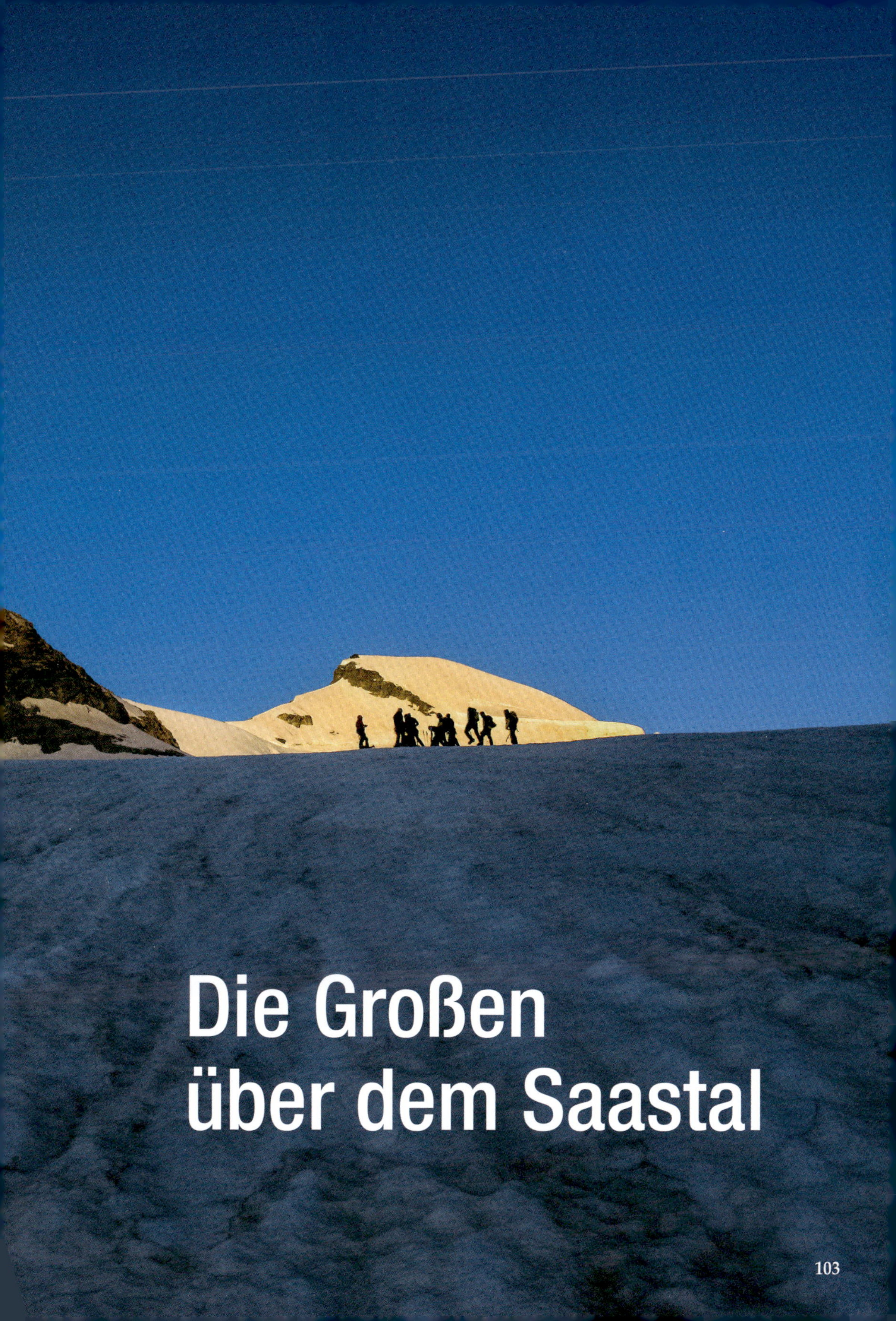

Die Großen über dem Saastal

24

Strahlhorn (4190 m)

Die verborgene Eminenz des Saastals

WS– | 2 Tage | 1760 Hm | ZS

Tourencharakter
Die lange, über weite Gletscher führende Tour erfordert einerseits Ausdauer, anderseits ein waches Auge punkto Spalten. Die Passagen zwischen Adlerpass und Gipfel sind teils vereist. Als Lohn bietet das Strahlhorn ein tolles Hochgebirgserlebnis in der Gletscherwelt zwischen Saas-Fee und Zermatt.

Ausgangs-/Endpunkt
Bergstation Felskinn (2989 m) oberhalb von Saas-Fee

Anfahrt/Rückreise
Mit dem Zug nach Visp und weiter per Postauto nach Saas-Fee, zu Fuß in ca. 15 Minuten zur Luftseilbahn, die zum Felskinn führt. Saas-Fee ist autofrei, Parkhaus eingangs Dorf. Teils ist es nötig, das Postauto von Saas-Fee nach Visp für die Rückfahrt zu reservieren. Erkundigen Sie sich auf der Hinfahrt beim Chauffeur.

Gehzeiten
Felskinn – Britanniahütte 1 Std.; Britanniahütte – Gipfel 4 Std.; Gipfel – Britanniahütte 2.45 Std.; Britanniahütte – Felskinn 1 Std.

Beste Jahreszeit
Juli bis September (mit Ski Ende März bis Mai)

Einkehr/Unterkunft
Britanniahütte SAC, Tel. +41 (0)27 957 22 88, www.britannia.ch

Karten
Swisstopo-Karte 1:25 000, Blätter 1329 »Saas«, 1328 »Randa«, 1348 »Zermatt«; Swisstopo-Wander-/Skitourenkarte 1:50 000, 284T/S »Mischabel«; www.map.geo.admin.ch

Das Strahlhorn ist eine Gletschertour für mental Ausdauernde. Vom Startpunkt aus ist der Gipfel sichtbar und doch meilenweit entfernt. Viele Alpinisten entscheiden sich deshalb für Tourenski, um diesen eindrücklich vergletscherten Berg zu besteigen.

Ein Gipfel mit vielen Gesichtern Andernorts wäre das Strahlhorn vielleicht die Attraktion eines ganzen Gebirges, vielleicht gar eines ganzen Landes. Umgeben von mächtigen Gletschern, ragt es 4190 Meter hoch in den Himmel. Mit abweisenden Felsfluchten auf der einen und elegant geschwungenen Eisflanken auf der anderen Seite. Doch in den Walliser

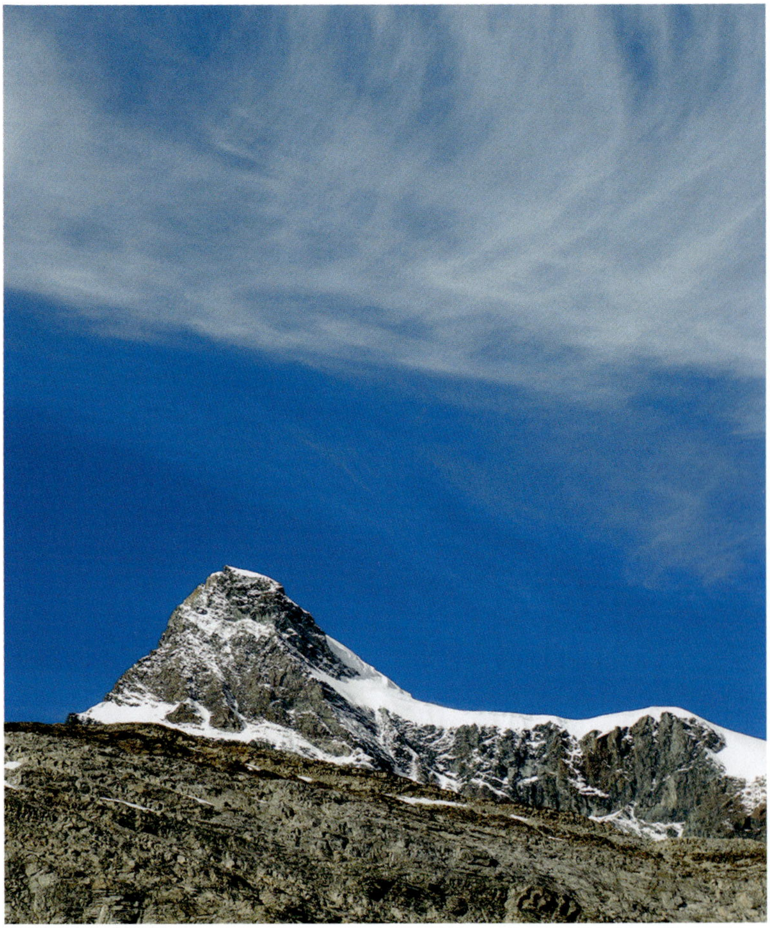

Alpen ist das Strahlhorn eine Randfigur. Obwohl es – oder eben gerade weil es – eine recht zentrale Lage hat: Es liegt zwischen den Gipfeln des Monte Rosa und jenen der Mischabelgruppe verborgen zwischen Saastal und Mattertal respektive Zermatt und Saas-Fee. Weder vom einen, noch vom anderen Dorf aus ist es jedoch sichtbar. Und wer den Gipfel des Strahlhorns aus höheren Lagen entdeckt, wird es vielleicht nicht einmal wiedererkennen. Anders als mancher Nachbargipfel, hat dieser Gipfel von jeder Seite her ein völlig anderes Erscheinungsbild.

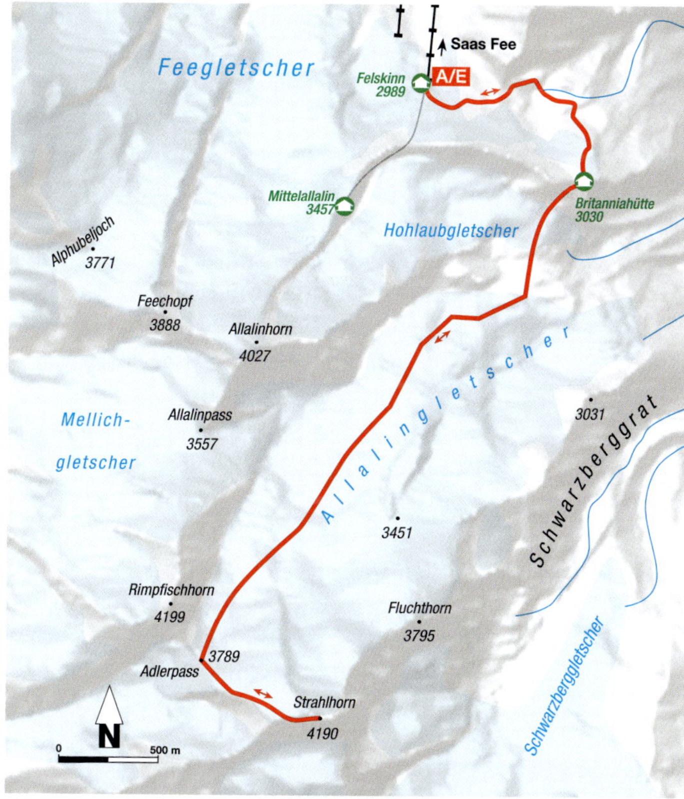

In die Welt der Eisströme Am sanftesten zeigt sich das Strahlhorn von Norden her. Von seinem wuchtigen Gipfel fließt hier der riesige Allalingletscher talwärts Richtung Mattmark. Einer von mehreren Gletschern, die den frühen Kartographen und Geologen Gottlieb Sigmund Gruner (1717–1778) dazu brachten, in seinem Buch über die Alpen zu schreiben, die Gebirge des Saastals seien »sehr hoch und fürchterlich, und mit ungeheuren Lasten von Schnee beständig bedeckt«. In der Tat brachte der Allalingletscher den Saasern lange Zeit nicht nur sprudelndes Gletscherwasser, sondern auch eine Menge Probleme: Während Jahrhunderten reichte seine Zunge bis ins Hochtal von Mattmark hinab – dort, wo heute der Stausee Mattmark liegt – und bildete mit seinem Eis einen natürlichen Damm, der einen Gletschersee aufstaute, welcher regelmäßig ausbrach und das Saastal verwüstete. Später zog sich der Eisstrom zurück und lauerte mit seinen Eismassen weiter oben in den Hängen. Was im August 1965 zur größten Dammbaukatastrophe in der Schweiz führte: Während des Baus des Mattmark-Stausees donnerte eine Eislawine des Allalingletschers auf die Baubaracken hinab und begrub 88 Arbeiter unter sich.

Eine ausgewachsene Bergtour Davon merken die Alpinisten hoch über dem Saastal heute nichts mehr. Scheinbar ewig still breiten sich der Hohlaubgletscher und der Allalingletscher zwischen der Britanniahütte, dem Ausgangspunkt der Tour, und den Gipfeln des hinteren Saastals aus. Weder Séracs noch Felswände verbauen den Weg zum Strahlhorn von dieser Seite her. Und so ist dieser Viertausender im Sommer wie im Winter ein beliebtes Gipfelziel bei Neulingen in Sachen Bergsteigen. Wenngleich technisch einfach, bietet das Strahlhorn dennoch ein voll umfassendes

Linke Seite: Das Strahlhorn ist ein Berg mit zwei Gesichtern; wer ihn auf der Normalroute besteigt, dem bleibt seine wilde Ostseite verborgen.

Alpinerlebnis, da es abgelegen genug ist, um die Bergbahnen weit hinter sich zu lassen und tags darauf die Anstrengung noch in den Beinen zu spüren. Dennoch sollte der Berg nicht unterschätzt werden, insbesondere, was die Spaltengefahr angeht.

Vom Felskinn in die Britanniahütte Ausgangspunkt der Tour bildet die Britanniahütte des SAC (3030 m). Da diese Hütte die meisten Besucher aller SAC-Hütten der Schweiz zählt, empfiehlt sich eine frühe Reservation sowie eine gewisse Resistenz gegen volle Hüttenstuben und Schuhräume an schönen Juliwochenenden. Praktisch indes ist die gute Erreichbarkeit der Hütte, da den größten Teil des Aufstiegs die Bergbahnen von Saas-Fee übernehmen. Von der Bergstation Felskinn (2989 m) aus geht man im Sommer erst der präparierten Gletschertraverse, dann dem Wanderweg entlang bis ins Egginerjoch, steigt weiter ab zu den Seelein im Geländekessel unterhalb des Jochs, durchquert den Kessel in südöstlicher Richtung und steigt auf einem eindeutigen Pfad über den östlichen Rand des Chessjengletschers zur Hütte auf. Die Gletscherpfade auf dieser Wanderung sollten aus Sicherheitsgründen wegen Spaltengefahr nicht verlassen werden. Im Frühjahr führt meist eine präparierte Pistenfahrzeugspur vom Felskinn via Egginerjoch zur Hütte. Die Passage zwischen Egginerjoch und Hütte sollte bei ungünstigen Verhältnissen punkto trockener und nasser Lawinen jedoch kritisch betrachtet werden. Eine etwas längere, jedoch defensivere Route führt durch den Geländekessel, in dem im Sommer der Wanderweg verläuft.

Der ewig-lange Gletscheranstieg von der Britanniahütte zum Gipfel lässt sich am besten per Ski zurücklegen – so geht's bergab etwas geschwinder!

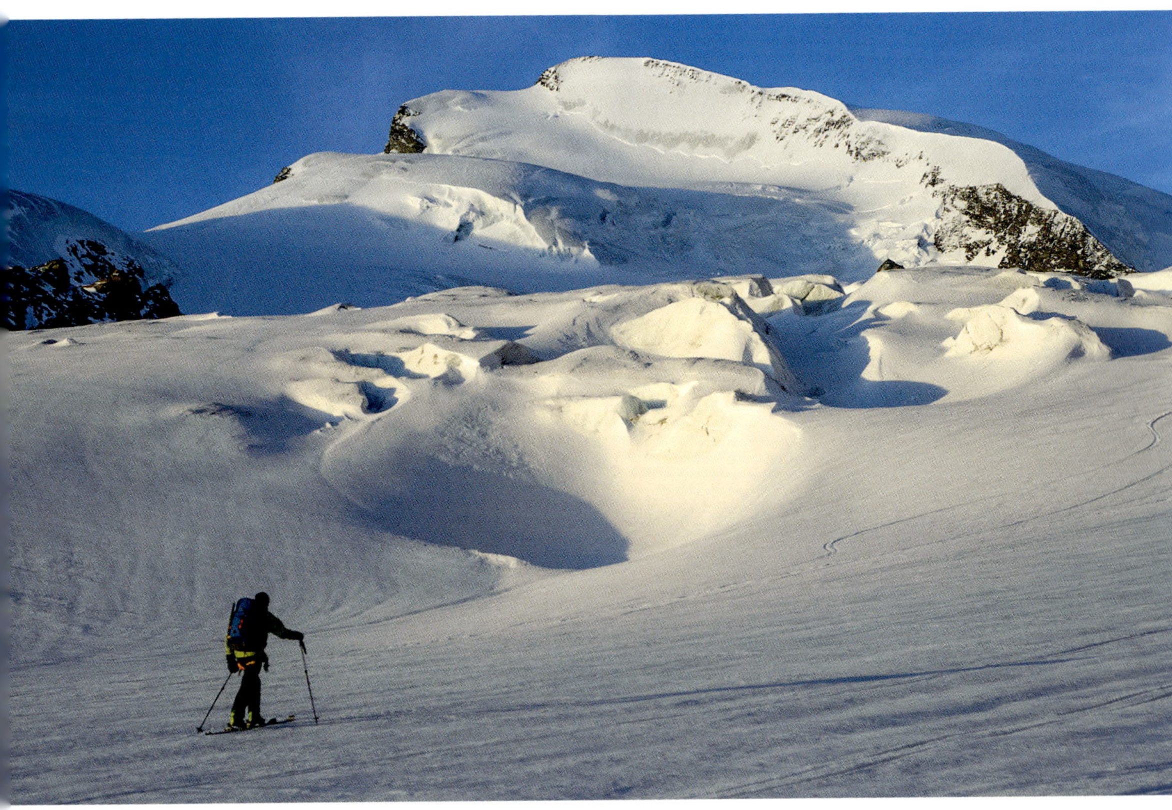

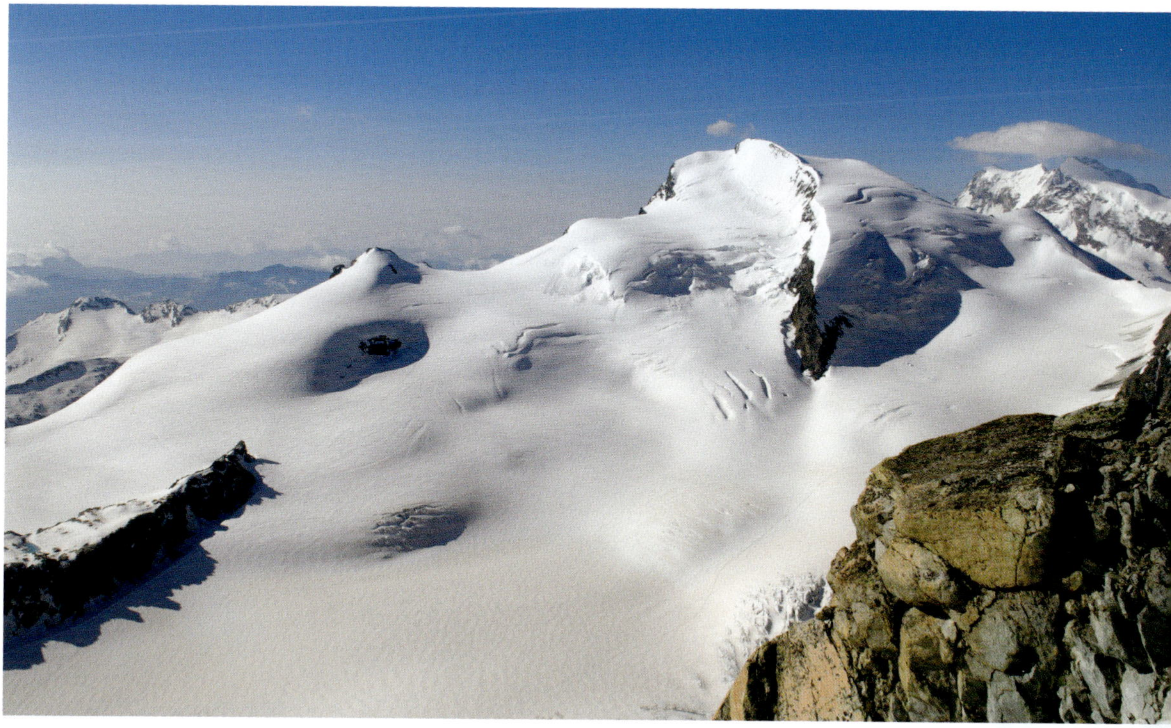

Weiß und weit: das Strahlhorn vom Allalinhorn aus gesehen

Von der Britanniahütte zum Strahlhorn Von der Sonnenterrasse der Hütte steigt man über eine Geröllflanke den Markierungen folgend ab auf den Hohlaubgletscher. Es lohnt sich, am Vortag die Markierungen zu erkunden, da sie im Dunkeln schwer zu erkennen sind. Auf einer Höhe von rund 2900 Metern überquert man die Zunge des Hohlaubgletschers und steigt anschließend über einen gerölligen Ausläufer des Hohlaubgrats, welcher vom Allalinhorn hinabzieht. Nach diesem gelangt man auf den Allalingletscher, dessen Verlauf man nun bis kurz vor dem Adlerpass (3789 m) folgt. Es mag hanebüchen klingen, doch die Gefahr von Verhauern auf dem Gletscher ist durchaus gegeben. Schon einige sind statt auf dem Adlerpass irgendwann auf dem Allalinpass gestanden. Insgesamt hält man sich eher an den linken, also westlichen Rand des Gletschers, achtet indes auf genügend Abstand zu den Flanken des Rimpfischhorns. Vom Adlerpass folgt man dem WNW-Grat des Strahlhorns bis auf eine Höhe von rund 3940 Metern und gelangt danach über die NW-Flanke zum Gipfel des Strahlhorns (4190 m). Ist der WNW-Grat vereist, steigt man über die steile Mulde nördlich des Grates auf; in diesem Bereich sollte den Spalten ein besonderes Augenmerk gelten. Im Winter steigt man bei guten Verhältnissen ebenfalls durch diese Mulde bis zum Gipfel. Ansonsten erfolgt das Skidepot auf dem Adlerpass, wobei man am Grat Triebschnee und Wächten im Auge behalten sollte.

Vom Strahlhorn in die Britanniahütte Der Rückweg erfolgt auf derselben Route. Der Gegenanstieg zur Britanniahütte sollte nicht zu spät in Angriff genommen werden, da es dort im Tagesverlauf unangenehm heiß wird und im Frühjahr die Gefahr von Nassschneerutschen birgt.

25 Rimpfischhorn (4199 m)

Der zerknitterte Riese

● WS+ 2 Tage 1850 Hm ZS+

Tourencharakter
Egal, welchen Zustieg man wählt, der Aufstieg bis in den Rimpfischsattel ist lang. Von der Britanniahütte führt er durch weite Gletscherlandschaften, die bei schlechter Sicht heikel werden. Am Gipfelaufbau ist Geschick im kombinierten Gelände und im Fels gefragt. Der Rückweg zur Britanniahütte wartet am Ende mit einem zähen, südseitigen Gegenanstieg auf, der im Frühling bei Nassschnee heikel wird; dafür bietet er (mit Tourenski) eine fliegende Pistenabfahrt nach Saas-Fee.

Ausgangs-/Endpunkt
Bergstation Felskinn (2989 m) oberhalb von Saas-Fee

Anfahrt/Rückreise
Mit dem Zug nach Visp und weiter per Postauto nach Saas-Fee, zu Fuß in ca. 15 Minuten zur Luftseilbahn, die zum Felskinn führt. Saas-Fee ist autofrei, Parkhaus beim Dorfeingang.

Gehzeiten
Felskinn – Britanniahütte 1 Std.; Britanniahütte – Rimpfischsattel 4.30 Std.; Rimpfischsattel – Rimpfischhorn 1 Std.; Rimpfischsattel – Britanniahütte 3 Std.; Britanniahütte – Felskinn 1 Std.

Beste Jahreszeit
Juli bis September (mit Ski Ende März bis Mai)

Einkehr/Unterkunft
Britanniahütte SAC, Tel. +41 (0)27 957 22 88, www.britannia.ch; Täschhütte SAC, Tel. +41 (0)27 967 39 13, www.taeschhuette.ch; Bergrestaurant Fluhalp, Tel. +41 (0)27 967 25 97, www.fluhalp-zermatt.ch

Karten
Swisstopo-Karte 1:25 000, Blätter 1329 »Saas«, 1328 »Randa«, 1348 »Zermatt«; Swisstopo-Wander-/Skitourenkarte 1:50 000, 284T/S »Mischabel«; www.map.geo.admin.ch

Das Rimpfischhorn ist weder von Zermatt noch von Saas-Fee aus zu sehen. Wenig erstaunlich, dass man seinen Gipfel denn auch nur über lange Zustiege erreicht. Was sich allemal lohnt, denn der Gipfelaufbau bietet wunderbar kombiniertes Gelände.

Unbesteigbar! Oder doch nicht? Als Edward Levi Ames 1856 mit Führern das Allalinhorn erstbestieg, blickte er auf das Rimpfischhorn mit seinem langen gezackten Felskamm und den ostseitigen Felsfluchten. Sein Fazit war klar: »Close to us on the south rose the craggy peak of the Rympfischhorn, which we scrutinised with critical eye, and finally pronounced inaccessible.« Als unbesteigbar ordnete er den Gipfel also ein, wovon er so überzeugt war, dass er diese Meinung 1859 in »Peaks, Passes and Glaciers« des britischen Alpine Club publizierte. Doch im selben Jahr wurde seine Aussage widerlegt: Am 9. September 1859 stieg sein Landsmann Leslie Stephen mit Kollegen und Führern auf den Gipfel des Rimpfischhorns. Wobei man Mr. Ames nicht verübeln kann, dass er den Berg als unbesteigbar betrachtet hatte, sah er ihn doch einzig von dessen wilder Ostseite her. Dass von Nordwesten eher sanfte Gletschermulden bis auf

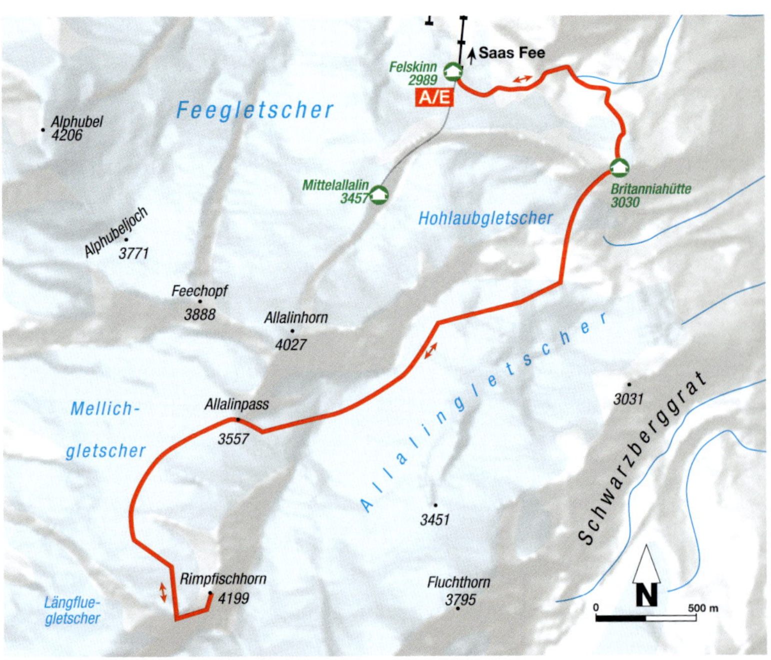

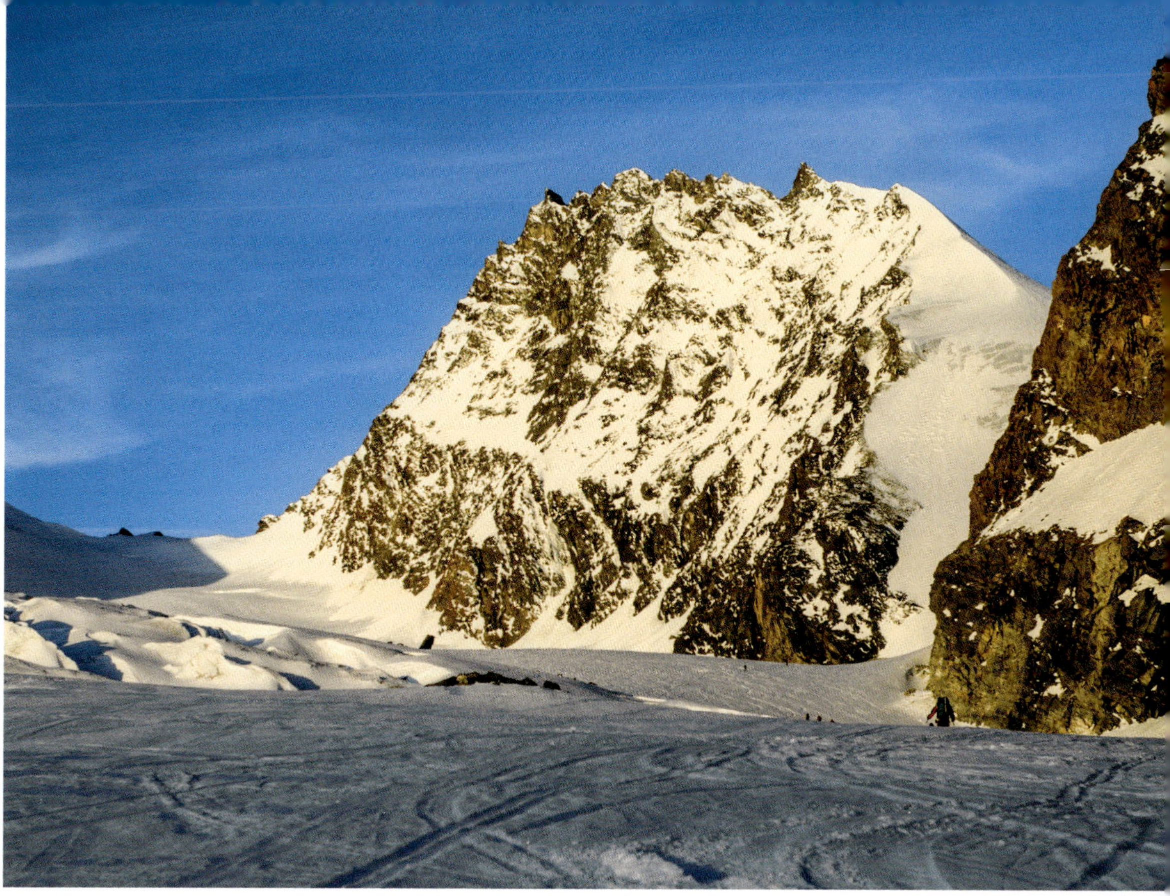

4000 Meter führen, blieb ihm verborgen. Was vielleicht auch damit zu tun hatte, dass das Rimpfischhorn tatsächlich ein verborgener Berg ist: Obwohl sein Gipfel fast 4200 Meter hoch in den Himmel ragt, ist dieser weder von Zermatt noch von Saas-Fee aus zu sehen. Bis heute führt die Normalroute durch die verborgenen Gletschermulden auf der Route der Erstbesteiger hoch zum Gipfelaufbau. Wobei seit 1878 auch der gezackte Nordgrat, den Ames aus der Ferne betrachtet hatte, im Abstieg überschritten wird.

Wären die Regeln für Viertausender anders, könnte das Rimpfischhorn eine Reihe von Gipfeln bieten; doch angesichts der geltenden Definition gilt: Dieser Berg ist ein einziger Gipfel.

Ein Nordgrat voller »Rimpf« Dieser Nordgrat ist es auch, mit dem sich der eigentümliche Name des Berges erklären lässt. Denn auf Walliserdeutsch existiert das Wort Rimpf oder das Verb rimpfe, in anderen Schweizer Dialekten Rümpf oder rümpfe. Wenn also etwas Rimpf macht, hat es Falten respektive ist es zerknittert. Und wenn man nun diesen in Falten geworfenen, etwas zerknitterten Felskamm dieses Berges betrachtet, macht der Name auf einmal Sinn: das Rimpfischhorn!

Vom Felskinn in die Britanniahütte Ausgangspunkt der Tour bildet die Britanniahütte (3030 m). Da diese Hütte die meisten Besucher aller SAC-Hütten der Schweiz zählt, empfiehlt sich eine frühe Reservation sowie eine gewisse Resistenz gegen volle Hüttenstuben und Schuhräume an schönen Juliwochenenden. Von der Bergstation Felskinn (2989 m) aus geht man im Sommer erst der präparierten Gletschertraverse, dann dem Wanderweg entlang bis ins Egginerjoch, steigt weiter ab zu den

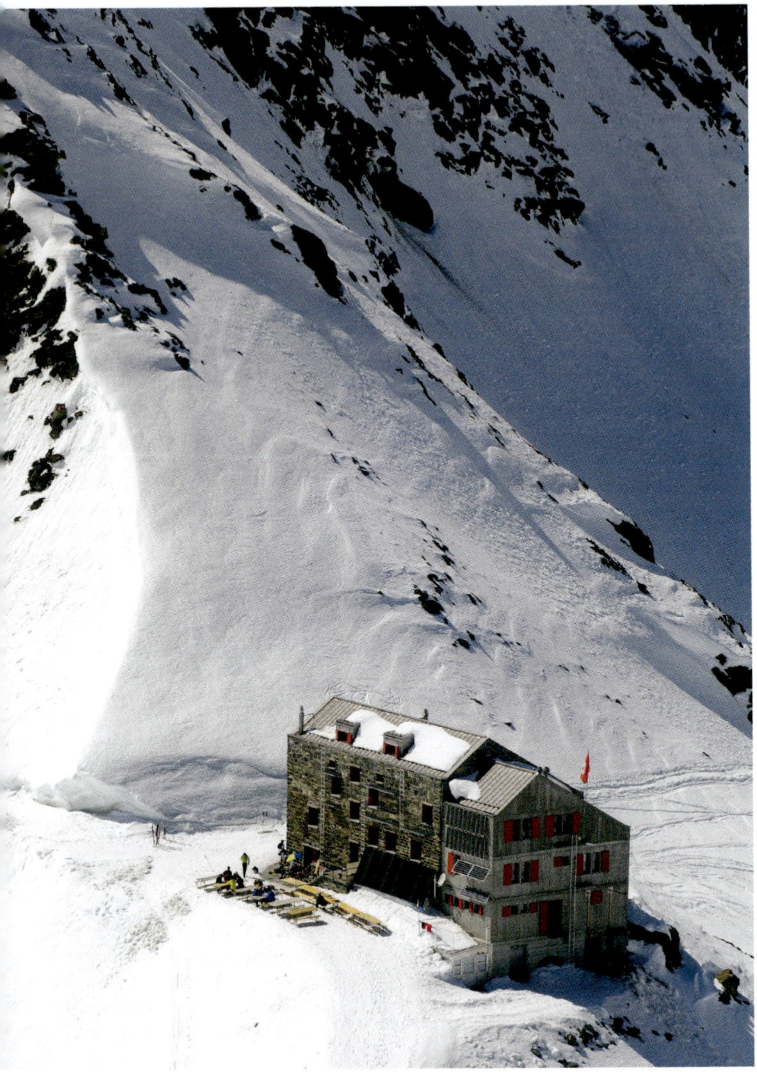

Ausgangspunkt für so manchen Gipfeltraum: die Britanniahütte des Schweizer Alpen-Clubs

Seelein im Geländekessel unterhalb des Jochs, durchquert den Kessel in südöstlicher Richtung und steigt auf einem eindeutigen Pfad über den östlichen Rand des Chessjengletschers zur Hütte auf. Die Gletscherpfade auf dieser Wanderung sollten aus Sicherheitsgründen wegen Spaltengefahr nicht verlassen werden. Im Frühjahr führt meist eine präparierte Pistenfahrzeugspur vom Felskinn via Egginerjoch zur Hütte. Die Passage zwischen Egginerjoch und Hütte sollte bei ungünstigen Verhältnissen punkto trockener und nasser Lawinen jedoch kritisch betrachtet werden. Eine etwas längere, jedoch defensivere Route führt durch den Geländekessel, in dem im Sommer der Wanderweg verläuft.

Von der Britanniahütte zum Rimpfischhorn Von der Sonnenterrasse der Hütte steigt man durch eine Geröllflanke den Markierungen folgend ab auf den Hohlaubgletscher . Es lohnt sich, am Vortag die Markierungen zu erkunden, da sie im Dunkeln schwer zu erkennen sind. Auf einer Höhe von rund 2900 Metern überquert man die Zunge des Hohlaubgletschers und traversiert anschließend einen gerölligen Ausläufer des Hohlaubgrats, welcher vom Allalinhorn hinabzieht. So gelangt man auf den Allalingletscher, an dessen orografisch linkem Rand man aufsteigt, um auf rund 3300 Meter rechts hoch in den Allalinpass zu steigen. Auf der Karte sieht diese Route trivial aus, selbst bei guter Sicht kann es aber anspruchsvoll sein, in den weiten Gletscherlandschaften in den richtigne Pass zu steigen – geschweige denn bei schlechter Sicht. Im Allalinpass schwenkt man nach SSW und steigt unterhalb der beiden nordwestlichen Felsrippen des Rimpfischhorns in wenig steilem Gelände auf. Erst nach der zweiten Rippe gelangt man in eine Gletschermulde, die sich nach oben hin aufsteilt. In einem weitem Bogen steigt man durch diese in Richtung SO und S in den Rimpfischsattel. Im Winter macht man hier Skidepot. Vom Sattel führt ein Couloir hoch, das bei gutem Trittfirn problemlos ist, aber bei Eis rasch anspruchsvoll werden kann. Nach wenigen Metern zieht das Couloir etwas nach rechts, während man

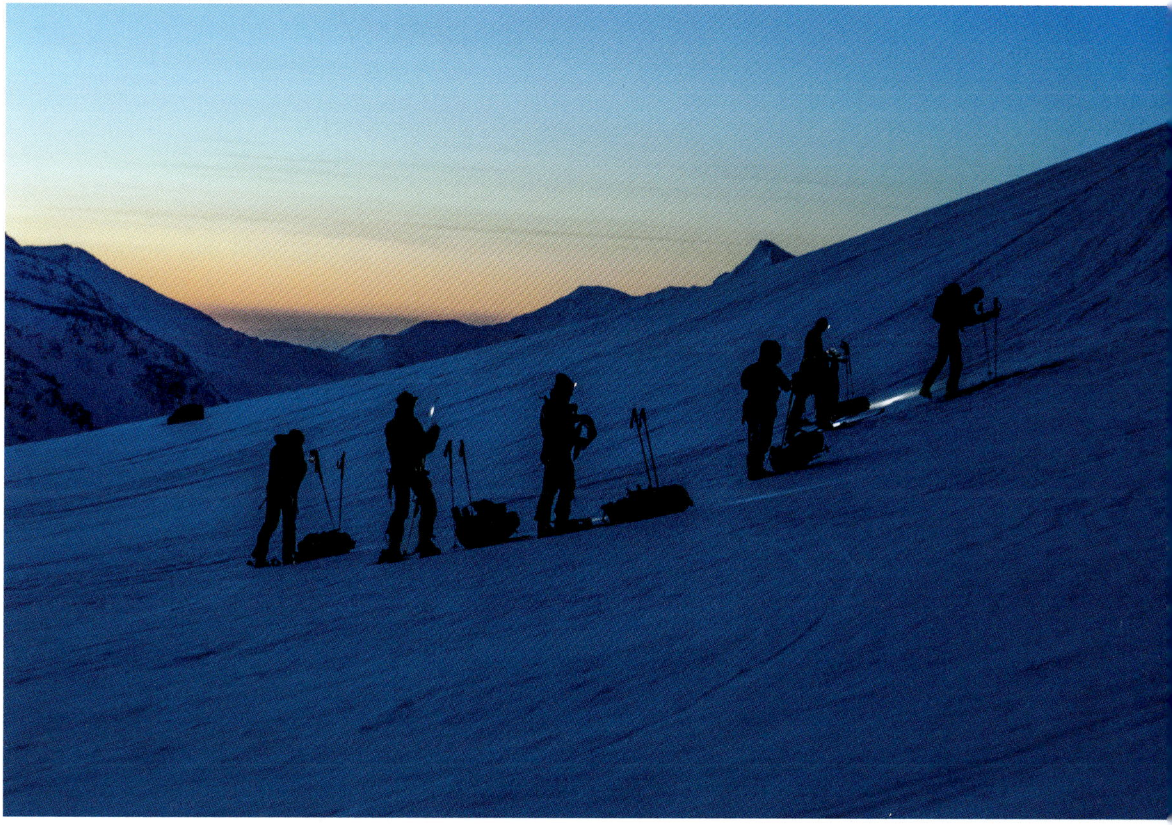

links hinaus auf Felsen steigt. Das Felspodest ist im Grunde offensichtlich, dennoch verleitet das Couloir oft dazu, fälschlicherweise weiter aufzusteigen, besonders wenn bereits andere falsche Spuren hochführen. Also: Raus in den Fels, und zwar so weit, bis ein felsiges Couloir weiter empor zu einer Schulter führt. In moderater Schwierigkeit kraxelt man dem Grat entlang bis unter den Vorgipfel, quert unterhalb dessen nach links und gelangt auf den Verbindungsgrat zwischen Vorgipfel und Gipfel, über den man zum Gipfel klettert. Der Abstieg erfolgt auf der Aufstiegsroute.

Oben: In der blauen Stunde der Morgendämmerung fellen diese Alpinisten auf dem Hohlaubgletscher an.

Unten: Auch von Osten, etwa von Zermatt her, kann man sich dem Berg nähern.

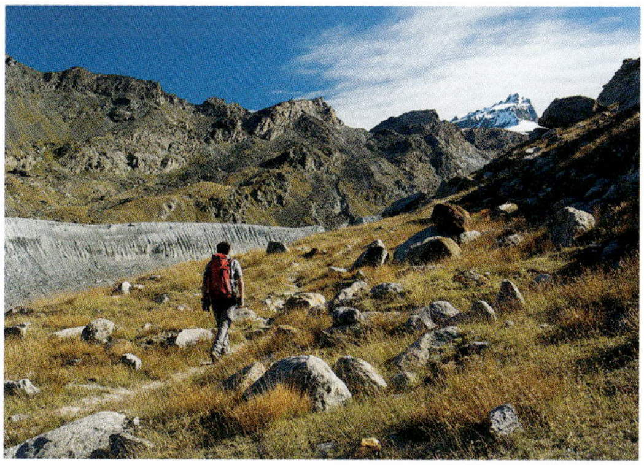

Routen überall!

Das Rimpfischhorn ist von mehreren Seiten her erreichbar. Nebst der hier beschriebenen Route von der Britanniahütte aus via Allalinpass, gelangt man auf vergleichbar schwierigen Route von der Täschhütte über den Mellichgletscher und von der Fluealp über die Pfulwe zum Rimpfischsattel. Eine schöne Überschreitung bietet der Aufstieg über eine der Normalrouten mit Abstieg über den Nordgrat zurück in den Allalinsattel (ZS).

26

Allalinhorn (4027 m)

Die schwierigere Normalroute zum Gipfel

WS
2 Tage 1340 Hm ZS+*

* ab Bergstation Mittelallalin

Tourencharakter
Der Hohlaubgrat bietet als zweite Normalroute eine abwechslungsreiche Hochtour über einen langen Firngrat, der teils recht ausgesetzt ist. Der Felsriegel auf 4000 Meter Höhe wartet zudem mit schönem Fels im II. Grad auf und ist dank Stangen und Bohrhaken gut absicherbar.

Ausgangspunkt
Britanniahütte (3030 m) oberhalb von Saas-Fee

Endpunkt
Bergstagion Mittelallalin (3457 m) oberhalb von Saas-Fee

Anfahrt
Mit dem Zug nach Visp und mit dem Postauto nach Saas-Fee, zu Fuß in ca. 15 Minuten zur Felskinn-Gondelbahn und weiter zu Fuss in die Britanniahütte SAC (siehe Tour 10). Parkhaus am Dorfeingang (Saas-Fee ist autofrei).

Rückreise
Standseilbahn Metro Alpin nach Felskinn, weiter per Gondel nach Saas-Fee und mit dem Postauto nach Visp.

Gehzeiten
Britanniahütte – Allalinhorn 3.30 Std.; Allalinhorn – Mittelallalin 1 Std.

Beste Jahreszeit
Juli bis September (mit Ski Ende März bis Mai)

Einkehr/Unterkunft
Britanniahütte SAC, Tel. +41 (0)27 957 22 88, www.britannia.ch

Karten
Swisstopo-Karte 1:25 000, Blätter 1329 »Saas« , 1328 »Randa«; Swisstopo-Wander-/Skitourenkarte 1:50 000, 284T/S »Mischabel«; www.map.geo.admin.ch

Das Allalinhorn gilt als einer der einfachsten Viertausender der Alpen. Und es stimmt: Von der Bergstation Mittelallalin kriegt man den Gipfel fast umsonst. Doch der Aufstieg über den Hohlaubgrat ist nur wenig schwieriger, aber um vieles schöner.

Einer für alle Bereits seit Jahrzehnten stellt das Allalinhorn ein beliebtes Gipfelziel für all jene dar, die gerne auf einer technisch einfachen Route auf einen Viertausender steigen möchten. Doch seit dem Bau der Standseilbahn «Metro Alpin» im Jahr 1984 hat sich die Zahl der Gipfelstürmer um ein Vielfaches erhöht, da sich die Gehzeit ab dem Mittelallalin wesentlich verkürzt hat. Alle, die eine etwas anspruchsvollere, jedoch landschaftlich sehr eindrucksvolle und abwechslungsreiche Bergtour suchen, werden allerdings am Hohlaubgrat glücklicher als auf der kurzen Normalroute. Von der Britanniahütte führt diese Tour in die Gletscherwelt von Hohlaubgletscher und Allalingletscher und über den Firngrat und eine hübsche Kletterei zum Gipfel.

Eispavillon und Metro Alpin Auf dem Gipfel angekommen, freut man sich dann auf den kurzen Abstieg zum Drehrestaurant auf dem Mittelal-

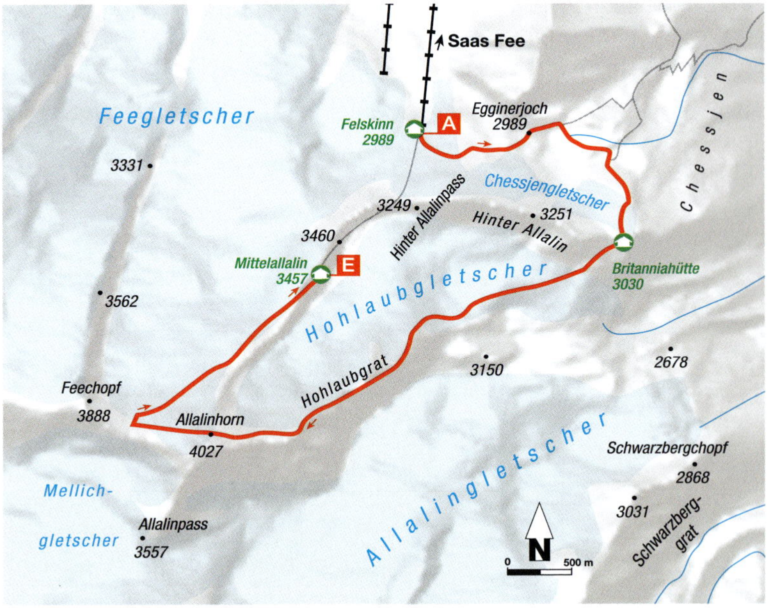

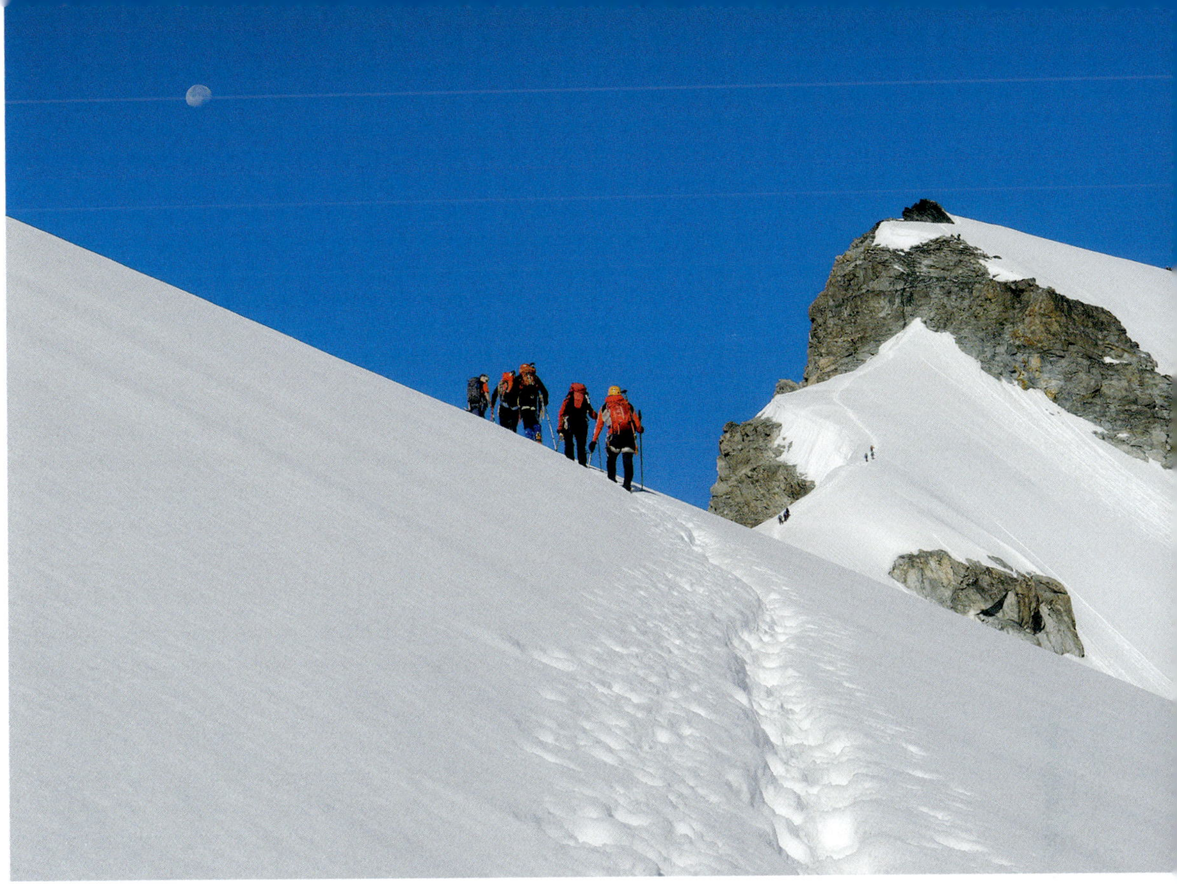

lalin. Wer in Touristenlaune ist, kann sich dort die Zeit im »Eispavillon« vertreiben, einem 70 Meter langen Stollen, der in mehrere Eisgrotten im Bauch des Feegletschers führt, in denen kunstvolle Figuren aus dem Eis gehauen wurden. Wer nach dem Viertausender hungrig ist, kann sich im Drehrestaurant zu Rösti oder Käseschnitte ein paar Mal im Kreis durch das Panorama der Saaser Bergwelt drehen lassen. Und wer eine Affinität für Standseilbahnen und keine Platzangst hat, wird auch die anschließende Talfahrt mit der «Metro Alpin» genießen.

Oben: Der Hohlaubgrat führt meist über Firn und einen kurzen, hier gut sichtbaren Felsriegel, zum Gipfel.
Unten: Diesen Alpinisten auf dem Hohlaubgletscher verspricht die Morgensonne einen perfekten Tourentag.

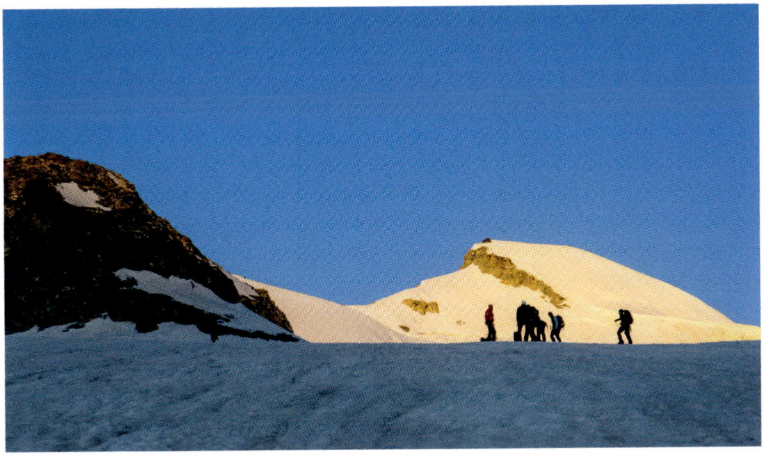

Von der Britanniahütte zum Hohlaubgrat Von der Britanniahütte des SAC (3030 m) führt ein markierter Pfad bei der südwestlichen Ecke der Terrasse hinab auf den Hohlaubgletscher. Es empfiehlt sich, die Route am Vorabend kurz zu erkunden, sofern man sich morgens im Dunkeln nicht auf die Lichter der anderen verlassen will. Auf dem Gletscher angekom-

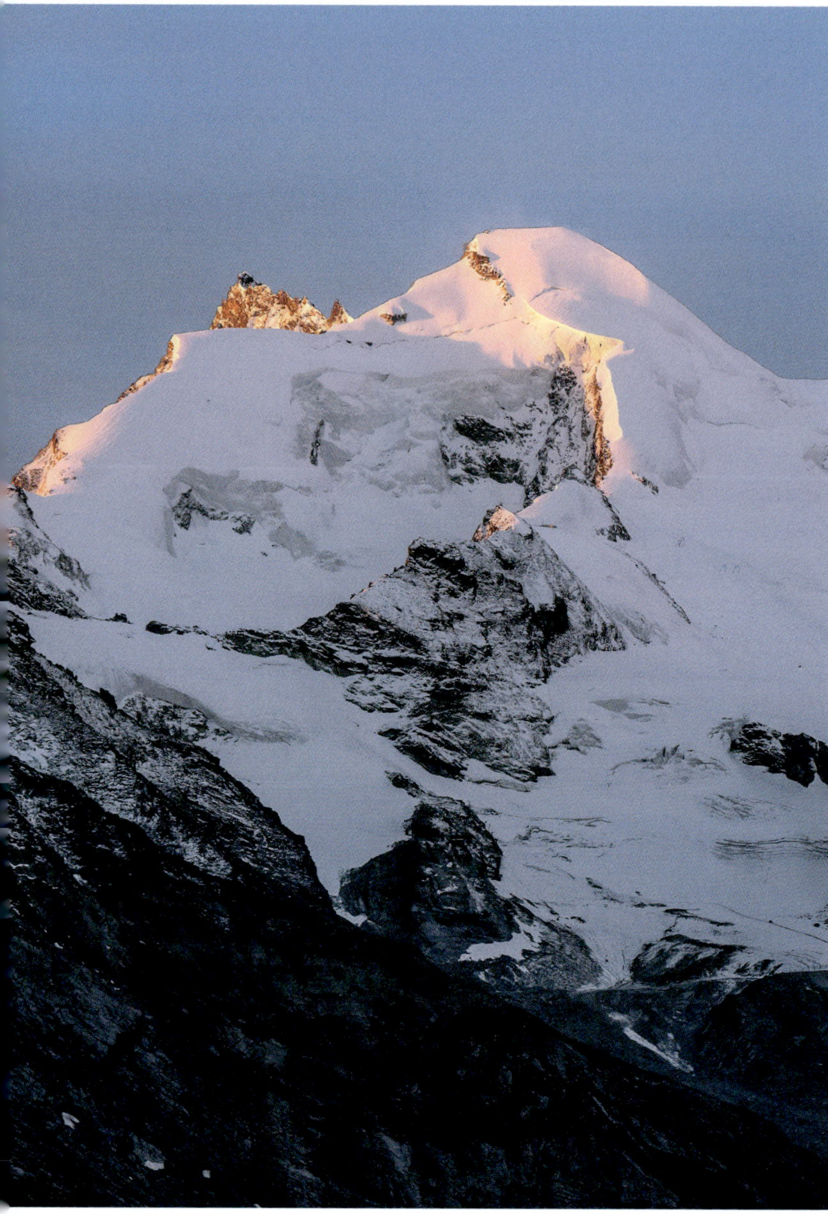

men, steigt man über dessen Zunge Richtung Westen auf. Es mag banal klingen, aber es ist lohnend, sich zu versichern, tatsächlich dem Hohlaubgletscher zu folgen und nicht versehentlich auf den Allalingletscher südlich des Hohlaubgrats zu geraten. In der Dunkelheit sind grobe Verhauer hier durchaus möglich, zumal sich die Leuchtkegel der Stirnlampen aufgrund der verschiedenen Gipfelziele in alle Richtungen verteilen. Auf dem Hohlaubgletscher liegt es im eigenen Ermessen, ob man möglichst lange auf dem Gletscher bleibt oder schon bald linkerhand auf den Grat steigt. Eine häufig begangene Route ist jene, die bei P. 3337 den Grat erreicht.

Über den Hohlaubgrat zum Gipfel Der Schneegrat zieht sich elegant in mehreren Aufschwüngen bergwärts und wird mit zunehmender Höhe etwas steiler und ausgesetzter. Die Routenfindung ist problemlos, wie auch der Grat selbst, sofern man guten Trittschnee vorfindet. Wenig unterhalb der Viertausendermarke gilt es, die felsige Schlüsselstelle zu überwinden. Die ersten fünf Meter des rund 40 Meter hohen Riegels sind die schwierigsten, nicht zuletzt, da sich die dünne Luft bei Klettereien spürbar bemerkbar macht. Die gesamte Passage ist jedoch lehrbuchmäßig mit Bohrhaken und Eisenstangen gesichert. Sind die Felsen überwunden, ist der Gipfel des Allalinhorns (4027 m) ganz nah. Nach wenigen Höhenmetern taucht das Gipfelkreuz auf, zu dem ein letzter, waagrechter Schneegrat führt. Bestimmten zuvor vor allem der Allalingletscher, Rimpfischhorn und Strahlhorn das Panorama, blickt man nun auf den flachen Gipfel des Alphubel und die mächtigen Gipfel der

Von wegen klein und einfach! Das Allalinhorn macht mit seiner Nordflanke im Morgenlicht doch allemal etwas her.

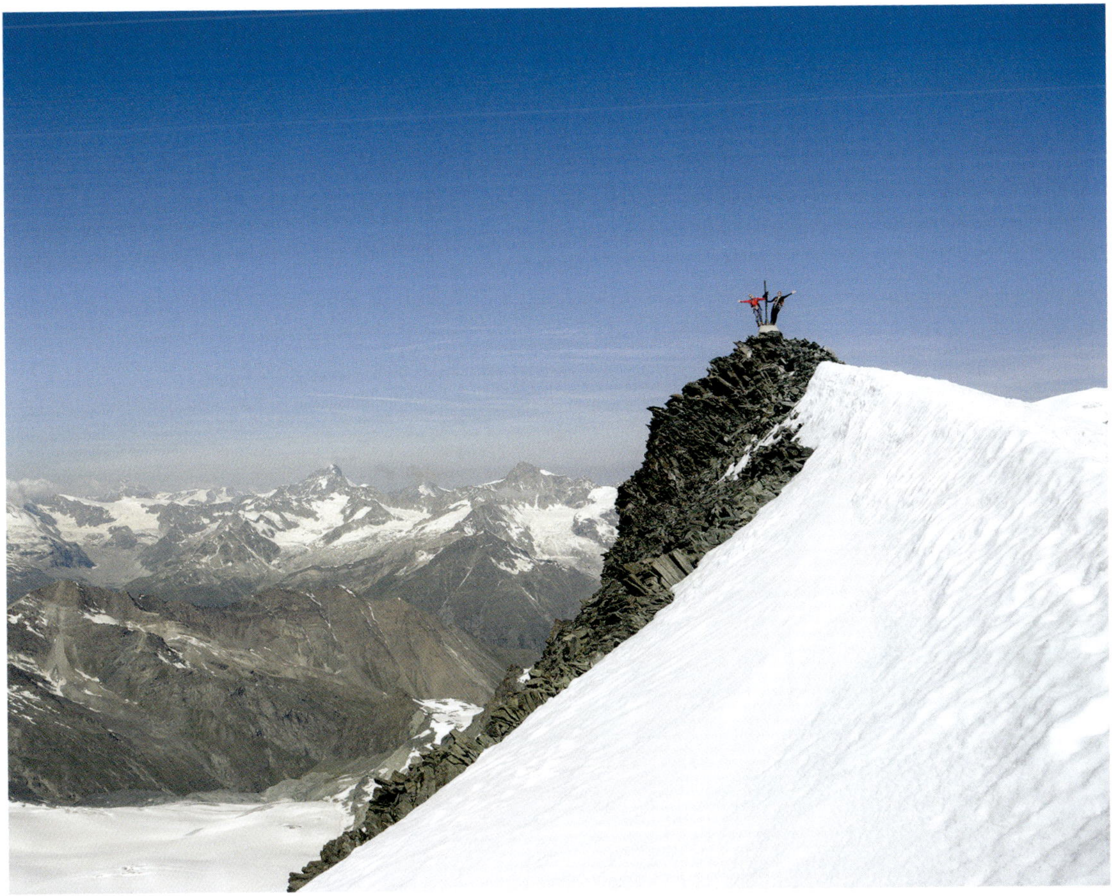

Geteiltes Gipfelglück ist doppeltes Gipfelglück!

Mischabel, unter anderem auf den 4545 Meter hohen Dom, den höchsten Gipfel, der sich ganz auf Schweizer Boden befindet.

Vom Gipfel zum Mittelallalin Vom Gipfel geht es auf einer meist gut ausgetretenen Spur Richtung Westen talwärts zum Feejoch (3826 m). Hier macht man kehrt Richtung Nordosten und überquert sanft absteigend mehrere Schneebrücken über ziemlich eindrucksvolle Spalten. Bevor die Spur auf die breit präparierte Trasse des Sommerskigebiets rund um den Mittelallalin trifft, führt sie unter einigen Séracs hindurch. Auch wenn es verlockend ist, hier nochmals stehen zu bleiben und zurück in die wilde Welt des Feegletschers zu blicken – ratsam ist es nicht. Mit Erreichen des präparierten Winterwanderweges lässt man jedoch die letzten alpinen Gefahren hinter sich und schlendert gemütlich bis zum Mittelallalin (3457 m) und zur Bergstation »Metro Alpin«.

Aufstieg für Gemütliche und Skitourengeher

Wer sich eine ganz gemütliche Tour auf einen Viertausender wünscht, gelangt über die im Abstieg beschriebene Route einfach auf den Gipfel des Allalinhorns (L) und wieder zurück. Gletschererfahrung und ein Seilpartner sind dennoch unabdingbar – es sei denn, man möchte in einer der imposanten Spalten des Feegletschers als Ötzi enden.

27

Alphubel (4206 m)

Wer findet den Gipfel?

WS — 2 Tage — 1340 Hm — ZS

Tourencharakter
Abgesehen von den teils mächtigen Spalten ist die technisch einfache Firntour auf den Alphubel objektiv recht sicher. Wenngleich man die Hütte direkt per Gondelbahn erreicht, erfordert die Tour Ausdauer. Dafür gibt es als Belohnung eine tolle Aussicht auf Matterhorn, Weisshorn und weitere Viertausender. Bei guten Verhältnissen ist die Tour mit Ski sehr lohnend.

Ausgangs-/Endpunkt
Längfluehütte (2869 m) oberhalb von Saas-Fee

Anfahrt/Rückreise
Mit dem Zug nach Visp und mit dem Postauto nach Saas-Fee, zu Fuß in ca. 15 Minuten zur Luftseilbahn, die via Spielboden auf die Längflue fährt. Parkhaus am Dorfeingang (Saas-Fee ist autofrei). Je nach Andrang ist es nötig, das Postauto für die Rückfahrt zu reservieren, erkundigen Sie sich auf der Hinfahrt beim Chauffeur.

Gehzeiten
Längfluehütte – Alphubel 4.15 Std.; Alphubel – Längfluehütte 2.45 Std.

Beste Jahreszeit
Juli bis September (mit Ski Ende März bis Mai)

Einkehr/Unterkunft
Berggasthaus Längflue, Tel. +41 (0)27 957 21 32

Karten
Swisstopo-Karte 1:25 000, Blatt 1328 »Randa«; Swisstopo-Wander-/Skitourenkarte 1:50 000, 284 T/S »Mischabel«; www.map.geo.admin.ch

Der Alphubel ist ein seltsamer Berg, fehlt ihm doch ein wirklicher Gipfel. Doch die magische Grenze von 4000 Metern knackt er locker. Und wer mit Tourenski bei knietiefem Pulverschnee oben steht, erlebt vielleicht die Abfahrt seines Lebens.

Der erste Menschenbesuch Manche Gipfel sind je nach Perspektive kaum wiederzuerkennen, so verändert wirkt ihre Form – anders der Alphubel. Aus allen Himmelsrichtungen ist er unverkennbar: ein Berg ohne

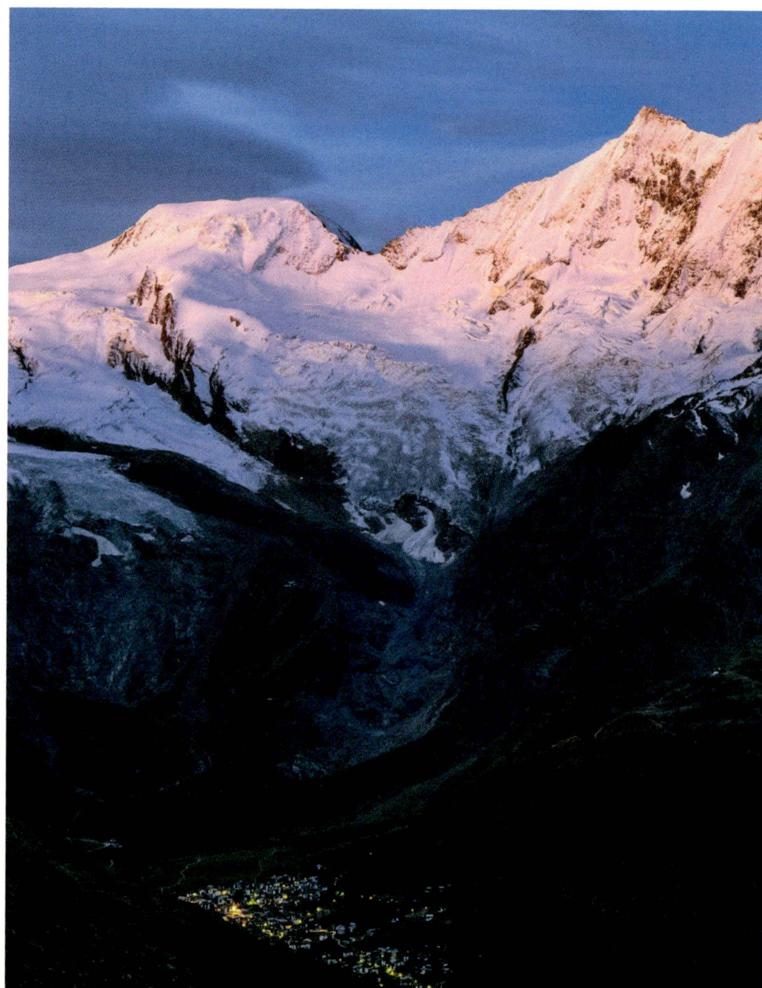

Gipfel quasi, stattdessen mit einem weiten, weißen Gipfelplateau. Dennoch schafft er es auf stattliche 4206 m Höhe und bildet den südlichen Auftakt zur Mischabelgruppe, deren höchster Vertreter der nördlich gelegene Dom ist – mit 4454 Metern Höhe der höchste Gipfel ganz auf Schweizer Boden. Im Zuge des sogenannten Goldenen Zeitalters des Alpinismus erhielten auch die Gipfel der Mischabel ihren ersten dokumentierten Menschenbesuch; zuerst das Nadelhorn und der Dom im September 1858, dann der Alphubel im August 1860. Wobei jeweils die damalige Crème de la Crème des Alpinismus mit von der Partie war, im Fall des Alphubels der englische Historiker und Literat Sir Leslie Stephen und der Jurist und Autor Thomas Woodbine Hinchliff mit den Führern Melchior Anderegg und Peter Perren. Interessantes Detail: Leslie Stephen war der Vater der Schriftstellerin Virginia Woolf.

Linke Seite: Irgendwie fehlt dem Alphubel im Vergleich zum benachbarten Täschhorn der Gipfel; Sammler von Viertausendern und Skitourengeher wird das aber nicht stören.

Ferientage anno dazumal Gut zwei Jahrzehnte später war ein anderer Bergpionier am Alphubel unterwegs: der Berner Heinrich Dübi. Passionierter Bergsteiger, Historiker und Altphilologe, der nebst seinen alpinistischen Leistungen vor allem als Publizist und Redakteur das Jahrbuchs des Schweizer Alpen-Clubs in die Alpingeschichte einging. Unter dem unspektakulären Titel »Ferientage im Saasthal« veröffentlichte er bereits im Jahrbuch von 1882, noch vor seiner Zeit als Redakteur der Publikation, einen amüsanten Text über seine Besteigung des Alphubels. Ein Zeitdokument, welches offenlegt, dass Bergsteiger sich damals wie heute mit denselben Dingen beschäftigten – seien es das Marschtempo oder die Hotelpreise:

»Die Zeit unserer Abreise nahte, die auf Sonntag den 30. Juli festgesetzt war; aber das schöne Wetter war zu verlockend, und so wurde noch der Alphubel in Angriff genommen. Alphons begleitete Freund M. und mich allein. Ich wollte gerne einmal als zweiter Führer functioniren und dieser Gipfel war gerade recht zu einem solchen Versuch. Wir gingen um 2 Uhr den 29. weg, nach einer Partie Fremder, die über das Joch wollten, aber bald von uns eingeholt waren und wegen langsamen Marschirens sich unsere Führung gefallen lassen mußten. Der Weg ist bis eine Stunde vor dem Gipfel der bekannte des Alphubeljoches; heute ausnahmsweise schwierig wegen der vielen zum Theil verdeckten Schrunde. Der letzte Anstieg ist steil und mühsam. Um 9 Uhr waren wir auf der Spitze, d.h. auf der Kuppe des langen, wellenförmigen Gipfelgrates.

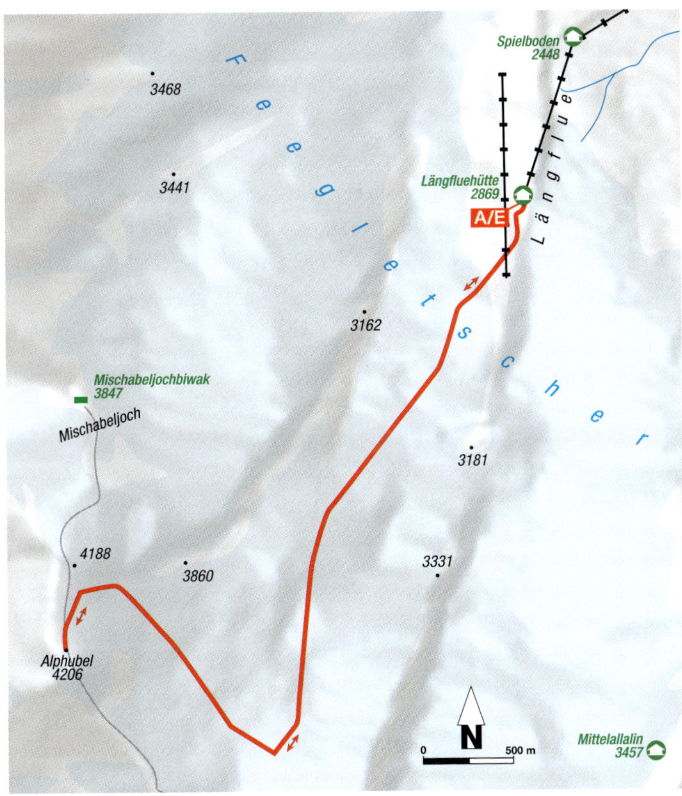

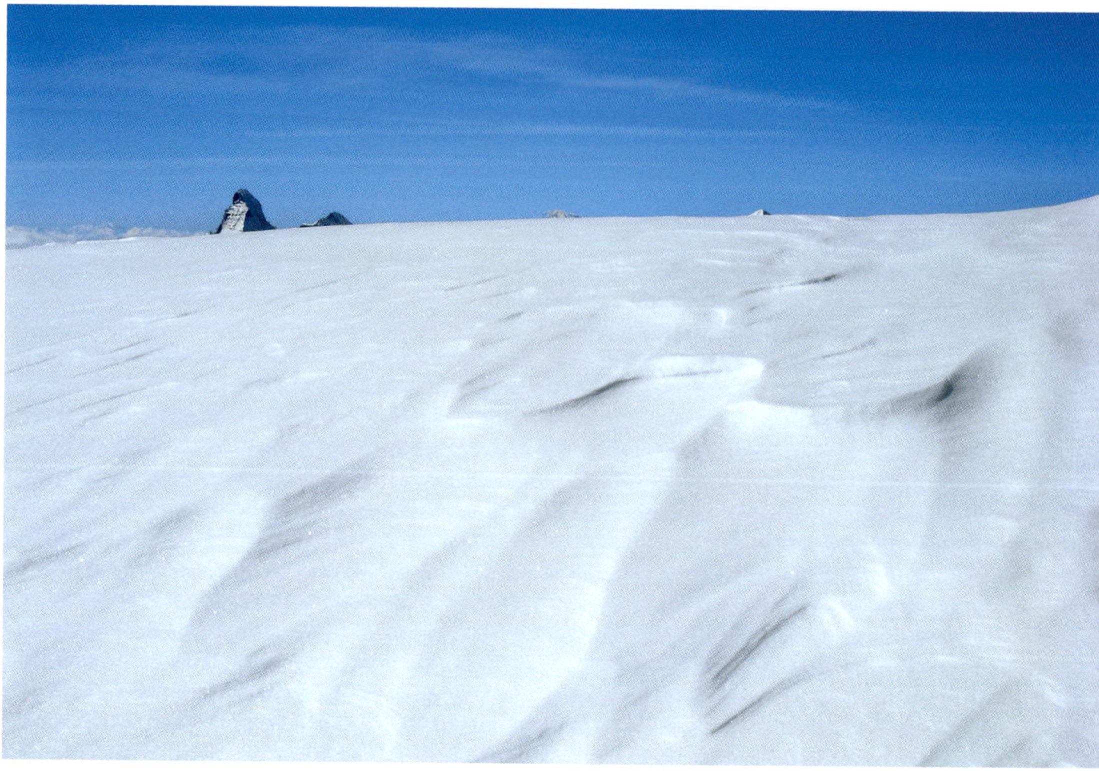

Bühne frei für – das Matterhorn, welches sich vom Alphubel aus fabulös betrachten lässt.

Wir hatten Zeit genug und so blieben wir zwei Stunden lang. Die Aussicht ist bedeutender als vom Allalinhorn, gigantisch strebt zur rechten das Täschhorn und gegenüber das Weißhorn auf. Das scharfe Marschiren im Aufstieg hatte mir etwas zugesetzt und mein Appetit war nicht groß; um so erfrischender schmeckten die Birnen, die uns Frau M. als Labsal mitgegeben hatte. Nicht leicht habe ich auf solcher Höhe etwas Köstlicheres genossen. Der Abstieg erforderte im Gletscher große Vorsicht wegen der haltlosen Schneebrücken, die ich als der Hinterste oftmals auf dem Rücken oder dem Bauche liegend traversirte. Doch kamen wir schon um 1 Uhr auf der Langenfluh an und nach einem verlängerten Mittagshalt mit obligater Pfeife erreichten wir Fee bald nach 3 Uhr. Damit schlössen unsere Fahrten. Sonntag Abend nach einer langen aber nicht langweiligen Reise waren wir wieder in Bern. Ich kann zum Schluß meines Berichtes Fee als Station für Sommerfrischler sowohl als für Bergsteiger nicht genug empfehlen. Das neue Hotel wird von Herrn Stampfer vortrefflich geführt und die Preise sind merkwürdig mäßig. Der verstorbene Mr. Hinchliff, der wohl den größten Theil der Alpen gesehen hatte, soll wiederholt der Lage von Fee nur zwei Punkte zur Seite gestellt haben: den Gornergrat und Mürren; und soweit meine Erfahrungen reichen, ist dieses Urtheil vollkommen richtig.«

Die perfekte Pulverfahrt Nur zu einem Genuss kamen Heinrich Dübi und seine Freunde damals nicht – eine Abfahrt auf Tourenski. Denn wie vielleicht kein anderer Viertausender bietet der Alphubel eine grandiose Skiabfahrt über offene Hänge und anschließend die Skipisten bis hinab nach Saas-Fee – sofern man gute Bedingungen erwischt und die Pisten auch noch bis ins Tal geöffnet sind. Nicht umsonst erkor der

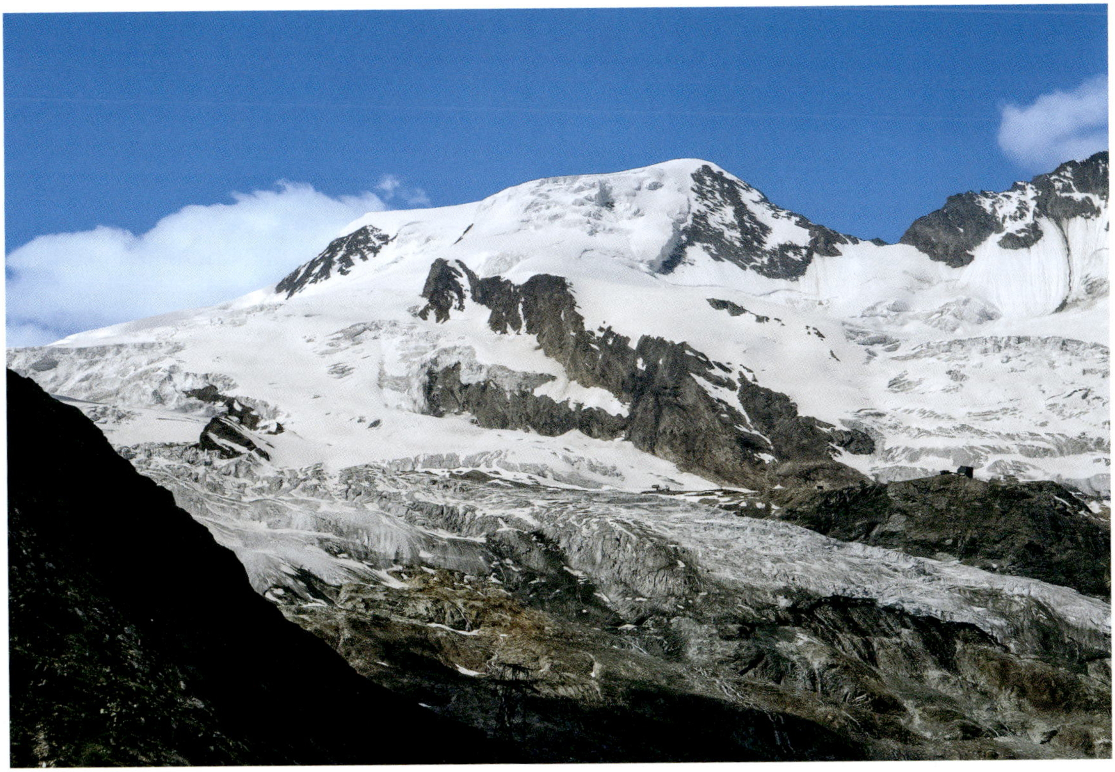

legendäre Walter Pause den Alphubel zu einem jener Gipfel, die er in »Ski Heil – die 100 schönsten Skiabfahrten in den Alpen« portraitierte und dazu schrieb: »Man schießt und segelt ungehemmt die weiten, reinen Hänge hinab.« Alle Tourenskifahrer und -fahrerinnen, die an einem perfekten Pulvertag auf diesen Berg steigen, werden mit Walter Pause einig sein!

Und doch ein richtiger Berg! Von Westen gesehen ist der Alphubel um einiges wilder als auf seiner Ostseite.

Von der Längfluehütte auf den Alphubel Die Gondelbahn fährt von Saas-Fee via Spielboden direkt auf die Längflue, wo sich auch die Längfluehütte (2869 m) befindet. Von der Hütte geht man in Richtung SSW rund 300 Meter bis zum Gletscher. Auf diesem schlängelt man sich, je nach den Verhältnissen in den Spaltenzonen, weiterhin Richtung SSW bergwärts bis auf eine Höhe von rund 3680 Metern. Im Sommer wie auch im Frühjahr mit Ski dreht man nun in einem weiten Linksbogen auf Richtung NW und lässt damit eine Spaltenzone auf 3700 Metern rechts liegen, um bis auf knapp 4000 Meter zu steigen. Hier wird der Gletscher bis zu 40 Grad steil. Im Steilhang umgeht man eine Spaltenzone in einem Rechtsbogen und steigt zum Schluss westwärts auf das weite Gipfelplateau des Alphubels. Der Abstieg erfolgt auf derselben Route.

Über die eisige Nase

Ebenfalls oft begangen wird die Route über das Alphubeljoch (3771 m) und weiter dem SO-Grat folgend über die sogenannte Eisnase zum Gipfel. Die Eisnase ist rund 45 Grad steil, wobei Eisenstangen das Sichern erleichtern. Dennoch sollten die Verhältnisse für diese Route gut, sprich nicht blank sein (WS).

28

Weissmies (4017 m)

Das dominante Mauerblümchen über dem Saastal

WS
2 Tage 2370/900 Hm ZS–*

* ab Hohsaas ZS+

Tourencharakter
Wer die Überschreitung von Süden nach Norden wählt, kann sich auf eine abwechslungsreiche Hochtour in abgelegener Umgebung und eine Gratkletterei in schönstem Fels freuen. Die Tour ist technisch einfach; der Abstieg nach Norden ist teils aber durch Eisschlag gefährdet und weist eindrucksvolle Spalten auf.

Ausgangspunkt
Saas-Almagell, (1670 m)

Endpunkt
Bergstagion Hohsaas (3101) oberhalb von Saas-Grund

Anfahrt
Mit dem Zug nach Visp und mit dem Postauto via Saas-Grund nach Saas-Almagell.

Rückreise
Mit den Bergbahnen Hohsaas via Kreuzboden nach Saas-Grund und weiter mit mit dem Postauto zurück nach Visp.

Gehzeiten
Saas-Almagell – Almagellerhütte 3.30 Std; Almagellerhütte – Zwischbergenpass 1 Std.; Zwischbergenpass – Weissmies 2.30 Std; Weissmies – Hohsaas 2 Std.

Beste Jahreszeit
Juli bis Mitte September (mit Ski Ende März bis Mai)

Einkehr/Unterkunft
Almagellerhütte SAC, Tel. +41 (0)27 957 11 79, www.almagellerhuette.ch; Bergrestaurant Hohsaas, Tel. +41 (0)27 957 17 13, www.hohsaas-bergrestaurant.ch

Karten
Swisstopo-Karte 1:25 000, Blatt 1329 »Saas«; Swisstopo-Wander-/Skitourenkarte 1:50 000, 284 T/S »Mischabel«; www.map.geo.admin.ch

Viele kennen das Weissmies als »einfachen« Schneehatsch von Nordwesten her. Die Überschreitung von Süden nach Norden ist technisch nur wenig schwieriger, bietet dafür schönsten Fels, einen kecken Firngrat und Ausblicke ins einsame Simplongebiet.

Unscheinbar mächtig Das Weissmies ist ein besonderer Berg. Ein Mauerblümchen, das einerseits oft vergessen wird, anderseits an verschiedensten Orten immer wieder im Blickfeld auftaucht. Etwa wer beim Bahnhof im italienischen Domodossola steht, blickt direkt auf den gleißend weißen Gipfel des Weissmies. Oder all jene, die im Simplongebiet oder in der Mischabelgruppe unterwegs sind. Zusammen mit Fletschhorn und Lagginhorn erhebt es sich als markantes Dreigestirn zwischen dem Saastal und dem Simplonpass – unscheinbar eben, aber doch mächtig.

Eine teils heikle Normalroute Vielen ist das Weissmies auch als einer der »einfachsten« Viertausender bekannt. Besonders die Normalroute von der Bergstation Hohsaas her ist unter Gipfelsammlern mit begrenztem Zeitbudget und Viertausender-Novizen beliebt. Von der Bergstation auf

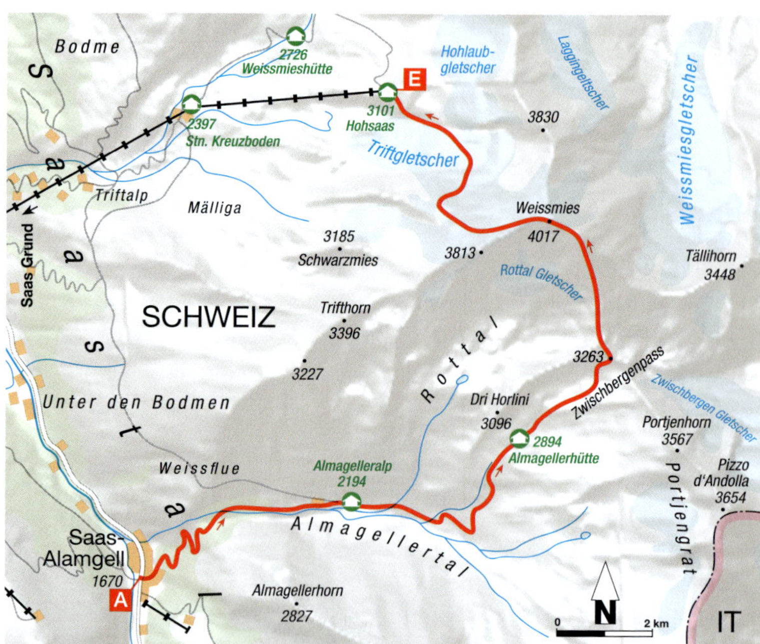

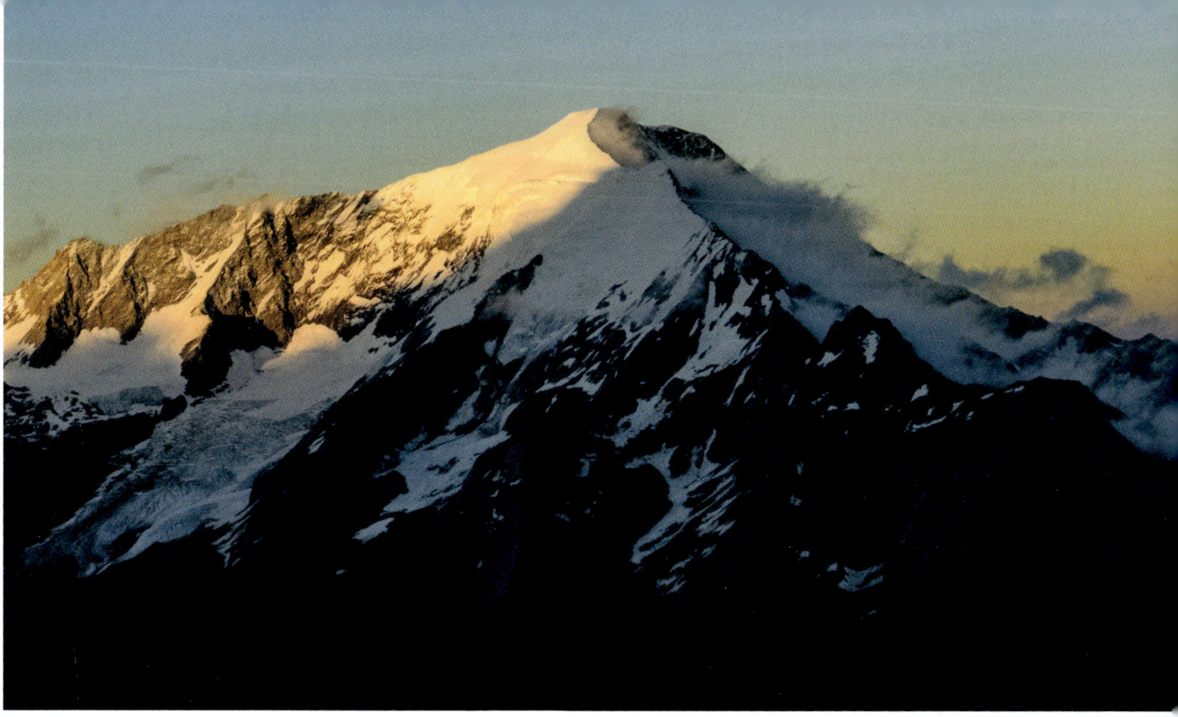

3100 Metern Höhe führt sie stracks über den Triftgletscher und mal flacher, mal steiler zum Gipfel. Wer es eilig hat, fährt deshalb mit der letzten Bahn hoch nach Hohsaas, übernachtet dort, steigt auf das Weissmies und ist vor Mittag wieder zurück im Tal. Und wer es noch eiliger hat, fährt mit der ersten Bahn hoch, steigt auf das Weissmies und ist nachmittags wieder unten. Doch insgesamt wird die ursprüngliche »Normalroute« anspruchsvoller und heikler, da sich der Triftgletscher verändert. Als Folge droht einerseits Eisschlag, der in den letzten Jahren zur einstweiligen Sperrung der Route führte, anderseits steilen Firnpassagen auf. Bei Ausaperung, was früh im Sommer der Fall sein kann, ist dann eine Sicherung mit Eisschrauben sinnvoll. Alternativ bieten sich Auf/Abstieg über den Südgra tan oder aber eine Kombination von Rotgrat und Südgrat (siehe Kasten).

Weiß und wuchtig: Dafür, dass das Weissmies zu den einfachsten Viertausendern in den Alpen gehört, ist es doch ein stattlicher Gipfel.

Von Süden her ist es schöner Aus diesem Grund wird hier statt des Auftsiegs und Abstiegs von Hohsaas her die Überschreitung des Weissmies beschrieben: der Aufstieg von der Almagellerhütte über den Südgrat mit anschließendem Abstieg auf der Normalroute. Bei ungünstigen Verhältnissen Richtung Hohsaas, kann auch wieder über den Südgrat abgestiegen werden. Anders als auf der Normalroute kürzt von Süden her keine Seilbahn den Weg zur Hütte und auf den Gipfel ab, und in ihrer abwechslungsreichen Mischung aus Geröllhalden, Firnfeldern, einer wahlweise längeren oder kürzeren Gratkletterei sowie einer kurzen Passage über einen ausgesetzten Schneegrat bietet die Route alles, was man sich als Alpinist wünschen kann.

Fernsicht bis nach Mailand Egal, von wo man auf den Gipfel gestiegen ist, die Aussicht oben ist grandios. In ihrer ganzen Schönheit ragen die Gipfel der Mischabel auf der anderen Seite des Saastals im Westen auf. Und im Süden blickt man über das Val d'Ossola hinweg zum Lago Maggiore und weiter über die Poebene hinweg bis nach

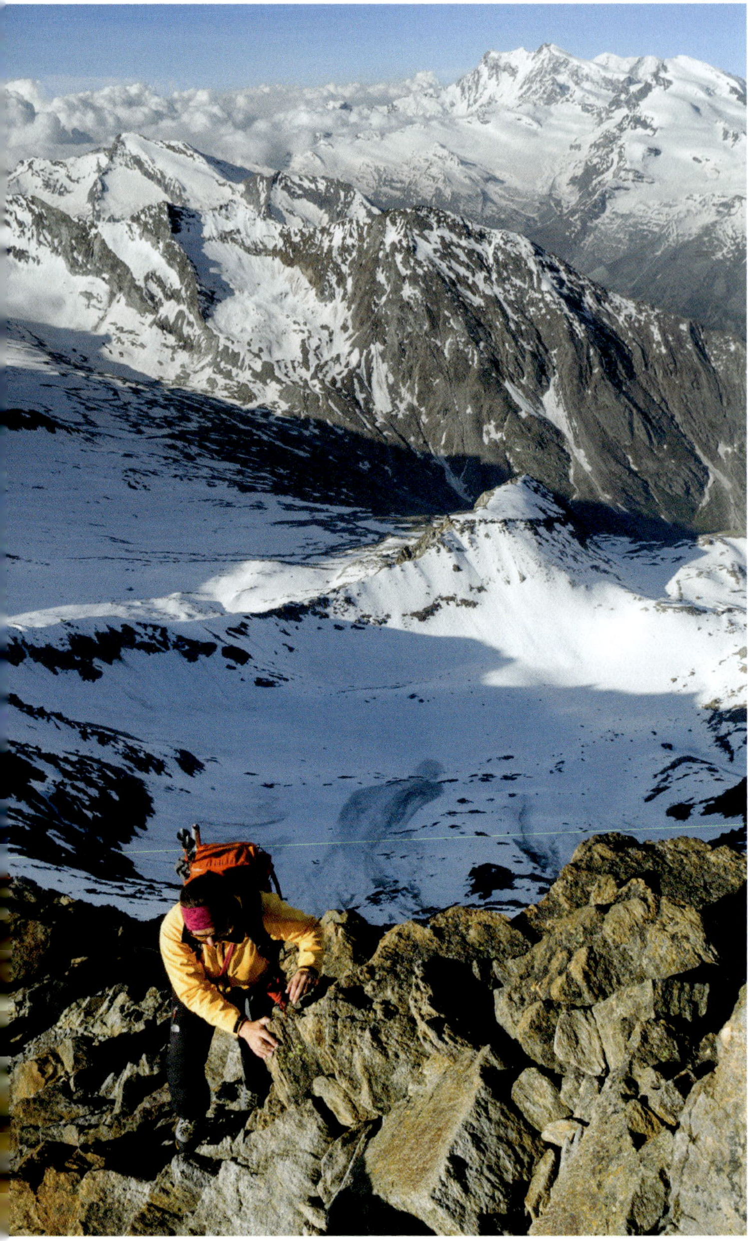

Von Süden her bietet das Weissmies besten Fels in gemäßigten Schwierigkeiten – ein purer Genuss!

Mailand und an klaren Tagen zum Apennin. Bereits der Schweizer Skipionier und Führerautor Marcel Kurz schrieb 1937, das Weissmies sei bekannt für seine »ausgedehnte Fernsicht« gegen Italien hin. »Bei klarer Sicht soll man den Dom von Mailand sehen können.« Ob das stimmt, ist nicht ganz klar. Aber ein gutes Fernglas lohnt sich auch heute noch allemal.

Zustieg zur Almagellerhütte Die Almagellerhütte (2894 m), die zuhinterst im Almagellertal liegt, erreicht man entweder über den Höhenweg vom Kreuzboden her oder aber direkt aus dem Saastal, indem man von Saas-Almagell über die Almagelleralp (2194 m) aufsteigt. Auf der Almagelleralp treffen sich die beiden Wege. Nach der Almagelleralp bleibt man entweder im Boden des Hochtals und steigt zuhinterst über P. 2354 und P. 2784 zur Hütte auf. Oder aber man wählt kurz vor der Almagelleralp einen älteren Saumweg, der dem Hang entlang ansteigt, den Rottalbach überquert und bei P. 2784 wieder auf den Hüttenweg trifft.

Von der Hütte zum Zwischbergenpass Von der Hütte geht es auf einer markierten Route durch die Geröllfelder Richtung Zwischbergenpass (3268 m). (Vorsicht bei Temperaturen unter Null: Unmittelbar bei der Hütte muss ein Bach überquert werden, der manchmal mit Wassereis aufwartet.) Je nachdem, wie viel Altschnee aus dem vergangenen Winter noch liegt, führt die Route nach der Überquerung des Bachs über Geröll oder aber Schneefelder auf den Zwischbergenpass zu. Um den Pass zu erreichen, steigt man entweder direkt in die Scharte des Passes. Oder man steigt zuerst in die Scharte P. 3243 etwas südöstlich davon, um dann über Felsen leicht zu P. 3268 zu gelangen. Vom Zwischbergenpass aus bietet sich ein schöner Blick in die einsamen Täler des südlichen Simplongebiets.

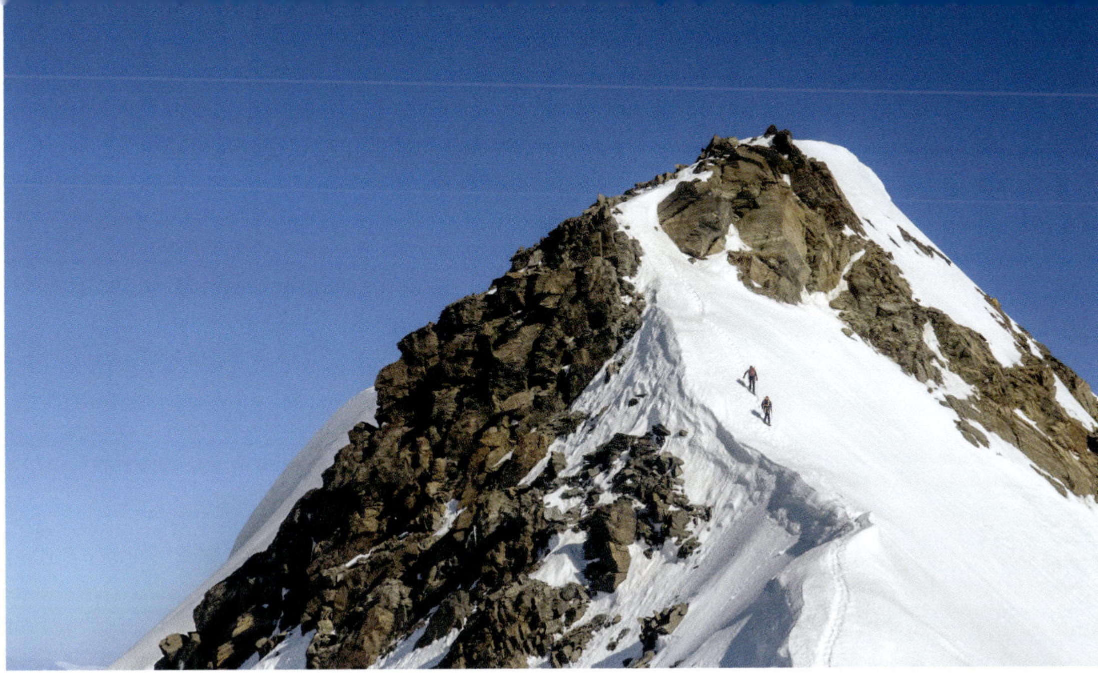

Zum Schluss noch ein wenig Luftigkeit: der Verbindungsgrat vom Vorgipfel zum Hauptgipfel des Weissmies

Vom Zwischbergenpass zum Gipfel Nach dem Pass gibt es zwei Möglichkeiten: Wer lieber im Firn aufsteigt, wählt seine Route durch die Firnflanke südöstlich des Südgrats, sofern diese gute Trittschneeverhältnisse aufweist. Wer eine schöne Kletterei vorzieht, steigt auf zu P. 3342 und folgt von Anfang an dem Südgrat. Unentschiedene finden im Aufstieg immer wieder die Möglichkeit, vom Firnfeld auf den Grat zu wechseln oder umgekehrt. Spätestens ab einer Höhe von rund 3400 Metern empfiehlt es sich jedoch, dem Grat zu folgen. In sehr schöner Kletterei mit Stellen im II. Schwierigkeitsgrad führt dieser bis zum Vorgipfel (3972 m). Hier steht die objektiv heikelste Passage der Tour bevor: der exponierte Schneegrat, der zum Hauptgipfel des Weissmies (4017 m) führt.

Abstieg nach Hohsaas Die Normalroute von der Bergstation Hohsaas her bietet bei einer Überschreitung eine knieschonende und kurze Abstiegsvariante, sofern diese nicht durch Eisschlag gefährdet ist. Auf einer meist breiten Trasse geht es vom Gipfel in einem weiten Bogen erst in westlicher, dann in nordöstlicher Richtung in die weite Senke des Triftgletschers hinab. Die Passage durch den Gletscherbruch gestaltet sich je nach Verhältnissen unterschiedlich. Einmal in der weiten Mulde des Triftgletschers angekommen, traversiert man diese leicht absteigend, um dann am nördlichen Rand des Gletschers bis auf 3100 Meter abzusteigen, wo der breite Pfad beginnt, der in wenigen Minuten zur Bergstation Hohsaas (3101 m) führt.

Aufstieg über den Rotgrat, WS+

Mit den zunehmenden Problemen der Normalroute ab Hohsaas, rückt der Rotgrat in den Fokus. Ausführliche Infos finden sich in der Hütte sowie auf der Webseite der Hütte; der Hüttenwart hat die Tour markiert und neu eingerichtet. Diese führt von der Hütte zum Rottalsee, danach über Felsen bis oberhalb von P. 3060 und weiter über Schotter und teils Firn zum gelb markierten Einstieg der Kletterei, die im III. Grad – mit Bohrhaken ausgerüstet – auf den Grat leitet. Danach folgt man einfacher dem Grat in Fels und Firn zum Gipfel und steigt über den Südgrat ab.

29 Lagginhorn (4010 m)

Auf den Kleinsten unter den Großen

WS · 2 Tage · 1610 Hm

Tourencharakter
Das Lagginhorn gilt als leichter Viertausender mit einfacher Kraxelei, wenig Gletscherkontakt und einer verträglichen Höhe knapp über der Viertausendergrenze. Dennoch verlangt die Tour auf weiten Strecken mehr Umsicht als vergleichbar schwierige Touren, namentlich können lose Steine und Steinschlag am Gipfelaufbau sowie Wassereis im oberen Teil der Tour Gefahren darstellen.

Ausgangs-/Endpunkt
Saas-Grund (1559 m)

Anfahrt/Rückreise
Mit dem Zug nach Visp und mit dem Postauto weiter nach Saas-Grund.

Gehzeiten
Kreuzboden – Weissmieshütte 1Std; Weissmieshütte – Lagginhorn 4 Std.; Lagginhorn – Weissmieshütte 2.30 Std; Weissmieshütte – Kreuzboden 0.30 Std.

Beste Jahreszeit
Juli bis Mitte September

Einkehr/Unterkunft
Weissmieshütte SAC, Tel. +41 (0)27 957 25 54, www.weissmies-huette.ch; Bergrestaurant Hohsaas, Tel. +41 (0)27 957 17 13, www.hohsaas-bergrestaurant.ch

Karten
Swisstopo-Karte 1:25 000, Blätter 1309 »Simplon« und 1329 »Saas«; Swisstopo-Wanderkarte 1:50 000, 274 T »Visp« oder 5028 T »Monte Rosa – Matterhorn«; www.map.geo.admin.ch

Das Lagginhorn ist nur haarscharf ein Viertausender. Dennoch bietet der Gipfel neben grandiosen Ausblicken in die wilden Seitentäler des Simplongebiets eine bergsteigerisch interessante Unternehmung. Aufgrund der Gletscherschmelze führt die Route heute über den ganzen WSW-Grat.

Welcher Gipfel ist das nur? Am Lagginhorn und seinem Nachbarn, dem Fletschhorn, lassen sich exemplarisch zwei Geschichten von Viertausendern erzählen. Zum einen, dass noch vor knapp 150 Jahren bei Weitem nicht immer klar war, um welchen Gipfel es sich beim betreffenden Berg genau handelte. Und zum anderen, dass Höhenangaben nicht in Stein gemeißelt sind und »Viertausender« letztlich ein Konstrukt sind, welches von verschiedenen Kriterien abhängig ist. Doch widmen wir uns zuerst dem ersten Problem, mit dem Naturforscher, Topographen und auch Alpinisten noch im 19. Jahrhundert konfrontiert waren: schlicht zu wissen, auf welchen Gipfel sie eigentlich steigen wollten, und wo genau dieser war. Denn von vielen Gipfeln war überhaupt nicht klar, wie diese hießen, obwohl General Guillaume-Henri Dufour schon 1838 das Bureau Topo-

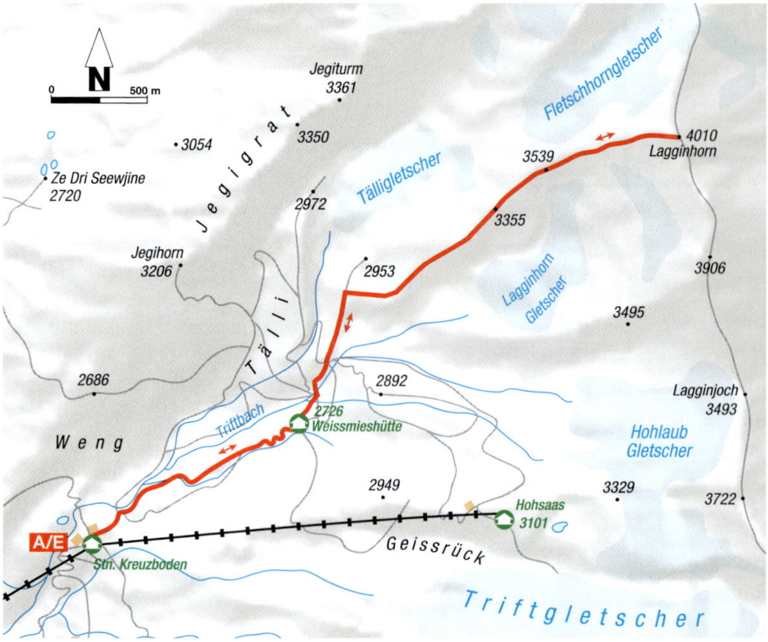

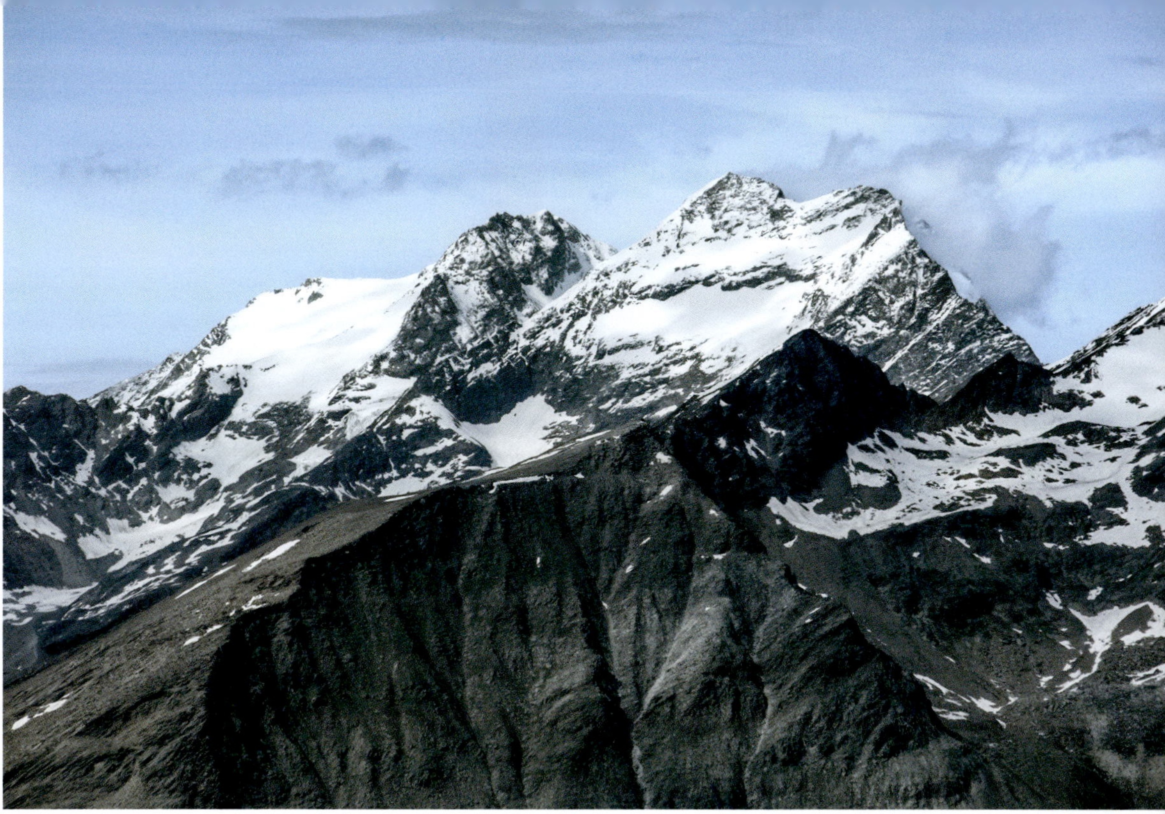

graphique Fédéral bei Genf gegründet und die Schweiz fast flächendeckend kartografiert hatte. Doch die Karten im Maßstab 1:100 000 waren für Hochgebirgsfreunde zu großflächig. Was auch bei der ersten Exkursion des 1863 gegründeten Schweizer Alpen-Clubs zum Verhängnis wurde: Als der spätere SAC-Präsident und Literaturprofessor Eugène Rambert (1830–1886) aus Montreux den Clariden erstbesteigen wollte, stand er am Ende auf dem Schärhorn – auch dies eine Erstbesteigung, indes nicht die geplante!

Einst zwei Viertausender, heute nur noch einer: das Fletschhorn (li.) und das Lagginhorn (re.)

Die verworrene Suche nach Klarheit Beim Dreigestirn von Weissmies, Lagginhorn und Fletschhorn stifteten die Namen während Jahrzehnten besondere Verwirrung. Verschärft vor allem dadurch, dass die Saaser den nördlichsten Gipfel Rossbodenhorn nannten, während die Simpeler auf der anderen Seite des Berges vom Fletschhorn – der heutige Name des Berges – sprachen. Auch die Saaser kannten das Fletschhorn, bezeichneten damit aber den mittleren Gipfel, das heutige Lagginhorn. Dafür nannten sie das südlich gelegene Weissmies manchmal Lagginhorn und bezeichneten die beiden nördlichen Gipfel zusammen als Fletschhorn. Und auch die offiziellen Karten vermochten keine Klarheit zu schaffen: Dufour nannte den südlichsten Gipfel auf seiner Karte aus heutiger Sicht korrekt Weiss-

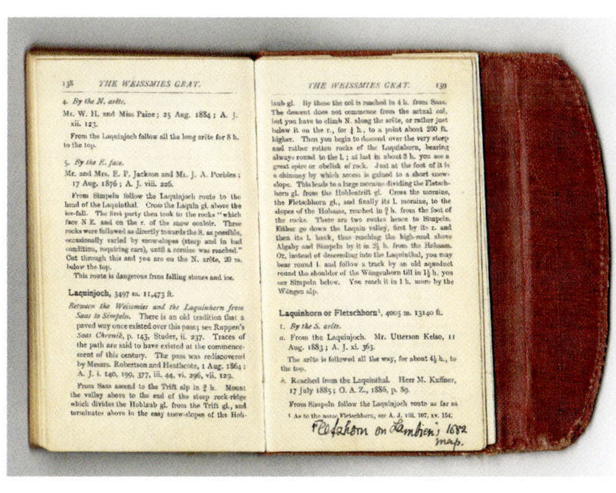

138 *THE WEISSMIES GRAT.*

4. *By the N. arête.*

Mr. W. H. and Miss Paine; 25 Aug. 1884; A. J. xii. 123.

From the Laquinjoch follow all the long arête for 8 h. to the top.

5. *By the E. face.*

Mr. and Mrs. E. P. Jackson and Mr. J. A. Peebles; 17 Aug. 1876; A. J. viii. 226.

From Simpeln follow the Laquinjoch route to the head of the Laquinthal. Cross the Laquin gl. above the ice-fall. The first party then took to the rocks "which face N.E. and on the r. of the snow couloir. Three rocks were followed as directly towards the S. as possible, occasionally varied by snow-slopes (steep and in bad condition, requiring care), until a cornice was reached." Cut through this and you are on the N. arête, 20 m. below the top.

This route is dangerous from falling stones and ice.

Laquinjoch, 3497 m. 11,473 ft.

Between the Weissmies and the Laquinhorn from Saas to Simpeln. There is an old tradition that a paved way once existed over this pass; see Ruppen's *Saas Chronik*, p. 143, Studer, ii. 237. Traces of the path are said to have existed at the commencement of this century. The pass was rediscovered by Messrs. Robertson and Heathcote, 1 Aug. 1864; A. J. i. 140, 199, 377, iii. 44, vi. 296, vii. 129.

From Saas ascend to the Trift alp in ¾ h. Mount the valley above to the end of the steep rock-ridge which divides the Hohlaub gl. from the Trift gl., and terminates above in the easy snow-slopes of the Hoh-

THE WEISSMIES GRAT. 139

laub gl. By these the col is reached in 4 h. from Saas. The descent does not commence from the actual col, but you have to climb N. along the arête, or rather just below it on the r., for ½ h., to a point about 200 ft. higher. Then you begin to descend over the very steep and rather rotten rocks of the Laquinhorn, bearing always round to the l.; at last in about 3 h. you see a great spire or obelisk of rock. Just at the foot of it is a chimney by which access is gained to a short snow-slope. This leads to a large moraine dividing the Fletschhorn gl. from the Hohlentrift gl. Cross the moraine, the Fletschhorn gl., and finally its l. moraine, to the slopes of the Hohsass, reached in ½ h. from the foot of the rocks. There are two routes hence to Simpeln. Either go down the Laquin valley, first by its r. and then its l. bank, thus reaching the high-road above Algaby and Simpeln by it in 2½ h. from the Hohsass. Or, instead of descending into the Laquinthal, you may bear round l. and follow a track by an old aqueduct round the shoulder of the Wängenhorn till in 1½ h. you see Simpeln below. You reach it in 1 h. more by the Wängen alp.

Laquinhorn or Fletschhorn[1], 4005 m. 13140 ft.

1. *By the S. arête.*

a. From the Laquinjoch. Mr. Utterson Kelso, 11 Aug. 1883; A. J. xi. 363.

The arête is followed all the way, for about 4½ h., to the top.

b. Reached from the Laquinthal. Herr M. Kuffner, 17 July 1885; Ö. A. Z., 1886, p. 89.

From Simpeln follow the Laquinjoch route as far as

[1] As to the name Fletschhorn, see A. J. viii. 107, xv. 154.

Auch im »Climbers' Guide to the Eastern Pennine Alps« von William Martin Conway 1891 war die Namensgebung von Lagginhorn und Fletschhorn noch nicht restlos geklärt.

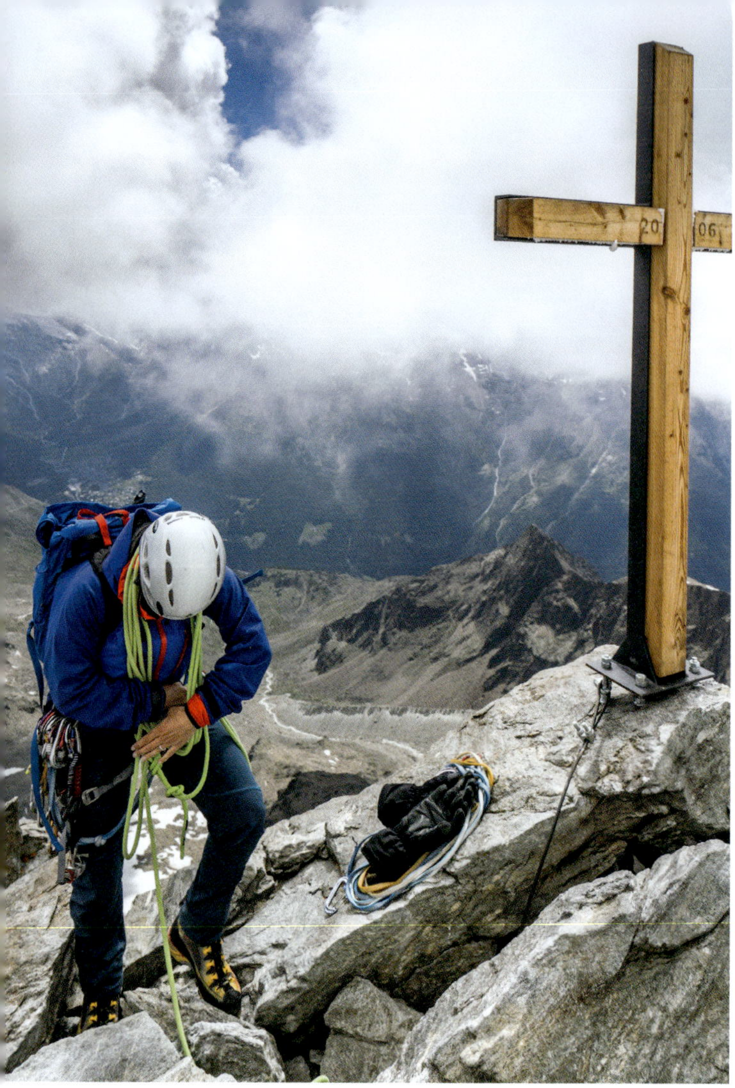

mies und die beiden nördlichen Gipfel Fletschhorn. Wohingegen die erste Karte des SAC die heutigen Bezeichnungen Weissmies, Laquinhorn und Fletschhorn verwendete. Kurz: Obwohl 1876 auch auf der offiziellen Schweizer Landeskarte erstmals diese heute korrekten Namen verzeichnet waren, blieb die Verwirrung groß genug, dass die Sache im britischen Alpine Journal Nr. 8 von 1878 nach einer Besteigung des Fletschhorns aufgegriffen wurde: »There is considerable confusion as to the name of this mountain«, hielten die Autoren fest. Und im Alpine Journal Nr. 15 von 1891 erschien schließlich eine Matrix, in der die unterschiedlichen Namen der Gipfel im zeitlichen Verlauf erläutert wurden. Dennoch war das Lagginhorn im »Climbers' Guide to the Eastern Pennine Alps« von William Martin Conway 1891 immer noch »Laquinhorn or Fletschhorn« – die jahrelange Verwirrung wirkte nach. Danach kehrte aber Ruhe ein: Bis heute heißen die Gipfel, von Norden nach Süden, unbestritten Fletschhorn, Lagginhorn und Weissmies.

Unten heiß, oben eisig: Selbst an heißen Sommertagen gibts am Gipfel Eisverzierungen – und kalte Hände.

Viertausender-Krone ja oder nein? Ein weiteres Problem tauchte indes beim Fletschhorn auf: die Höhenmessung. In einer Kombination aus Anpassungen der Höhe des Schweizerischen Nullpunkts – eines Steins im Genfer Seebecken – sowie Schwankungen in der Höhe der Firnkappe des Gipfels, wurde der Berg auf der Siegfriedkarte von 1889 nach dreißig Jahren als 3900er mit einer neuen Höhe von 4001 Metern zum Viertausender gekrönt. Den Engländern indes war dies egal – sie maßen die Gipfel ohnehin in Fuß. Doch Generationen von metrischen Viertausendersammlern stiegen in der Folge auf das Fletschhorn. Bis der Gipfel in den 1950er-Jahren seine Krone erneut abgeben musste: Ab 1959 figurierte er auf der Schweizer Karte mit einer neuen Höhe von 3996 Metern und schrumpfte in den folgenden Jahrzehnten weiter. Auch ein Vorstoß der Einheimischen, den Berg mit herumliegenden Geröll wieder um einige Meter aufzuschichten, brachte den Ruhm nicht zurück, denn das Baudepartement des Kanton Wallis setzte dem Ansinnen ziemlich rasch ein Ende. Heute ist das Fletschhorn 3985 Meter hoch. Das Lagginhorn daneben blieb von alledem verschont: Es wurde 1959 von 4005 auf 4010 Meter erhöht, und so hoch ist es bis heute geblieben.

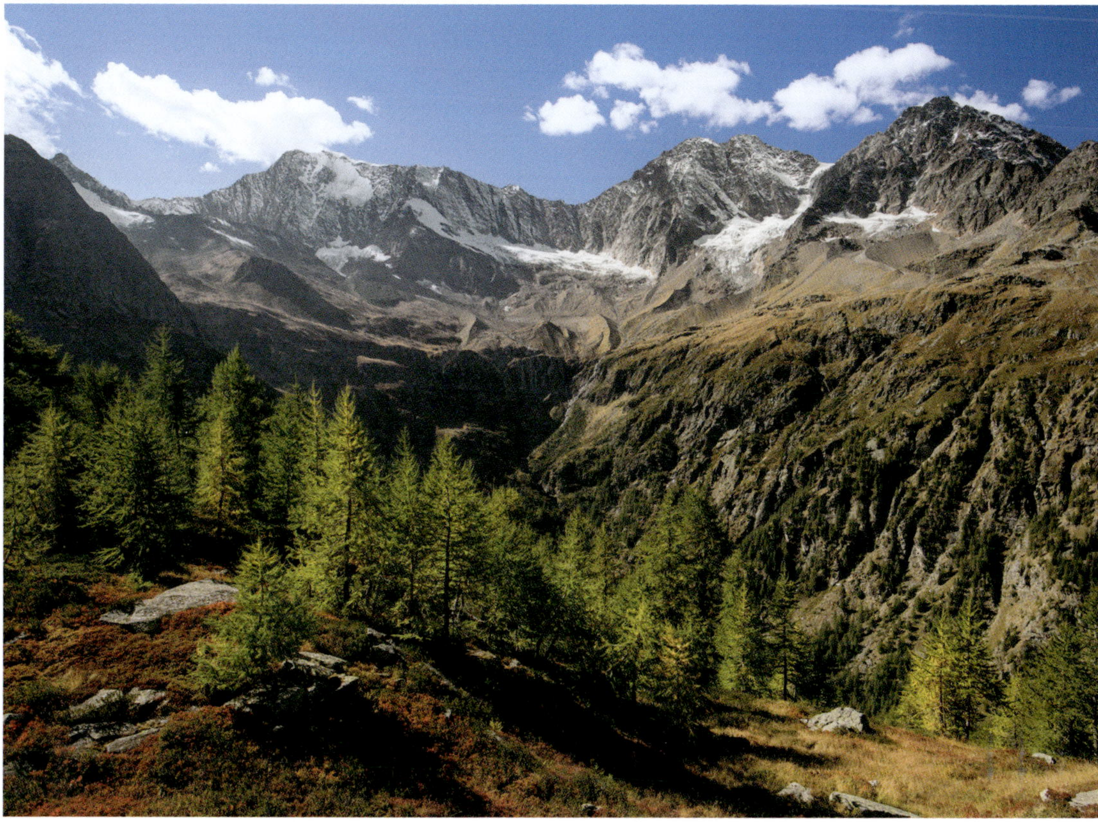

Ein perfektes Dreigestirn: das Weissmies, das Lagginhorn und das Fletschhorn (von li. nach re.)

Vom Kreuzboden zur Weissmieshütte Von der Bergstation Kreuzboden der Bergbahnen Hohsaas folgt man dem Wanderweg bergwärts Richtung Lagginhorn. Nach rund hundert Metern wählt man bei einer Verzweigung den rechten Weg und gelangt wenige Meter weiter zu einer weiteren Verzweigung. Hier führen beide Wege zum Ziel, der linke folgt jedoch auf gewissen Strecken dem Triftbach und ist etwas sanfter. Bei P. 2596 geht man geradeaus im Zickzack weiter bergwärts und erreicht wenig später die Hütte. Wer etwas höher schlafen möchte, fährt mit der Seilbahn weiter bis Hohsaas, übernachtet im Berggasthaus Hohsaas und traversiert am nächsten Tag nordwärts bis P. 3123 und weiter zum schwindenden Laggingletscher.

Von der Weissmieshütte zum Lagginhorn Anstatt über die Reste des Lagginhorngletschers steigt man neu über den unteren Teil des WSW-Grats auf. Dazu folgt man von der Hütte einem Wanderweg in Richtung NNW, wobei man kurz nach der Hütte zwei Bäche überquert. Unterhalb von P. 2926, bei einem Steinmann, zweigt man nach rechts ab, von wo Wegspuren bis P. 3231 leiten; weiter gelangt man, dem Grat in teils leichter Kletterei folgend, bis zum Punkt kurz vor P. 3539, wo sich die neue mit der früheren Route vereint. Nachdem man P. 3539 südlich umgangen hat, gelangt man in einen Sattel und kraxelt über Schutt und Platten zum Gipfelaufbau und über dessen leichte Felsen – Vorsicht bei vereisten Stellen oder Steinschlag durch andere Seilschaften – zum Gipfel. Der Rückweg erfolgt auf derselben Route.

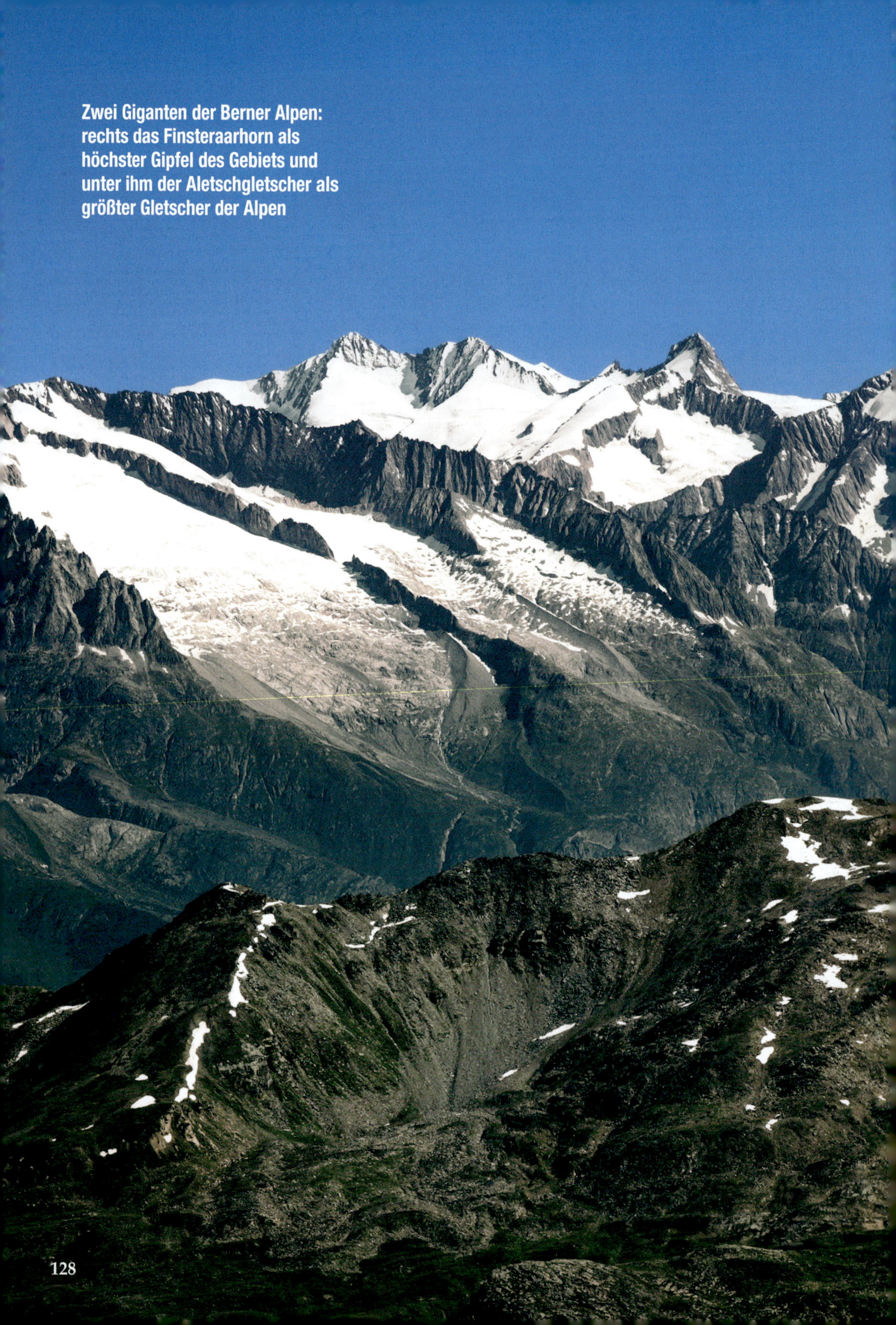

Zwei Giganten der Berner Alpen: rechts das Finsteraarhorn als höchster Gipfel des Gebiets und unter ihm der Aletschgletscher als größter Gletscher der Alpen

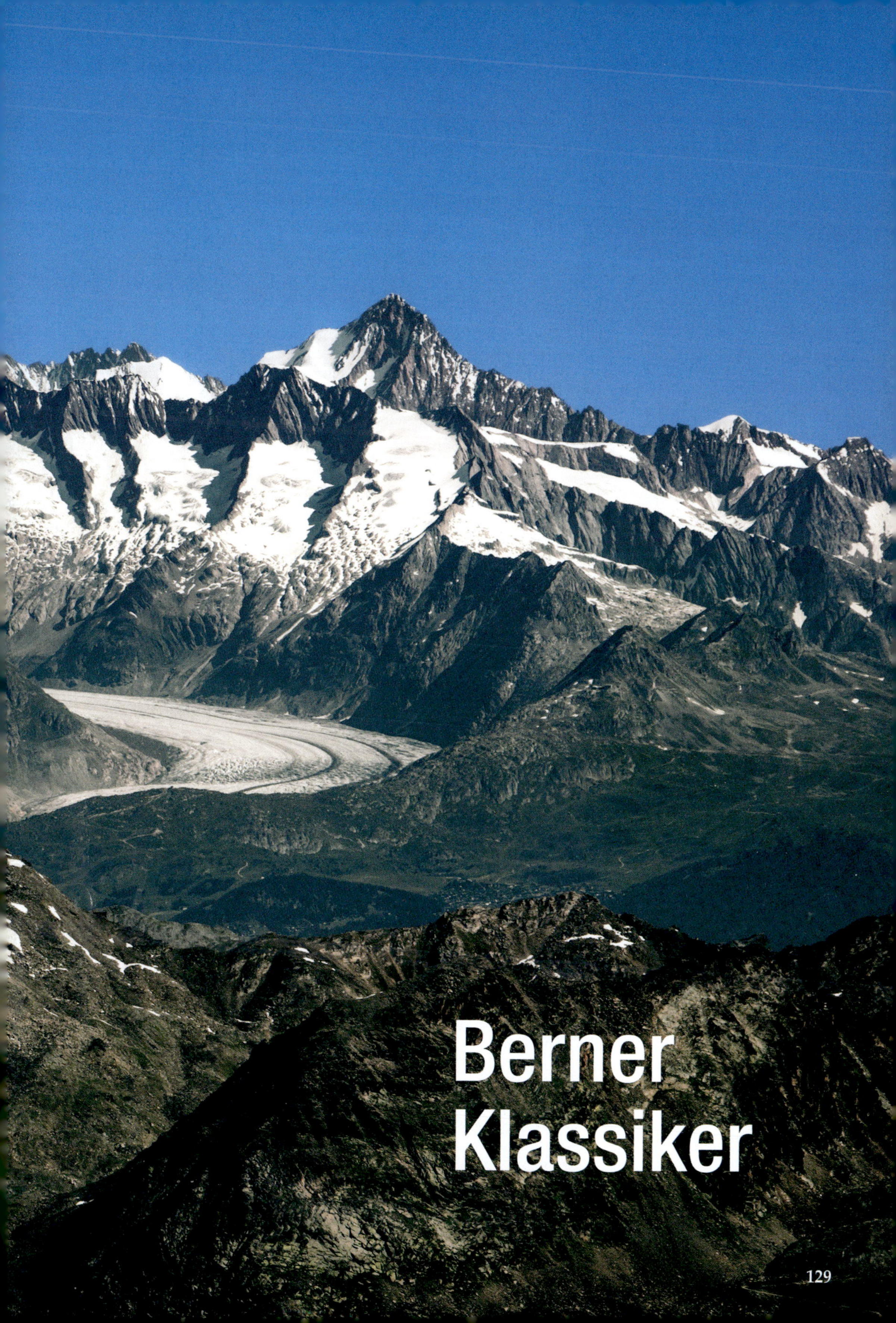

Berner Klassiker

30

Aletschhorn (4193 m)

Wo die wilden Stürme toben

ZS–

2–3 Tage 2550 Hm ZS+

Tourencharakter
Eine Tour, deren technische Anforderungen aufgrund von Wind, Kälte und Länge der Route deutlich gesteigert werden. Der Lohn für die Stunden in Firn und teils kombiniertem Gelände ist der Gipfel eines der stolzesten und aussichtsreichsten Viertausenders der Schweizer Alpen.

Ausgangs-/Endpunkt
Belalp (2094)

Anfahrt/Rückreise
Mit dem Zug nach Visp, weiter mit der Matterhorn-Gotthard-Bahn nach Fiesch und anschließend per Seilbahn auf die Fiescheralp.

Gehzeiten
Belalp – Oberaletschhütte 4.30 Std.; Oberaletschhütte – Aletschhorn 7.30 Std.; Aletschhorn – Oberaletschhütte 5 Std.; Oberaletschhütte – Belalp 3.30 Std.

Beste Jahreszeit:
Juli bis September (mit Ski April und Mai)

Einkehr/Unterkunft
Oberaletschhütte, Tel. +41 27 927 17 67, www.oberaletsch.ch

Karten
Swisstopo-Karte 1:25 000, Blatt 1249 »Finsteraarhorn«, Blatt 1269 »Aletschgletscher«; Swisstopo-Wander-/Skitourenkarte 1:50 000, 264T/S »Jungfrau«; www.map.geo.admin.ch

Das Aletschhorn ist ein wunderbarer Einzelgänger. Zwischen den mächtigsten Gletscherströmen in den Alpen ragt es in seinem Reich über alle anderen Gipfel auf und beschert Besuchern damit nicht nur eine fantastische Aussicht, sondern oft auch eisigen Wind am Gipfel.

Die einsame Majestät Auf das Aletschhorn führen zwei Normalrouten, eine von der Oberaletschhütte her, die andere über den Mittelaletschgletscher. Wobei beide eines gemeinsam haben: Sie sind lang und liegen in einem der schönsten und einsamsten Gebiete der Berner Alpen. Über allem thront dabei das Aletschhorn. Dieser mächtige Gipfel, um dessen Haupt oft eisige Winde tosen. Wer sich diesen wunderbar wilden Berg zum Ziel setzt, tut denn auch gut daran, nicht nur den Wetterbericht zu studieren, sondern auch die Windprognose! Nachdem eine Lawine das Mittelaletschbiwak im Winter 2019 komplett zerstörte, wird hier die technisch etwas anspruchsvollere Variante über die Oberaletschhütte beschrieben.

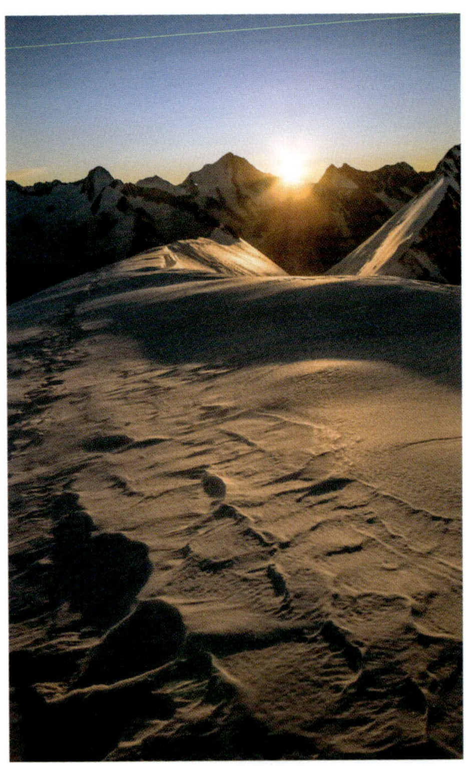

Schön kalt! Ein Sonnenaufgang oberhalb des Aletschjochs

Von der Belalp zur Oberaletschhütte Von der Bergstation der Gondelbahn Blatten-Belalp geht man auf dem breiten Fahrweg zum Hotel Belalp beim Aletschbord am östlichen Ende des Dorfs. Von dort traversiert man die Osthänge des Sparrhorns via P. 1971 nach Norden und steigt über die Obfliejergand wieder auf bis Lochegga. Dazu überquert man die Brücke über dem Oberaletschbach, der hier durch eine mächtige Schlucht fließt. Bei Lochegga steigt man über die alte Gletschermoräne auf, bis der Weg sich zweimal verzweigt. Die Abzweigungen nach rechts führen zum Fusshornbiwak. Wir wählen jeweils den linken Weg und folgen diesem, hoch über dem Oberaletschgletscher, durch die Flanke des Fusshornbiwaks – auf der Karte ist diese Flanke als Jegi bezeichnet – bis zur Oberaletschhütte. Der Zustieg über den Gletscher wird nur noch im Frühling mit Ski begangen.

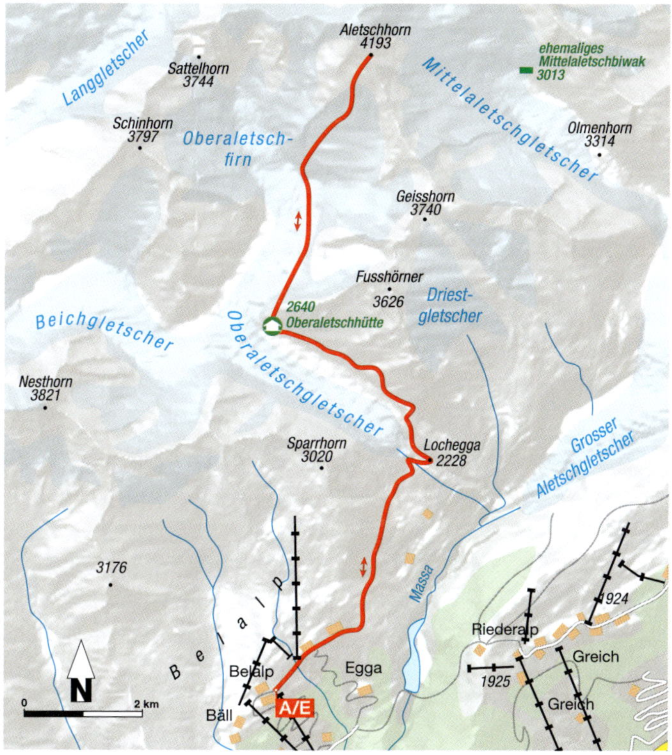

Von der Oberaletschhütte zum Gipfel

Von der Hütte steigt man über Leitern ab auf den Oberaletschgletscher, um diesem anschließend in ansteigender Richtung zu folgen. Man begibt sich dann auf die orografisch linke Seitenmoräne des Gletschers und geht dieser entlang bis zum linken Rand der Mulde, wo der Gletscher vom Geisshorn sich einst mit dem Oberaletschgletscher traf. Hier steigt man über eine steile, sandige Passage, die von der Hütten-Sektion mit Fixseilen versichert und teils mit Reflektoren markiert wurde, auf bis zu den Felsen, quert dann den Graben eines Bachs, und folgt weiter linkshaltend Wegspuren und Bändern bis zu einer Rinne. Danach gelangt man auf durchgehenden Wegspuren zu P. 2837. Von dort leiten Steinmännchen in leichter Kraxelei zu P. 3101, von wo es dem Blockgrat entlang weiter zu P. 3396 geht. Hier gelangt man auf den Gletscher, wobei der Übergang vom Fels aufs Eis sehr von den Verhältnissen abhängig ist. Anschließend steigt man etwas nach Osten ausholend über den teils recht spaltenreichen Gletscher und manche schmalen Gletscherbrücken zum Südwestsporn des Aletschhorns, dessen Kamm man oberhalb von P. 3736 erreicht. Über Rippen, Firn und Geröll gewinnt man weiter an Höhe bis auf rund 3900 Meter, von wo Sicherungsstangen im Abstand von bis zu 35 Metern zu den Gipfelfelsen leiten, über die man auf den Gipfel steigt. Der Abstieg erfolgt über dieselbe Route oder aber über die zweite Normalroute (siehe Tipp).

Auch von Nordosten normal

Die zweite Normalroute (WS+) führt von der Fiescheralp über denMittelaletschgletscher, das Aletschjoch und den Nordostgratauf den Gipfel. Bis im Winter 2019 übernachtete man im Mittelaletschbiwak. Dieses wurde jedoch von einer Lawine komplett zerstört. Es ist geplant, frühestens im Sommer 2024 ein neues, 200 Hm höher gelegenes, Biwak zu eröffnen. Da die Finanzierung des Baus noch nicht gesichert ist, lohnt es sich, vor einem geplanten Aufstieg über diese Route bei der Sektion Diablerets Informationen einzuholen (www.cas-diablerets.ch).

31

Gross Grünhorn (4044 m)

Die versteckte Felsinsel im Gletschermeer

WS+ 2–3 Tage 1450/2730 Hm ZS–*

*via SW-Seite (siehe Tipp)

Tourencharakter
Eine abwechslungsreiche Hochtour mit langen Zustiegen. Wer die teils stark zerschrundenen Gletscher und einige ausgesetzte, aber technisch einfache Kletterstellen hinter sich gebracht hat, steht auf einer 4044 Meter hohen Insel inmitten eines Ozeans aus Gletschern.

Ausgangspunkt
Jungfraujoch (3454 m)

Endpunkt
Fiescheralp (2212) oberhalb von Fiesch

Anfahrt
Mit dem Zug von Bern via Interlaken nach Grindelwald oder Lauterbrunnen und mit den Jungfraubahnen über die Kleine Scheidegg aufs Jungfraujoch.

Rückreise
Von der Fiescheralp mit der Seilbahn nach Fiesch und mit der Matterhorn-Gotthard-Bahn nach Brig.

Gehzeiten
Jungfraujoch – Konkordiahütte 4 Std.; Konkordiahütte – Gross Grünhorn 5 Std.; Gross Grünhorn – Konkordiahütte 4 Std.; Konkordiahütte – Fiescheralp 5 Std.

Beste Jahreszeit
Juli bis September (mit Ski April und Mai)

Einkehr/Unterkunft
Konkordiahütte SAC, Tel. +41 (0)33 855 13 94, www.konkordiahuette.ch; Mönchsjochhütte, Tel. +41 33 971 34 72 / Tel.+41 79 933 08 67, www.moenchsjoch.ch; Hollandiahütte SAC, Tel. +41 27 939 11 35, www.hollandiahuette.ch

Karten
Swisstopo-Karte 1:25 000, Blatt 1249 »Finsteraarhorn«, Blatt 1269 »Aletschgletscher«; Swisstopo-Wander-/Skitourenkarte 1:50 000, 264T/S »Jungfrau«; www.map.geo.admin.ch

Das Gross Grünhorn ist umgeben von den mächtigsten Gletscherströmen der Alpen und berühmten Nachbargipfeln wie dem Finsteraarhorn und der Jungfrau. Besucher belohnt der Gipfel deshalb mit Ausblicken in eine der schönsten Gipfelwelten in den Alpen.

»Die centralste Gletscheraussicht« Als stünde es in einem Ozean aus Eis, ragt das Gross Grünhorn aus den mächtigen Eisströmen des Ewigschneefälds und des Walliser Fiescherfirns auf. Zwischen all den bekannten Nachbarn wie der Jungfrau oder dem Finsteraarhorn wird es dabei oft ein wenig vergessen. Nicht zuletzt, weil es aufgrund seines Inseldaseins aus der Ferne kaum zu sehen ist. Dennoch war der Erstbesteiger des Gipfels, der Geologe und Alpenpionier Edmund von Fellenberg, beeindruckt von diesem Berg. Besonders die Aussicht imponierte ihm. Sein Kollege Gottlieb Studer schrieb vier Jahre später dazu: »Der Blick auf das weite Rund war vereitelt und doch muss nach Fellenbergs Dafürhalten die Aussicht vom Gross-Grünhorn die centralste Gletscheraussicht nicht nur des Berneroberlandes, sondern der gesammten Alpenkette sein.« Ob er mit dieser Annahme recht hatte, sei dahingestellt. Klar aber ist: Das Gross Grünhorn bietet ein wunderbar hochalpines Erlebnis.

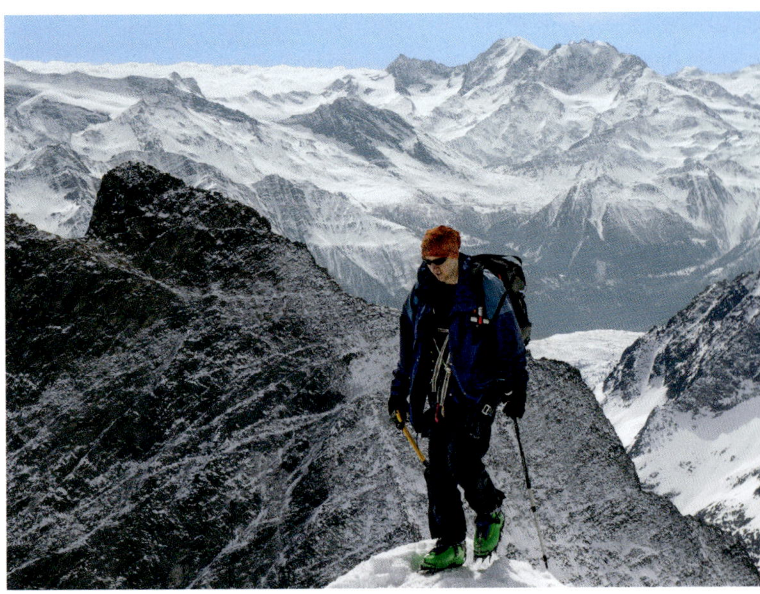

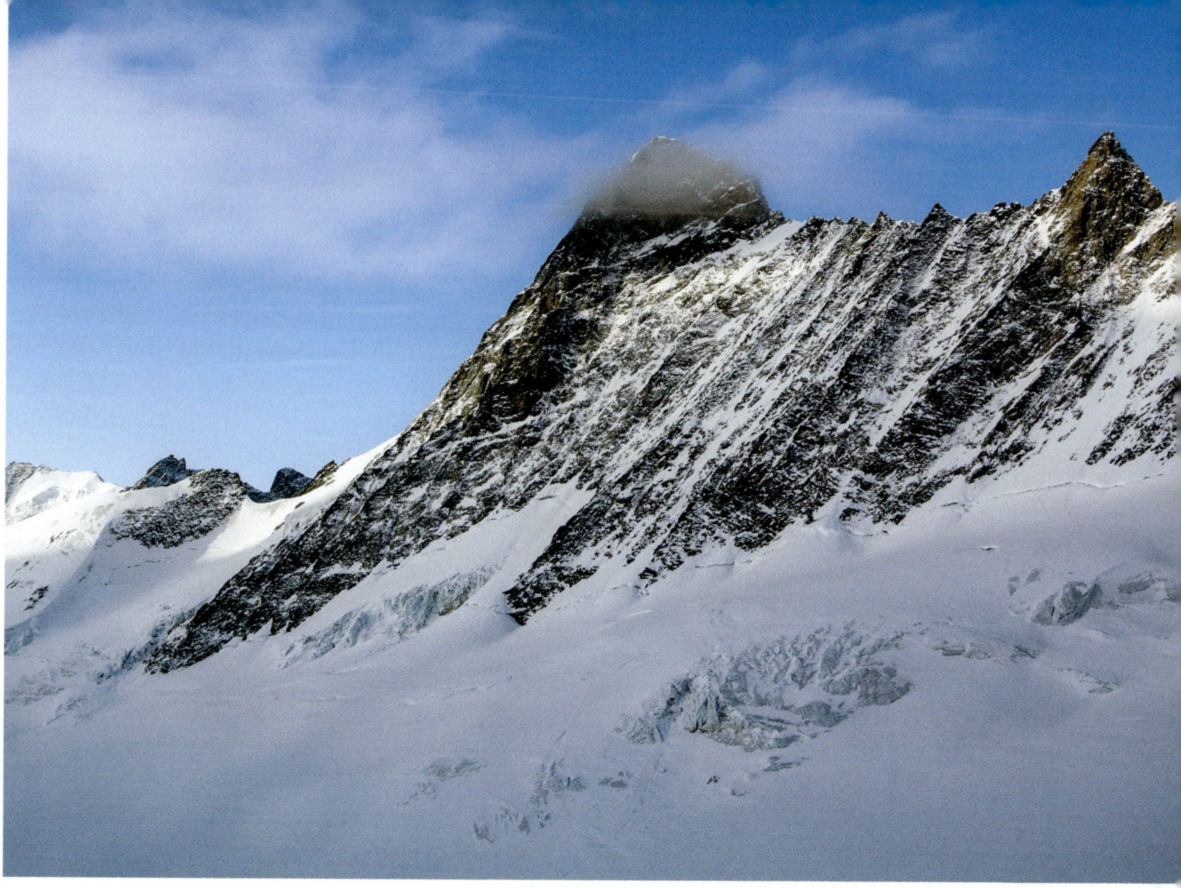

Vom Jungfraujoch in die Konkordiahütte Vom Jungfraujoch (3454 m) aus umgeht man die ersten Schründe des Jungfraufirns in einem großen Schlenker nach rechts und marschiert dann eher in der Mitte des Jungfraufirns talwärts zum Konkordiaplatz (ca. 2700 m). Auf dessen Ostseite führt eine lange Metalltreppe hoch zur Konkordiahütte (2850 m). Alternativ erreicht man diese in langen Märschen via Märjelen von der Fiescheralp aus oder aber aus dem Lötschental via Hollandiahütte (3158 m). Letztere Varianten sind anstrengender, dienen aber gleichsam der Akklimatisation und schonen das Portemonnaie, da die Fahrt aufs Jungfraujoch teuer ist.

Eine Insel aus Fels inmitten von Gletschern: das Gross Grünhorn

Linke Seite: Luftig geht es auf den letzten Metern zum Gipfel des Gross Grünhorns.

Von der Konkordiahütte zum Gipfel Von der Konkordiahütte steigt man die Treppen hinab auf den Konkordiaplatz, um über den Grüneggfirn bis auf rund 3000 Meter aufzusteigen. Hier dreht man nach Norden ab und gelangt über steile Gletscherhänge und ein Couloir in den Sattel nordöstlich von P. 3475. Über einen erneut steilen Firnhang und einen Schneerücken geht es erst zum Vorgipfel des Grünegghorns, dann über einen exponierten, kombinierten Grat hoch zum Gipfel des Grünegghorns. Von diesem steigt man leicht ab in den Sattel zwischen Grünegghorn

Normalroute mit Ski

Eine zweite Normalroute führt von der Konkordiahütte oder der Mönchsjochhütte über das Ewigschneefäld zum Fuß der Westflanke des Gross Grünhorns. Nördlich von P. 3135 steigt man die steile und teils zerschrundete Flanke hoch in den Sattel zwischen Grünegghorn und Gross Grünhorn. Im Frühjahr mit Ski ist dies die Route der Wahl (ZS–); im Hochsommer ist sie nur bei guter Firnlage empfehlenswert (WS+).

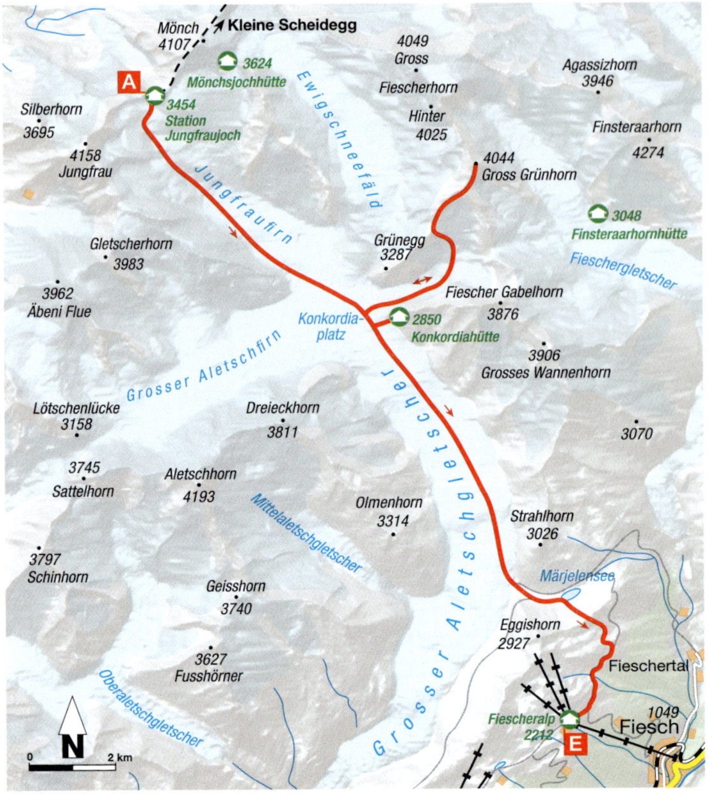

und Grünhorn, um dann über den teils ausgesetzten, aber einfachen SW-Grat zum Gipfel des Gross Grünhorns zu klettern. Der Abstieg erfolgt auf derselben Route oder über die Südwestflanke (siehe Tipp) auf das Ewigschneefäld. Je nach Verhältnissen auf dem Gletscher und dem eigenen Geschmack punkto endlos langer Tage ist es empfehlenswert, nochmals in der Konkordiahütte zu übernachten.

Vom Konkordiaplatz auf die Fiescheralp Anstatt über die Treppen gelangt man von der Hütte auch Richtung Süden über einen markierten Pfad hinab auf den Gletscher, dessen Rand man knapp 500 Meter südlich der Hütte erreicht. Eher in der Mitte des Gletschers geht es weiter Richtung Eggishorn. Herausforderungen bilden Spaltensysteme, die es möglichst effizient zu umgehen gilt. Auf einer Höhe von rund 2340 Metern verlässt man den Gletscher zwischen Strahlhorn und Eggishorn und erreicht so das Tal von Märjela und damit die Wanderwege, die via Salzgäb zur Fiescheralp führen. Zwischen Märjela und Obers Tälli verläuft ein begehbarer Stollen, der 250 Höhenmeter Gegenanstieg am Tälligrat spart. Im Frühjahr ist der Eingang zum Stollen manchmal noch mit Schnee verbarrikadiert; dann führt kein Weg an der Route über den Tälligrat vorbei. Meist finden sich in Online-Portalen sowie beim Hüttenteam in der Konkordiahütte aktuelle Informationen zum Stollen.

Kalt und schön: das Gross Grünhorn im ersten Licht der Morgensonne

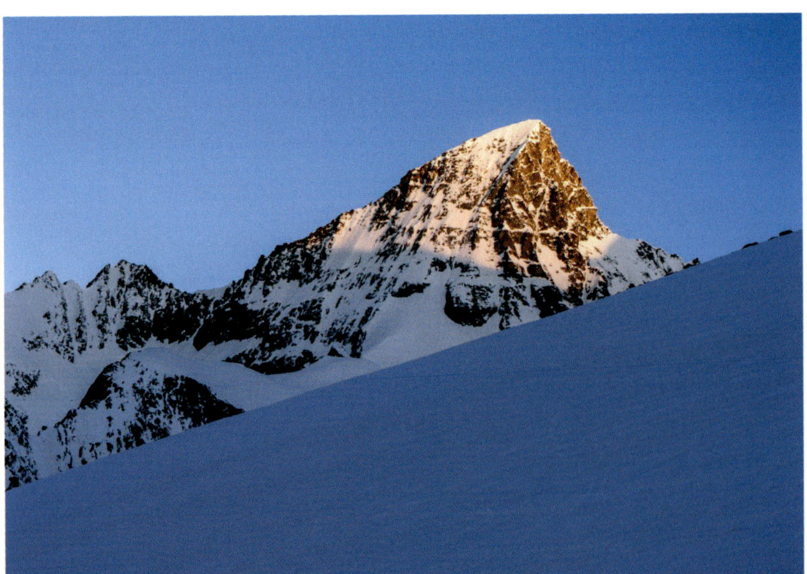

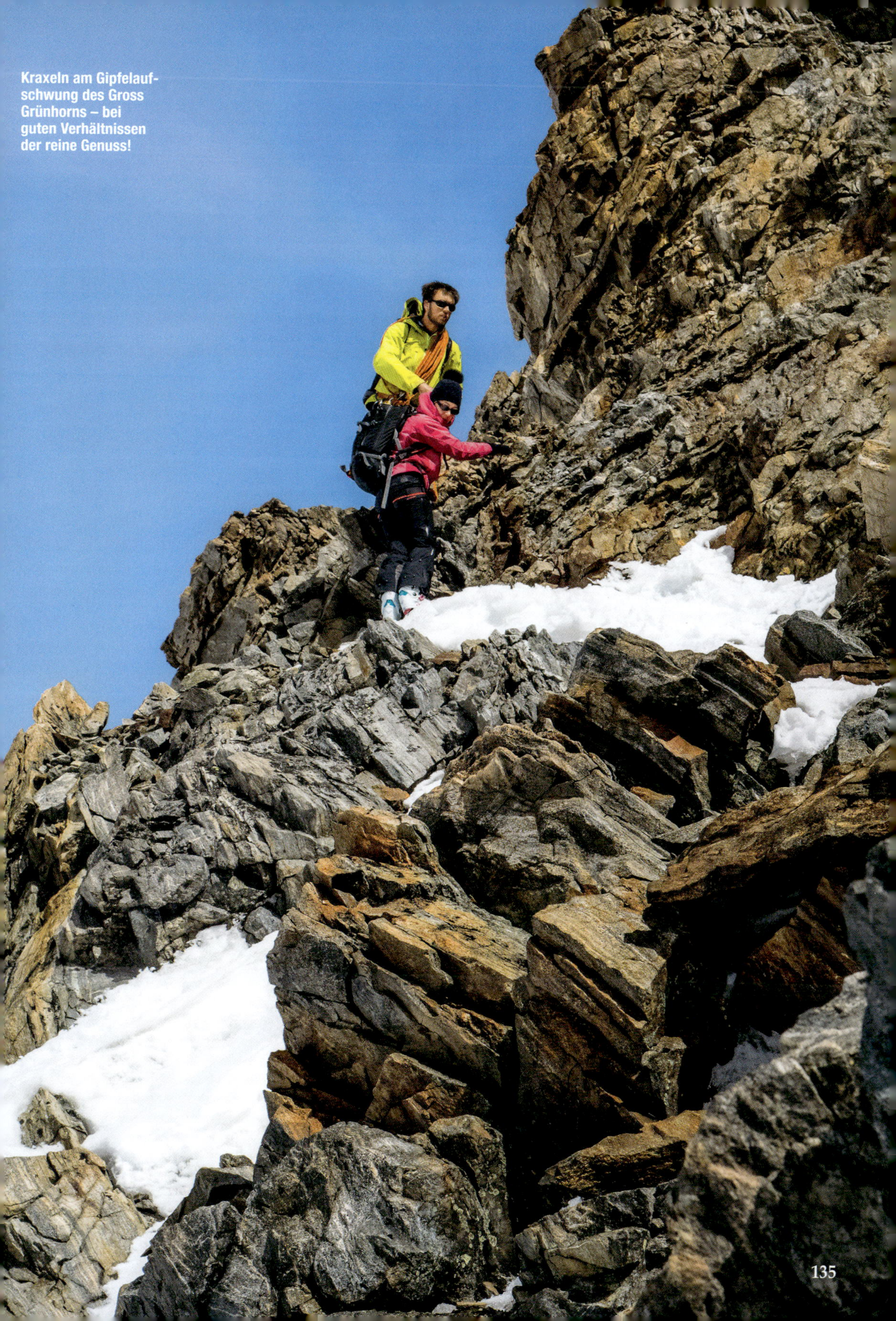

Kraxeln am Gipfelaufschwung des Gross Grünhorns – bei guten Verhältnissen der reine Genuss!

32

Finsteraarhorn (4274 m)

Der große Klassiker in den Berner Alpen

ZS– 3 Tage 2390/3650 Hm ZS–

Tourencharakter
Die lange, über weite Gletscherströme führende Hochtour mit anspruchsvoller Gipfelbesteigung setzt solide Erfahrung auf Gletschern sowie in Firn und Eis voraus. Der Gipfelgrat ist stellenweise ausgesetzt. Zudem sollte man darauf achten, bei tageszeitlicher Erwärmung die Gletscher rechtzeitig zu verlassen.

Ausgangspunkt
Jungfraujoch (3454 m) oberhalb von Grindelwald

Endpunkt
Fiescheralp (2212) oberhalb von Fiesch

Anfahrt
Mit dem Zug von Bern via Interlaken nach Grindelwald oder Lauterbrunnen und mit den Jungfraubahnen über die Kleine Scheidegg aufs Jungfraujoch.

Rückreise
Von der Fiescheralp mit der Seilbahn nach Fiesch und mit der Matterhorn-Gotthard-Bahn nach Brig.

Gehzeiten
Jungfraujoch – Finsteraarhornhütte 6 Std.; Finsteraarhornhütte – Finsteraarhorn 3 Std.; Finsteraarhorn – Konkordiahütte 5 Std.; Konkordiahütte – Fiescheralp 5 Std.

Beste Jahreszeit
Juli bis September (mit Ski April und Mai)

Einkehr/Unterkunft
Finsteraarhornhütte SAC, Tel. +41 (0)33 855 29 55, www.finsteraarhornhuette.ch; Konkordiahütte SAC, Tel. +41 (0)33 855 13 94, www.konkordiahuette.ch

Karten
Swisstopo-Karte 1:25 000, Blatt 1249 »Finsteraarhorn«, Blatt 1269 »Aletschgletscher«; Swisstopo-Wander-/Skitourenkarte 1:50 000, 264T/S »Jungfrau«; www.map.geo.admin.ch

Das Finsteraarhorn ist einer der stolzesten Gipfel der Berner Alpen, und sein wuchtiger Zacken von vielerorts her sichtbar. Die Normalroute über den Hugisattel gehört denn auch zu den großen Klassikern der Berner Alpen, ist indes nicht ganz »leicht«.

Der große Klassiker in den Berner Alpen Für viele stellt das Finsteraarhorn eine Traumtour dar. Wofür es gute Gründe gibt: Das markante Horn ist von so manchem Ort der Schweiz aus zu sehen, und die Normalroute kann objektiv als recht sicher bezeichnet werden. Dies, obwohl sie alpintechnisch und konditionell um einiges anspruchsvoller als etwa ein Bishorn oder Breithorn ist: Die Zustiege sind weit, der Aufstieg von der Finsteraarhornhütte in den Hugisattel ist lang, schattig und oft eiskalt, während der Gipfelgrat einige exponierte Passagen bietet und oft vom Wind umtost und teils vereist ist. Außerdem empfiehlt es sich, der Akklimatisation genügend Rechnung zu tragen. Denn Jungfraubahn sei Dank gelangt man hier oft allzu rasch in große Höhen, während die Finsteraarhornhütte gleichzeitig eine Falle für Höhenkranke werden kann: Sie lässt sich nur über höher gelegene Übergänge wieder verlassen, mal abgesehen vom zerrissenen Fieschergletscher, der jedoch selten begangen wird. Trotz dieser Anforderungen – oder vielleicht gerade deswegen – gehört

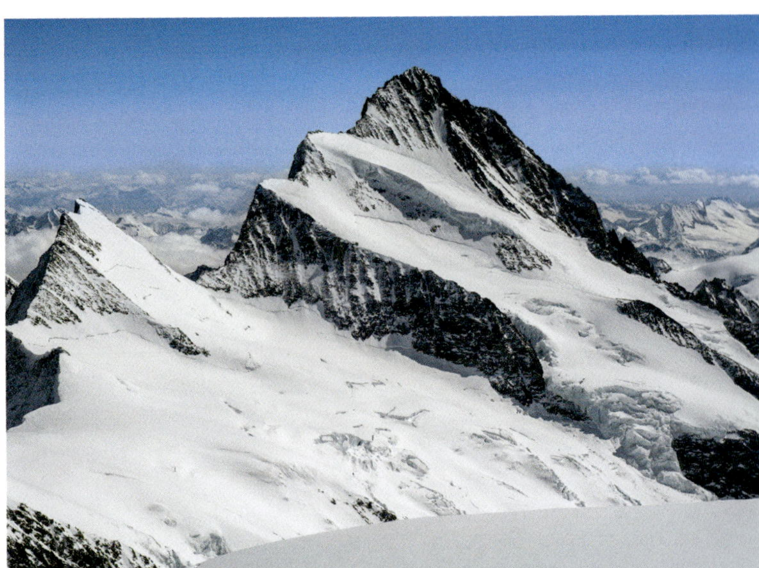

das Finsteraarhorn zu einer der schönsten Touren der Schweizer Alpen. Und wer auf seinem Gipfel stand, wird den Blick auf die umliegenden Viertausender und die mächtigen Gletscherströme darunter nie mehr vergessen.

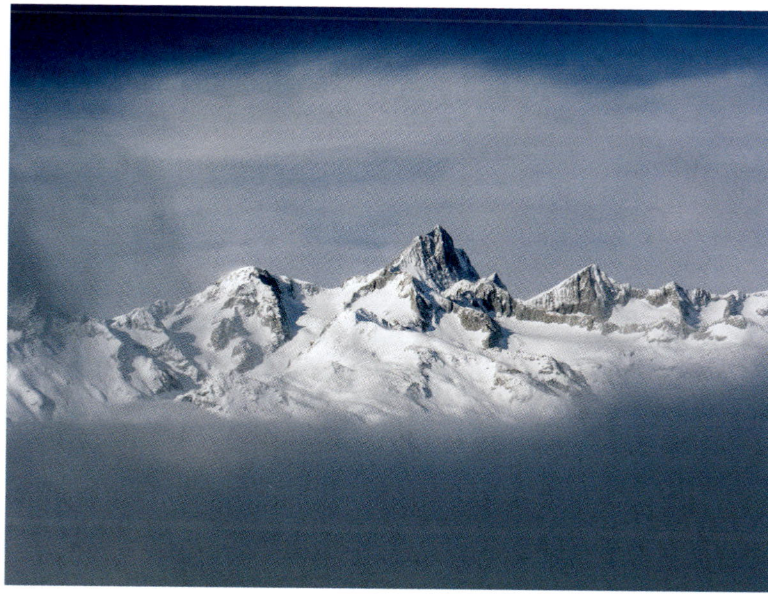

Das Finsteraarhorn ist als höchster Gipfel der Berner Alpen von Osten (o.) und Westen (u.) her eine Wucht.

Vom Jungfraujoch zur Finsteraarhornhütte Das Jungfraujoch (3454 m) ist eine seltsame Welt. Eine Welt, in der Nudelsuppen, Murmeltiere aus Plüsch und eine Schlittenbahn auf das Hochgebirge treffen. Es ist eine trügerische Sicherheit, die uns diese Kapsel der Zivilisation hier oben gibt, umgeben vom Gebirge mit seinen steilen Flanken und zerschrundenen Gletschern. Einzig die schlafenden Touristen aus China oder Indien erinnern ein wenig daran, dass wir keine Chance haben, die Höhe und damit den Sauerstoffmangel zu überlisten. Zieht man los, ist der Rummel indes schnell vorbei. Meist umgeht man die ersten Schründe in einem großen Schlenker nach rechts und geht dann in einem langen Gletschermarsch eher in der Mitte des Jungfraufirns talwärts zum Konkordiaplatz (ca. 2700 m). Am südwestlichen Ausläufer des Grünegghorns vorbei, zweigt man nach links ab und folgt dem Grüneggfirn in die Grünhornlücke (3279 m). Von hier aus sind die Finsteraarhornhütte und das Finsteraarhorn in seiner ganzen Wucht erstmals sichtbar. Weiter geht es ostwärts hinab auf den Fieschergletscher, von dem aus man in einem kurzen Gegenanstieg die 2003 neu erbaute Finsteraarhornhütte (3048 m) erreicht.

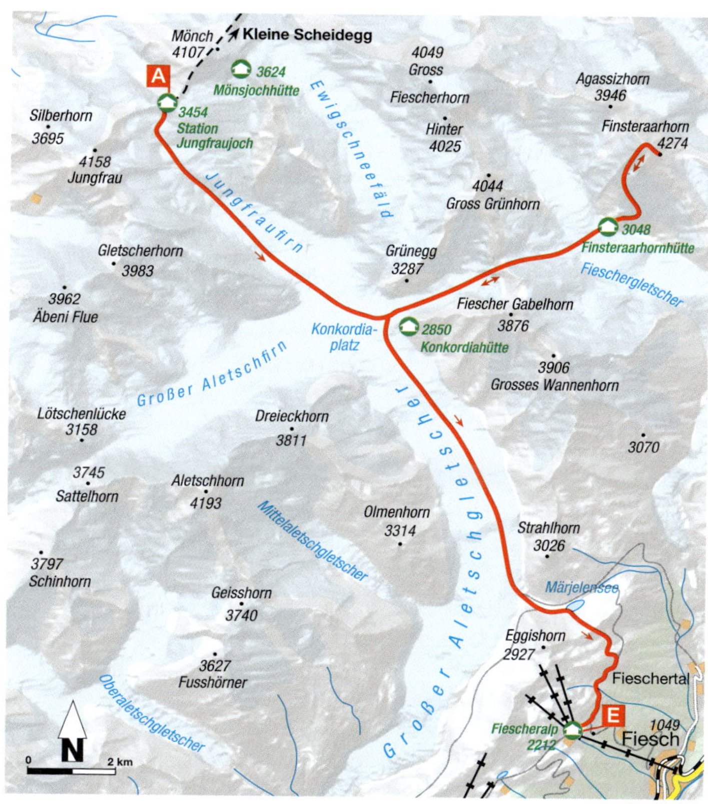

Aufstieg zum Hugisattel Direkt hinter der Hütte leiten Wegspuren im Geröll auf eine Firnfläche und über diese empor in den Sattel nördlich von P. 3231. Im Dunkeln sind die Spuren manchmal nicht leicht zu finden, und es empfiehlt sich, die ersten Meter der Route am Tag zuvor zu erkunden. Im Winter dagegen stellt der erste Hang oberhalb der Hütte meist einen Kaltstart dar: Er ist steil und meist pickelhart, so dass man, in der Eiseskälte der Nacht und mit den Harscheisen beschäftigt, auch morgens um vier Uhr ziemlich rasch wach ist. Danach geht es mehr oder minder steil auf dem teils spaltenreichen Gletscher nach Norden gegen den Südwestgrat empor. Über Schutt im Sommer oder Schnee im Winter erreicht man den sogenannten Frühstücksplatz (3617 m) und steigt über den endlos lang scheinenden Südwesthang hoch in den Hugisattel (4088 m), wo im Frühjahr Skidepot gemacht wird.

Über den Nordwestgrat zum Gipfel Das folgende steile, häufig vereiste Firnfeld südöstlich des Sattels erfordert sicheren Umgang mit Pickel und Steigeisen. Der anschließende NNW-Grat ist bei guten Verhältnissen leicht zu klettern, kann bei Vereisung, Wind und Kälte jedoch rasch anspruchsvoll werden und ist immer wieder exponiert. Die Route folgt offensichtlich dem Grat. Als Belohnung gibt es Tiefblicke und Ausblick und schließlich den Gipfel des Finsteraarhorns (4274 m). Wer genau schaut, entdeckt weit unter sich die Finsteraarhornhütte. Der Abstieg zur Hütte er-

Von der Grindelwalder Seite, also von Norden, blickt man direkt in den Hugisattel und zum Nordgrat, über den die Normalroute führt.

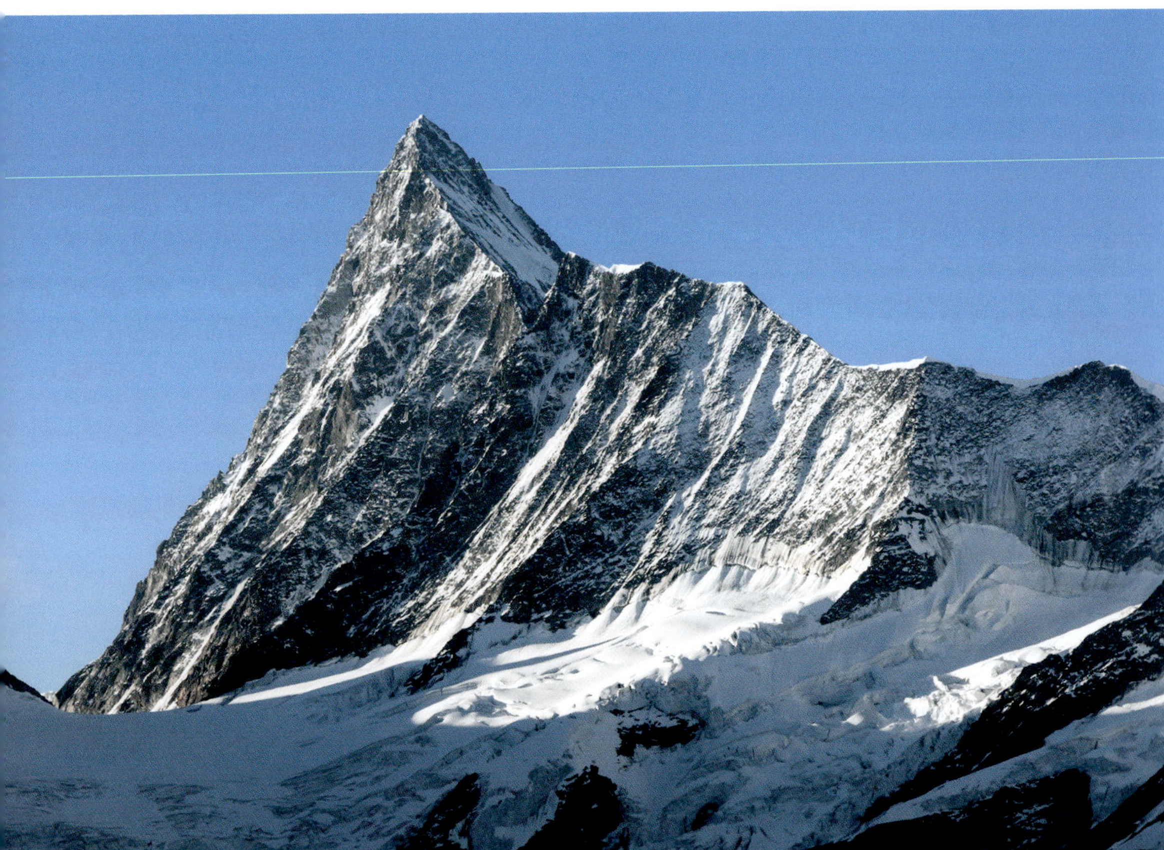

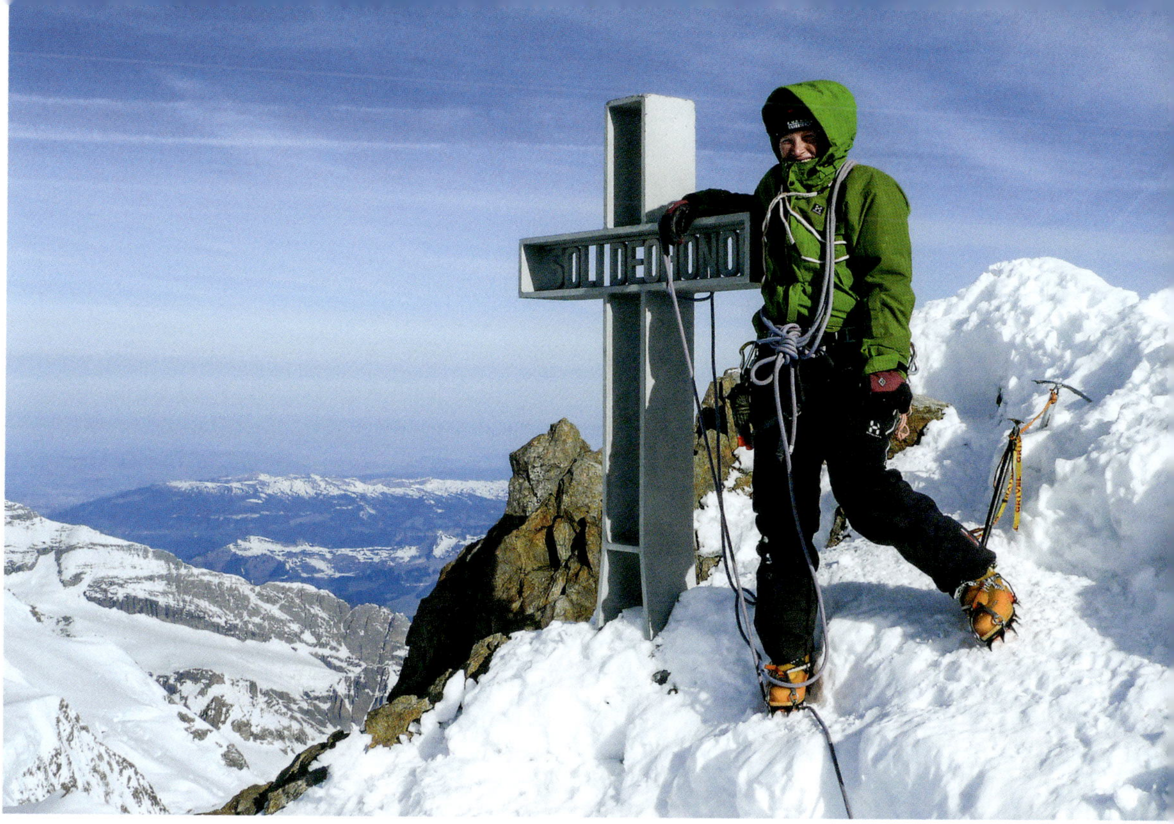

folgt auf derselben Route und erfordert besonders am Grat konzentriertes Absteigen. Beim Abstieg ist der Gletscher meist schon aufgeweicht, was beim Queren mancher Spaltenbrücken ein offenes Auge braucht.

Erhebend! Der Moment auf dem Finsteraarhorn, dessen exponierter Gipfel oft von kaltem Wind umtost wird.

Bei winterlichen Verhältnissen nicht ganz ohne! Der Aufstieg vom Hugisattel zum Gipfel

Von der Finsteraarhornhütte ins Tal Zurück in der Finsteraarhornhütte bleibt man entweder für eine weitere Nacht; nur Fitte oder Quäl-dich-Anhänger machen sich gleich an den Abstieg respektive die Abfahrt, wobei auch Gegenanstiege zu überwinden sind. Eine dritte Variante bietet einen Wechsel in die Konkordiahütte (siehe auch Tour 31). Ob man in der Finsteraarhornhütte oder Konkordiahütte übernachtet, sollte auch vom Zustand des Gletschers und den Temperaturen abhängig gemacht werden. Besonders im Frühjahr ist es sinnvoll, vor dem Aufweichen des Schnees jegliche Gletscher zu verlassen. Anstatt erneut ins Jungfraujoch aufzusteigen, wird nicht zuletzt aus finanziellen Gründen – die Fahrt mit der Jungfraubahn strapaziert das Portemonnaie – der Rückweg über die Fiescheralp gewählt (siehe Tour 31).

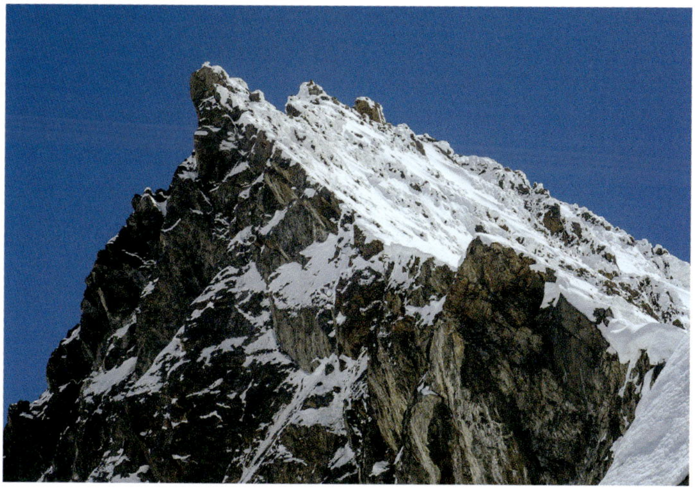

33

Gross Fiescherhorn (4049 m)

Tiefblick in die Zukunft

ZS– 3 Tage 1480/2740 Hm WS

Tourencharakter
Der felsige Gipfel des Gross Fiescherhorns steht inmitten von Gletscherströmen. So führt die Tour auch weitgehend über Gletscher und Firn und bietet am Schluss eine kurze, schöne Kraxelei auf den Gipfel.

Ausgangspunkt
Jungfraujoch (3454 m) oberhalb von Grindelwald

Endpunkt
Fiescheralp (2212) oberhalb von Fiesch

Anfahrt
Mit dem Zug von Bern via Interlaken nach Grindelwald oder Lauterbrunnen und mit den Jungfraubahnen über die Kleine Scheidegg aufs Jungfraujoch.

Rückreise
Von der Fiescheralp mit der Seilbahn nach Fiesch und mit der Matterhorn-Gotthard-Bahn nach Brig.

Gehzeiten
Jungfraujoch – Mönchsjochhütte 0.45 Std.; Mönchsjochhütte – Gross Fiescherhorn 5 Std.; Gross Fiescherhorn – Finsteraarhornhütte 4.15 Std.; Finsteraarhornhütte – Fiescheralp 7 Std.

Beste Jahreszeit
Juli bis August, (mit Ski April und Mai)

Einkehr/Unterkunft
Mönchsjochhütte, Tel. +41 (0)33 971 34 72, www.moenchsjoch.ch; Finsteraarhornhütte SAC, Tel. +41 (0)33 855 29 55, www.finsteraarhornhuette.ch; Konkordiahütte SAC, Tel. +41 (0)33 855 13 94, www.konkordiahuette.ch

Karten
Swisstopo-Karte 1:25 000, Blatt 1249 »Finsteraarhorn«, Blatt 1269 »Aletschgletscher«; Swisstopo-Wander-/Skitourenkarte 1:50 000, 264T/S »Jungfrau«; www.map.geo.admin.ch

Im Osten und Westen ist das Gross Fiescherhorn von sanften Gletscherströmen umgeben, im Norden bricht es in die gewaltige Fiescherwand ab. So bleibt seine Besteigung auch technisch moderat, während man vom Gipfel in eine umso wildere Welt aus Eis blickt.

Gletscherspektakel am Fuß der Fiescherwand Am eindrucksvollsten anzuschauen ist das Gross Fiescherhorn von Grindelwald her respektive vom Berghaus Bäregg oberhalb von Grindelwald. Denn auf diese Seite,

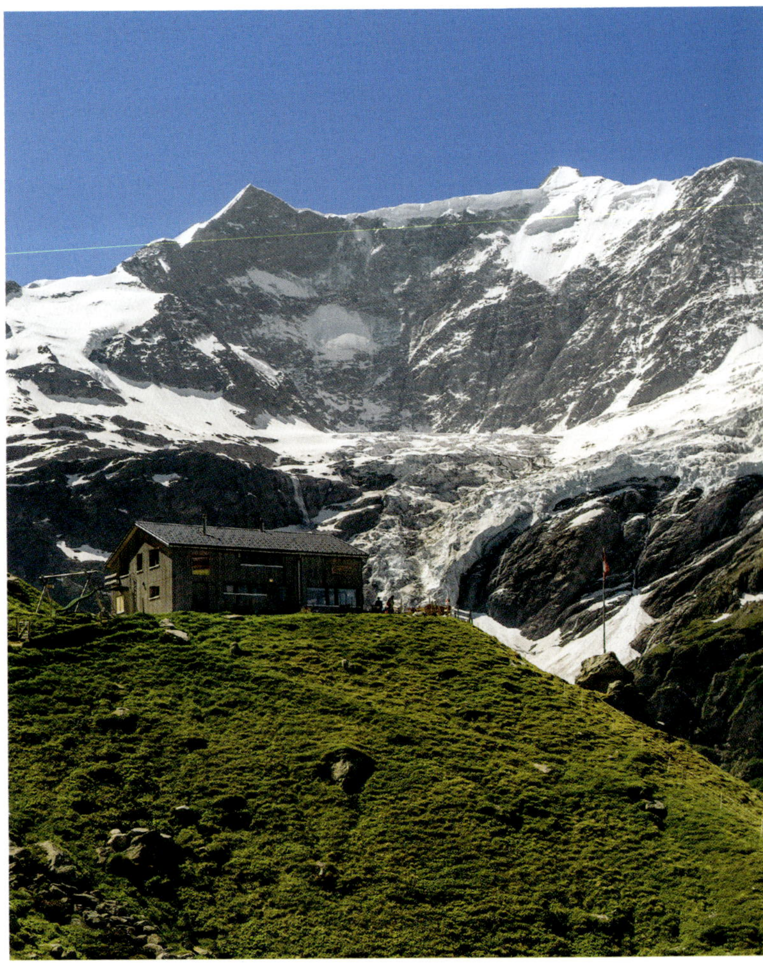

nach Norden hin, bricht der Berg in die mächtige Fiescherwand ab. Eine Wand aus Firn und Fels, an deren Fuß das noch mächtigere Ischmeer – das Eismeer – entsteht, welches wiederum den Unteren Grindelwaldgletscher bildet. Fast ebenso eindrücklich wie der Anblick des Gross Fiescherhorns von unten ist aber auch der Anblick dieses Gletschertals von oben. Ein Gletschertal, das immer wieder von sich reden macht. Denn anders als andere Gletscher zieht sich der Untere Grindelwaldgletscher nicht leise, sondern mit Getöse zurück. Als hätte jemand in diesem Tal die Büchse der Pandora geöffnet, krachen mal unter der Bäregg Felsblöcke aus der Moräne, dann rumpelt es in den Ufermoränen auf der andere Talseite, dann wieder stieben Eislawinen über die »Heissi Blatta« am Fuß der Fiescherwand.

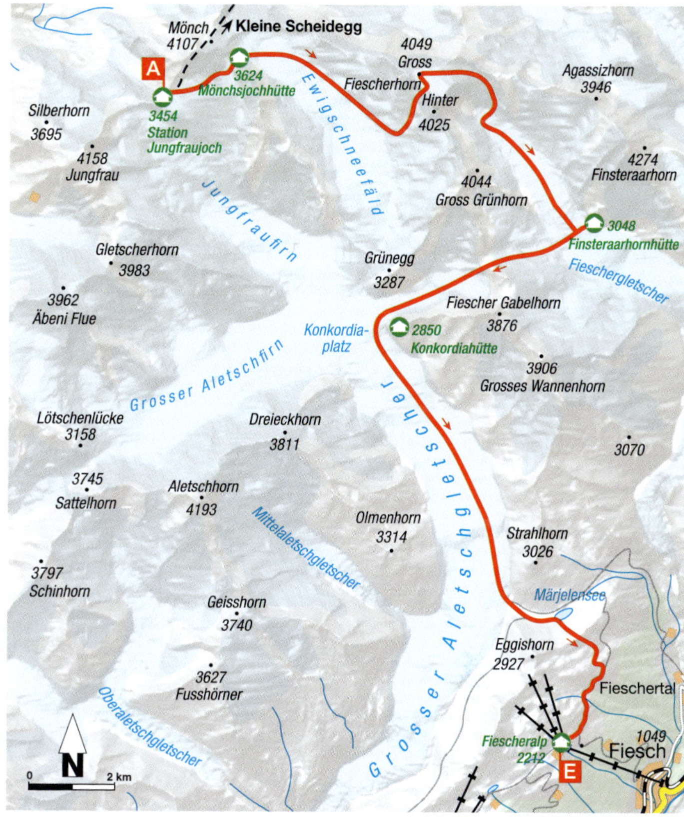

Blick in die eisfreie Zukunft So sorgte der Untere Grindelwaldgletscher in den letzten Jahren immer wieder für Schlagzeilen. Im Jahr 2005 etwa rutschte die Moräne unterhalb des Restaurants und der Alphütte auf der Stieregg so weit ab, dass sich die Abbruchkante immer weiter den Häusern näherte. Bis eines Tages eine Ecke der einen – zuvor geräumten – Hütte im Leeren hing und diese abgebrannt wurde, um nicht hinab auf den Unteren Grindelwaldgletscher zu stürzen; in der Folge entstand das neue Berghaus auf der höher gelegenen Bäregg. Doch wenig später begann es auf der gegenüberliegenden Talseite zu rumpeln: Zwischen 2006 und 2009 brachen immer wieder Felsmassen aus der Ostflanke des Hörnli, eines Ausläufers des Eiger, ab und krachten in mächtigen Felsstürzen auf die darunterliegende Zunge des Unteren Grindelwaldgletschers. Der spektakulärste Sturz ereignete sich am 13. Juli 2006, als eine halbe Million Kubikmeter Fels auf den Gletscher donnerten und Grindelwald während Stunden in einer Staubwolke verschwand. Hinzu kamen mehrere neue Bergseen auf instabilem Grund, deren Wasser sich dort kräuselten, wo einst die Gletscherzunge durch das Tal floss. Kurz: Es ist sind die Geschichte und die Konsequenzen des Gletscherschwundes, die sich hier in einem einzigen Tal verdichten. Und so bietet dieses Tal auch einen Blick in die Zukunft: Denn in den Alpen ist diese Zukunft ab etwa 2100 – sofern der Klimawandel erwartungsgemäß voranschreitet – eisfrei. Genießen wir also den Blick auf das Ischmeer, wenn wir auf dem Gipfel des Gross Fiescherhorns sitzen. Und freuen wir uns ebenso über die noch recht einfa-

Linke Seite: Von Süden zahm, blickt man vom Bergrestaurant Bäregg oberhalb von Grindelwald auf die wilde Seite der Fiescherhörner.

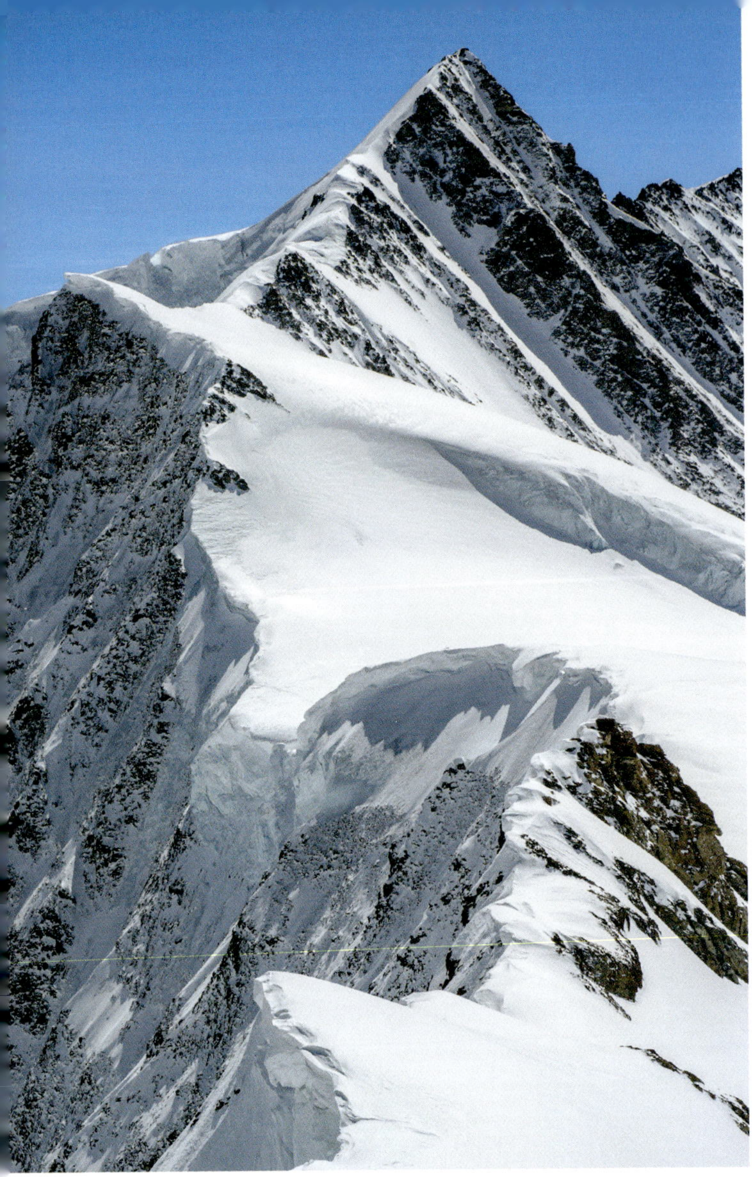

Klein und doch so stolz: das Gross Fiescherhorn von Norden gesehen

chen und knieschonenden Gletschermärsche im Jungfraugebiet. In 100 Jahren werden Bergsteiger wahrscheinlich neidisch an uns zurückdenken!

Von der Mönchsjochhütte zum Gipfel Vom Jungfraujoch (3454 m) erreicht man die Mönchsjochhütte (3657 m) auf einer gespurten Trasse in einer knappen Dreiviertelstunde; eine gute Akklimatisation empfiehlt sich angesichts der Nacht in dieser Höhe. Tags darauf geht es auf der Nordostseite des Mönchsjochs hinab auf das Ewigschneefäld und auf dessen weiten Gletscherflächen sanft talwärts bis auf eine Höhe von rund 3260 Metern, quasi bis unter die Südwestflanke zwischen Gross und Hinter Fiescherhorn. Durch diese Flanke steigt man nun nördlich von P. 3509 auf Richtung Fieschersattel, überschreitet rund 100 Meter unter dem Sattel den Bergschrund, der besonders später in der Sommersaison Probleme bereiten kann, und gelangt – je nach Verhältnissen variabel – in kombiniertem Gelände, Firn oder Fels, in den Fieschersattel. Im Fieschersattel wendet man sich nach Nordwesten und quert am Anfang des Südostgrats des Gross Fiescherhorns einige Meter auf dessen Ostseite in die Flanke, steigt diese hoch bis zum Grat und folgt diesem in leichtem Fels bis zum Gipfel. Alternativ zur Flanke ist es auch möglich, die ersten Meter direkt dem Grat zu folgen; die Schwierigkeiten sind ähnlich. Der Rückweg erfolgt auf derselben Route, allenfalls nach Besteigung des benachbarten Hinter Fiescherhorns (siehe Tour 34). Oft wird das Gross Fiescherhorn jedoch als Akklimatisationstour für weitere Gipfel in der Gegend gewählt oder mit einem eindrücklichen Gletschertrekking auf dem Großen Aletschgletscher verbunden. Deshalb wird hier der Abstieg zur Finsteraarhornhütte beschrieben.

Via Finsteraarhornhütte ins Tal Vom Fieschersattel steigt man über den weiten Gletscherkessel des obersten Fiescherfirns ostwärts ab bis auf eine Höhe von rund 3600 Metern und schwenkt dann, dem Gletscherverlauf folgend, nach Süden. Auf den

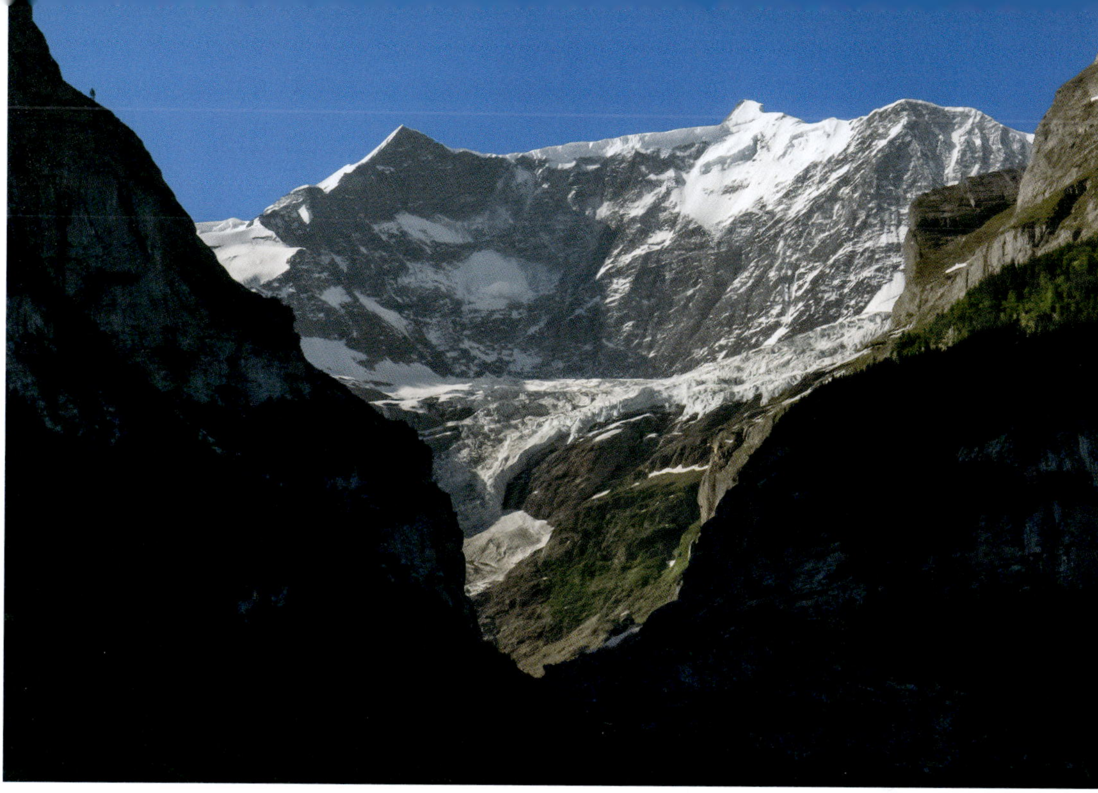

folgenden 300 Höhenmetern gilt es, im zerschrundeten Gletscherbruch eine optimale Route zu finden und sich in dessen unterem Teil vom Eisschlag aus der Wand des Fieschergrats fernzuhalten. Dies ist leider nur bedingt möglich, weshalb ein rasches Vorwärtskommen in dieser objektiv heiklen Passage wichtig ist. Anschließend geht es wieder entspannt entlang des langen Walliser Fiescherfirns talwärts bis auf rund 2980 Meter und in einem kurzen Gegenanstieg linkerhand hoch zur Finsteraarhornhütte. Diese eignet sich als Ausgangspunkt für weitere Touren wie das Finsteraarhorn (siehe Tour 32), das Gross Grünhorn (siehe Tour 31), das Agassizhorn (3946 m, WS) oder das Gross Wannenhorn (3906 m, WS) oder aber als Etappenziel, um Tags darauf in großartig hochalpiner Landschaft über die Grünhornlücke zum Konkordiaplatz und weiter über den Großen Aletschgletscher zur Fiescheralp abzusteigen (siehe Tour 31). Dieser Abstieg wird verkürzt, wenn man bereits am Gipfeltag in die Konkordiahütte wechselt; dies sollte auch vom Zustand des Gletschers und den Temperaturen abhängig gemacht werden. Besonders im Frühjahr ist es sinnvoll, vor dem Aufweichen des Schnees jegliche Gletscher zu verlassen. Ebenfalls von der Konkordiahütte aus lassen sich weitere Touren unternehmen wie etwa das Gross Grünhorn von Südwesten (siehe Tour 31) oder der Übergang via Lötschenlücke ins Lötschental.

Einst reichten die Gletscher auf der Nordseite der Fiescherhörner bis nach Grindelwald; heute gehören sie zu jenen Eisströmen in den Alpen, die sich am schnellsten zurückziehen.

Darf es etwas einfacher sein?

Wer aus dem ZS– ein WS machen möchte, umgeht den steilen Hang vom Ewigschneefäld in den Fieschersattel, indem er am ersten Tag in die Finsteraarhornhütte marschiert und tags darauf das Gross Fiescherhorn über den Walliser Fiescherfirn besteigt (siehe Tour 34). Diese Route bedeutet längere Gletschermärsche, spart einem dafür eine Nacht in der hoch gelegenen Mönchsjochhütte und ist technisch etwas einfacher, jedoch auf Hin- und Rückweg durch Eisschlag gefährdet.

34

Hinter Fiescherhorn (4025 m)

Viel Firn und ein kleines Horn

WS

3 Tage 2180/3380 Hm WS+

Tourencharakter
Diese Tour führt vom Jungfraujoch durch die großartigen Gletscherwelten des Aletschgebiets in den abgelegenen Kessel der Fiescherhörner. Sie verläuft komplett im Firn, ist auf einer kurzen Passage jedoch durch Eisschlag objektiv gefährdet und erfordert eine Spürnase im Gletscherbruch.

Ausgangspunkt
Jungfraujoch (3454 m) oberhalb von Grindelwald

Endpunkt
Fiescheralp (2212) oberhalb von Fiesch

Anfahrt
Mit dem Zug von Bern via Interlaken nach Grindelwald oder Lauterbrunnen und mit den Jungfraubahnen über die Kleine Scheidegg aufs Jungfraujoch.

Rückreise
Von der Fiescheralp mit der Seilbahn nach Fiesch und mit der Matterhorn-Gotthard-Bahn nach Brig.

Gehzeiten
Jungfraujoch – Finsteraarhornhütte 6 Std.; Finsteraarhornhütte – Hinter Fiescherhorn 5 Std.; Hinter Fiescherhorn – Finsteraarhornhütte 3.45 Std.; Finsteraarhornhütte – Fiescheralp 7 Std.

Beste Jahreszeit
Juli bis September (mit Ski April und Mai)

Einkehr/Unterkunft
Finsteraarhornhütte SAC, Tel. +41 (0)33 855 29 55, www.finsteraarhornhuette.ch; Konkordiahütte SAC, Tel. +41 (0)33 855 13 94, www.konkordiahuette.ch

Karten
Swisstopo-Karte 1:25 000, Blatt 1249 »Finsteraarhorn«, Blatt 1269 »Aletschgletscher«; Swisstopo-Wander-/Skitourenkarte 1:50 000, 264T/S »Jungfrau«; www.map.geo.admin.ch

Das Hinter Fiescherhorn ist von Osten gesehen kaum mehr als ein Firnaufschwung am oberen Ende des Fiescherfirns. Dennoch schafft der Berg es locker auf die Liste der offiziellen Viertausender – und wartet mit einer objektiv heiklen Passage auf.

Das geistige Konstrukt der Viertausender Der Mont Blanc wurde bereits 1786 bestiegen, der erste Viertausender der Schweiz folgte 1811 mit der Jungfrau. Dass es sich dabei um sogenannte Viertausender handelte, blieb damals unerwähnt. Es ging ganz einfach um große Taten im Hochgebirge, und das reichte für die Ehre allemal. Fanden sie doch in einem Gebiet statt, welches bis dahin eine Wildnis aus Fels und Eis war, ähnlich den Eiswüsten um die Pole der Erde. Wie hoch genau welcher Gipfel war, blieb ohnehin oft ein Geheimnis, war es schon schwierig genug, zu wissen, wo die Gipfel genau standen. Etwa die Jungfrau mussten die Erstbegeher eine Weile suchen, da sie nicht sicher waren, wie dieser Berg – in der Regel vom Lauterbrunnental aus gesehen – auf seiner Rückseite aussehen würde. So tauchte der Begriff des Viertausenders im Schweizer Alpen-Club im Jahr 1883 zum ersten Mal auf. Zu einem Zeitpunkt also, als die meisten Viertausender bereits bestiegen waren. Wobei bestimmt auch die Perspektive der fleißigen Bergsteiger aus Großbritannien mit zur

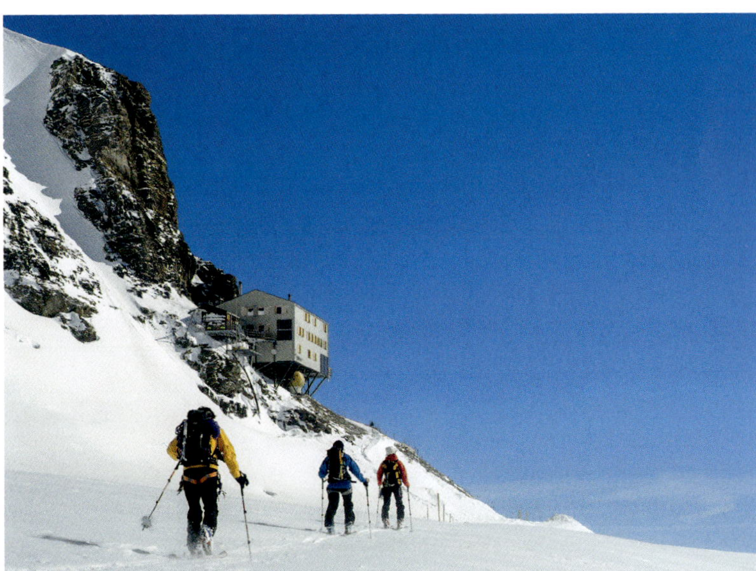

mangelnden Würdigung des metrischen Konstrukts »Viertausender« beigetragen hatte: Für sie sind 4000 Meter banale 13 123 Fuß hoch.

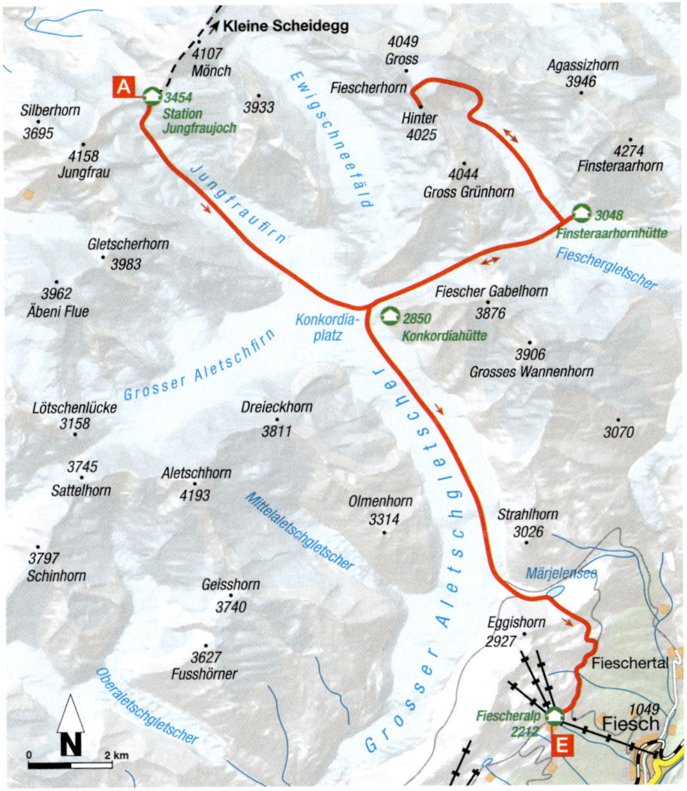

Wann ist ein Berg ein Berg? Doch im deutschsprachigen Raum setzte sich der Begriff der Viertausender allmählich durch, spätestens dann, als der allseits bekannte österreichische Augenarzt und Bergsteiger Karl Blodig (1859-1956) mit dem Sammeln der Viertausender begann und sein großartiges Projekt nach dessen Abschluss im Klassiker »Die Viertausender der Alpen« aus dem Jahr 1923 einem breiten Publikum zugänglich machte. Wobei gerade am Beispiel von Karl Blodig ersichtlich wird, dass Viertausender nicht in Stein gemeißelt sind: Zwischen Beendigung seines Projekts und Publikation des Buches waren nämlich zwei weitere Viertausender im Mont-Blanc-Gebiet aufgetaucht. Anderen Bergen wurde die Krone im Zuge von Neuvermessungen wieder aberkannt, wie etwa dem Fletschhorn und dem Piz Zupò, während bei markanten Vorgipfeln oder Nebengipfeln eine ständige Unsicherheit bestand, ob diese nun ein offizieller Viertausender waren oder nicht. Erst in den 1990er-Jahren entschloss man sich, ein für allemal eine klare Liste zu definieren. Unter den Fittichen der UIAA (Union Internationale des Associations d'Alpinisme) wurde eine italienisch-französisch-schweizerische Expertengruppe gebildet, die klare Regeln aufstellte: So sollte ein eigenständiger Viertausender mindestens 30 Meter höher sein als das umliegende Gelände; zudem sollte er auch subjektiv den Eindruck eines Berges vermitteln und – logisch – über 4000 Meter hoch sein. Sollte das erste Kriterium nicht erfüllt sein, so konnte das Argument der alpinistischen Relevanz ihn dennoch auf das Viertausender-Podest hieven, etwa dann, wenn er das Ziel wichtiger oder prägender Routen war – so geschehen bei der Roccia Nera, durch deren Felsflanken und Eisrinnen mehrere steile Routen zum Gipfel führen. Aufgrund dieser Kriterien entstand eine Liste von 82 Viertausendern im Alpenraum. Und wenngleich einer der kleineren Gipfel, ist dieser Berg angesichts der Regeln ganz klar einer davon: das Hinter Fiescherhorn.

Vom Jungfraujoch zur Finsteraarhornhütte Vom Jungfraujoch (3454 m) mit seinem ungewohnten Rummel inmitten des Hochgebirges, geht man erst einmal vorbei an allen Attraktionen durch einen langen Stollen zum Ausgang, der mit «Aletschglet-

Linke Seite: Die Mönchsjochhütte bietet ein hoch gelegenes Domizil – Kopfweh inklusive, sofern es an der Akklimatisation mangelt.

scher» beschildert ist. Unmittelbar vor dem Ausgang gelangt man auf den Jungfraufirn. Meist umgeht man die ersten Schründe in einem großen Schlenker nach rechts und geht dann in einem langen Gletschermarsch in der Mitte des Jungfraufirns talwärts zum Konkordiaplatz (ca. 2700 m). Am südwestlichen Ausläufer des Grünegghorns vorbei zweigt man nach links ab und folgt über Schutt und Eis dem Grüneggfirn in die Grünhornlücke (3279 m). Von hier aus sind die Finsteraarhornhütte und das wuchtige Finsteraarhorn erstmals sichtbar. Ostwärts gelangt man hinab auf den Fieschergletscher, überquert diesen und erreicht in einem kurzen Gegenanstieg die Finsteraarhornhütte (3048 m).

Von der Hütte zum Hinter Fiescherhorn Von der Finsteraarhornhütte geht es wieder hinab auf den Fieschergletscher, der in seinem oberen Teil Walliser Fiescherfirn heißt. Im Schatten seines Nachbarn, des mächtigen Großen Aletschgletschers, führt der Fiescherlgetscher ein Mauerblümchendasein. Sehr zu Unrecht allerdings: Er ist nach dem Aletschgletscher der zweitlängste und nach dem Aletschgletscher und Gornergletscher der drittgrößte Gletscherstrom in den Alpen. Wer Richtung Fiescherhörner unterwegs ist, merkt dies: Endlos lang scheint der sanfte Anstieg über den Fiescherfirn zu sein, immer nordwestwärts geradeaus dem orografisch linken Ufer des Eisstroms folgend. Erst nach gut dreieinhalb Kilometern folgt die erste Abwechslung, und dies leider eine etwas unangenehme: Ab ungefähr 3250 Meter gilt es, Abstand von den Flanken des Fieschergrats zu halten, da die hübsch anzusehenden Séracs in den Flanken über einem den Fiescherfirn regelmäßig mit Eisbrocken torpedieren. Einer Gefahr, der man nicht vollends ausweichen kann, da die Route auf 3300 Meter nach ONO zieht, um den wiederum nicht ganz trivialen Gletscherbruch des aufsteilenden Fiescherfirns zu überwinden. Je nach Verhältnissen der

Etwas verborgen hinter dem Gross Fiescherhorn erhebt sich das Hinter Fiescherhorn rechts der Bildmitte.

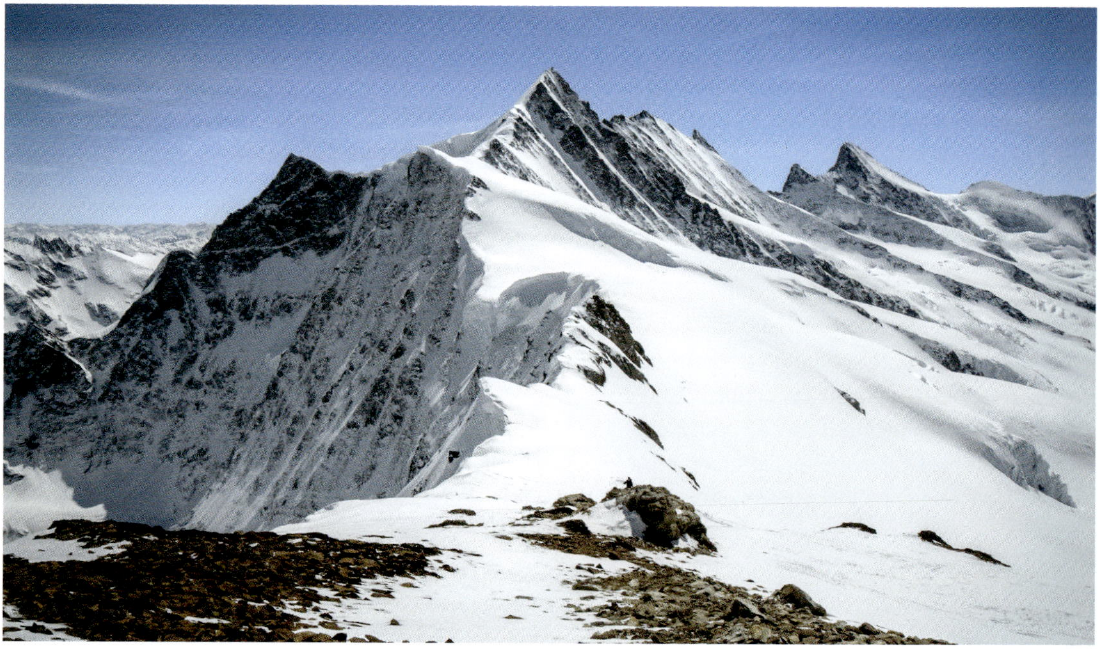

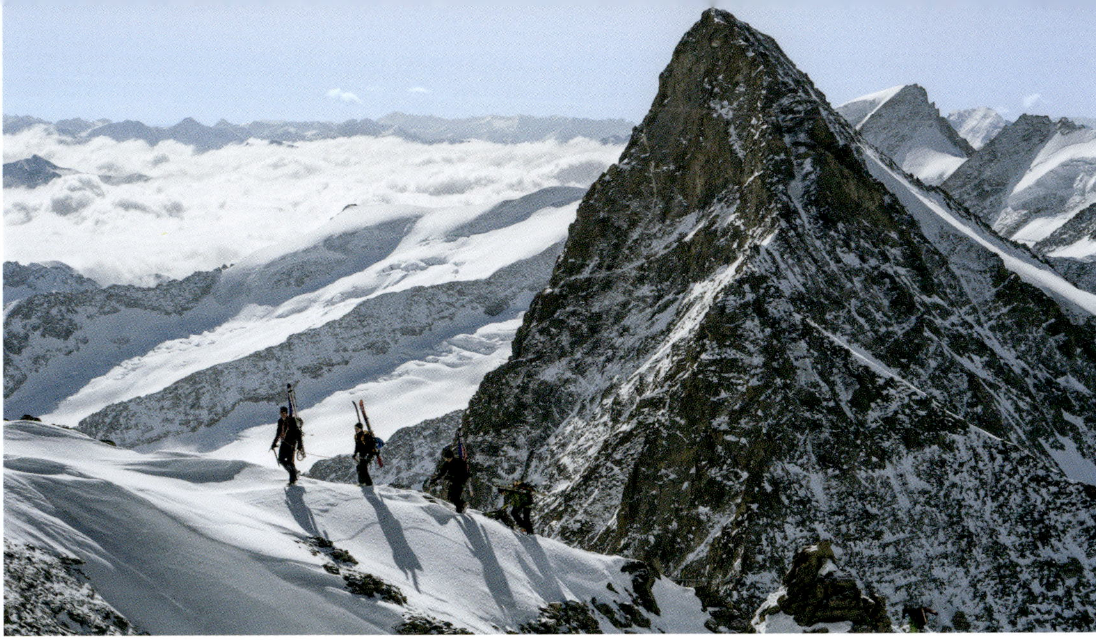

Diese Skialpinisten haben sich für die Route über den Südostgrat entschieden; hinter ihnen mächtig das Gross Grünhorn.

Schneebrücken und Schründe gestaltet sich diese Passage mehr oder weniger anspruchsvoll. In jedem Fall aber gilt: Im Bereich des Eisschlags ist gehen besser als stehen! Einmal auf 3600 Metern angelangt, entspannt sich die Lage: Hier tritt man ein in den weiten Gletscherkessel, der von Hinter und Gross Fiescherhorn sowie vom Ochs umrahmt wird. Durch den Kessel gelangt man zum Fieschersattel und steigt nun südwärts über den leichten Firngrat zum Gipfel des Hinter Fiescherhorns, wobei man eher auf der linken Seite des Grats bleibt. Der Abstieg erfolgt auf derselben Route in die Finsteraarhornhütte, wobei man mit der tageszeitlichen Erwärmung allenfalls aufgeweichte Schneebrücken im Gletscherbruch im Auge behalten sollte. Wenn genügend Zeitreserven vorhanden sind, lässt sich vom Fieschersattel aus auch das Gross Fiescherhorn besteigen (siehe Tour 33).

Von der Finsteraarhornhütte ins Tal Einmal zurück in der Finsteraarhornhütte, bleibt man entweder für eine weitere Nacht; eine Option bietet eine Verschiebung in die Konkordiahütte, um die Etappe am nächsten Tag zu verkürzen. Ob man in der Finsteraarhornhütte oder Konkordiahütte übernachtet, sollte auch vom Zustand des Gletschers und den Temperaturen abhängig gemacht werden. Besonders im Frühjahr ist es sinnvoll, vor dem Aufweichen des Schnees jegliche Gletscher zu verlassen. Anstatt erneut ins Jungfraujoch aufzusteigen, wird nicht zuletzt aus finanziellen Gründen – die Fahrt mit der Jungfraubahn strapaziert das Portemonnaie – der Rückweg über die Fiescheralp gewählt (siehe Tour 31) oder aber weitere Touren angehängt. Vorschläge dazu finden sich am Ende des Textes zum Gross Fiescherhorn (siehe Tour 33).

Das Ganze von der anderen Seite

Zwei Varianten bieten sich beim Hinter Fiescherhorn an: Zum einen lässt sich bei guten Firnverhältnissen der Fieschersattel vom Ewigschneefäld her erreichen, indem man die steile Flanke nördlich von P. 3509 hochsteigt (ZS–; siehe Tour 33). Im oberen Bereich ist diese bei aperen Verhältnissen rasch heikel. Selten begangen, aber landschaftlich eindrucksvoll ist der Aufstieg vom Ewigschneefäld via Kleiner Grünhornlücke über den Südostgrat (ZS–).

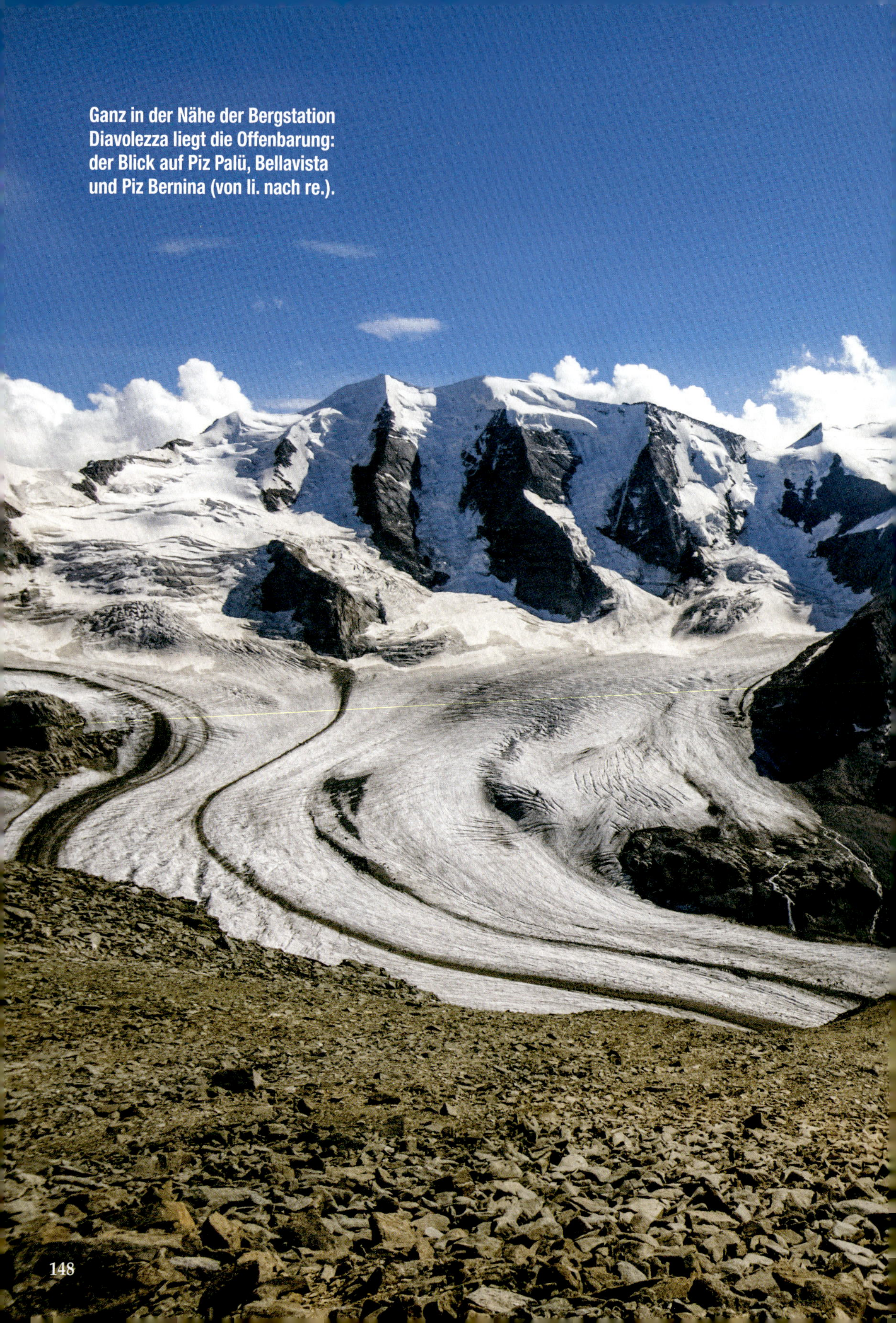
Ganz in der Nähe der Bergstation Diavolezza liegt die Offenbarung: der Blick auf Piz Palü, Bellavista und Piz Bernina (von li. nach re.).

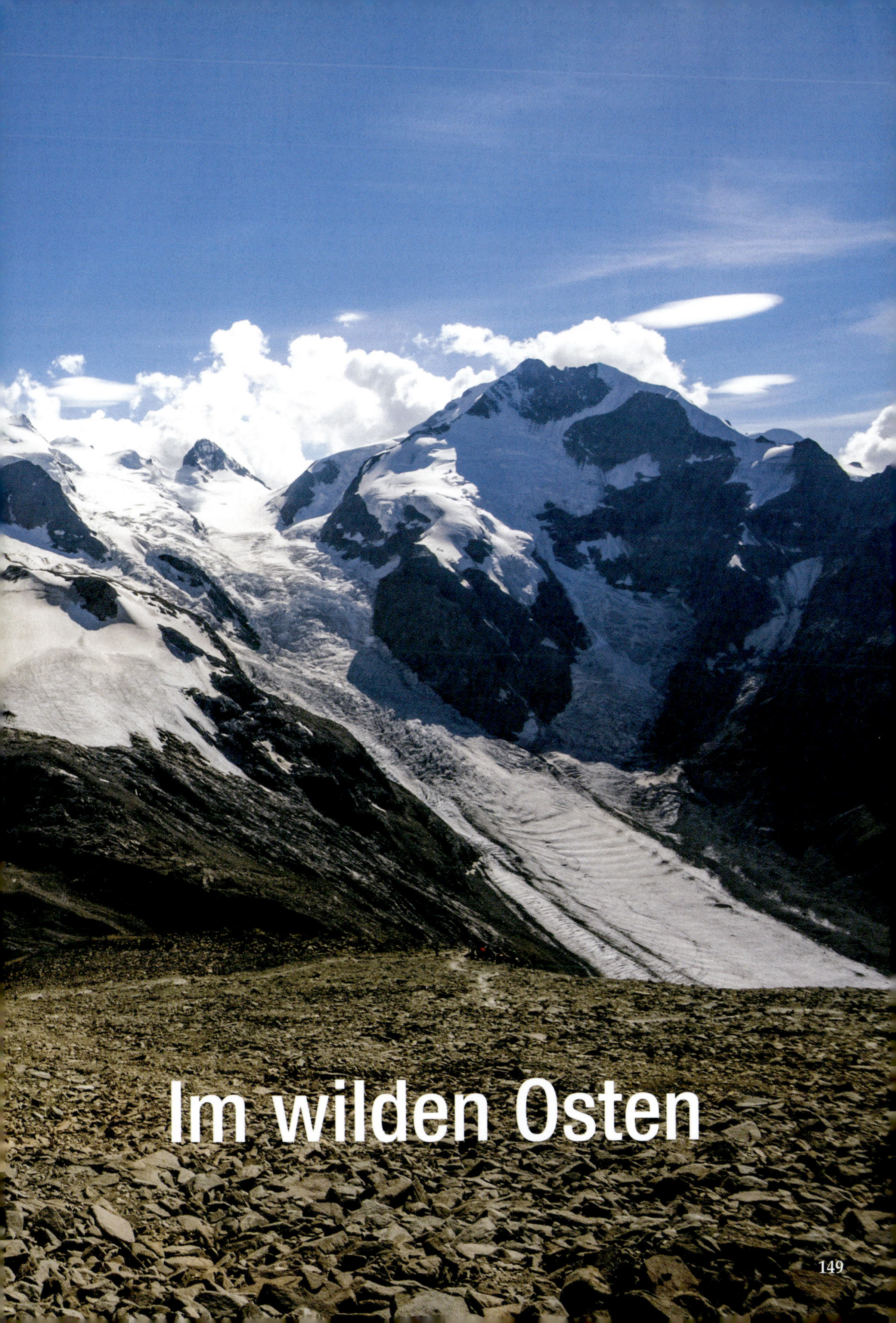

Im wilden Osten

35

Piz Bernina (4049 m)

Der König des Ostens

ZS– 2–3 Tage 2080 Hm S–*

Tourencharakter
Abwechslungsreicher geht nicht: Lärchenwälder, Geröllhalden, weite Gletscher, Schneeflanken, Felsgrate und Firnschneiden – die Normalroute auf den Piz Bernina bietet alles und fordert dementsprechend alpintechnische Erfahrung in Fels, Firn und Eis. Hauptproblem bilden blanke Stellen sowie Gegenverkehr am Spallagrat und zwischen La Spedla und Hauptgipfel.

Ausgangspunkt/Endpunkt
Campo Moro (1990 m) im Valmalenco

Anfahrt/Rückreise
Mit dem Zug via Pontresina und Tirano oder via Chiasso und Monza nach Sondrio und weiter per Bus ins Valmalenco. Der Bus verkehrt bis Lanzada. Infos zu Alpentaxi, Minibus und Autovermietung unter www.sondrioevalmalenco.it

Gehzeiten
Campo Moro – Rifugio Marinelli Bombardieri 3.30 Std.; Rifugio Marinelli Bombardieri – Rifugio Marco e Rosa 3.30 Std.; Rifugio Marco e Rosa – Piz Bernina 2.30 Std.; Piz Bernina – Rifugio Marinelli Bombardieri 4.30 Std.; Rifugio Marinelli Bombardieri – Campo Moro 2.30 Std.

Beste Jahreszeit
Juli bis September (mit Ski April und Mai)

Einkehr/Unterkunft
Rifugio Marinelli Bombardieri, Tel. +39 (0)342 511 577 / +39 347 520 01 46, www.rifugiomarinelli-bombardieri.it; Rifugio Zoia, Tel. +39 (0) 342 451 405 / +39 349 006 10 85, www.rifugiozoia.it; Rifugi Marco e Rosa, Tel. +39 (0)342 515 370 / +39 347 256 30 96, www.rifugi.lombardia.it

Karten
Swisstopo-Karte 1:25 000, Blatt 1277 »Piz Bernina«; Swisstopo-Wander-/Skitourenkarte 1:50 000, 469T/S »Val Poschiavo«; www.map.geo.admin.ch

Der Piz Bernina ist das Kronjuwel der Ostalpen. Vielen bekannt für seinen eleganten Biancograt, bietet auch die Normalroute über den Spallagrat eine etwas leichtere, aber nicht minder eindrückliche Aufstiegsvariante.

Von Nähmaschinen und hohen Bergen Viele Schweizer denken beim Wort Bernina nur an eines: Nähmaschinen! Denn im Jahr 1932 verkaufte die traditionsreiche Nähmaschinenfabrik im ostschweizerischen Steckborn ihre erste Haushaltsnähmaschine mit Markenname »Bernina«, und seither hat sich der Name ins kollektive Gedächtnis der Schweiz eingebrannt. Nähmaschine? Bernina. Hosenknöpfe kaufen? Im Bernina Shop. So träumen Nähfanatiker in der Schweiz genauso von einer Bernina wie Alpinisten überall im Alpenraum von ihrem Bernina träumen: dem Piz Bernina – dem östlichsten Viertausender und gleichsam einzigen Viertausender in den Ostalpen und damit auch höchsten Gipfel des Kantons Graubünden sowie höchsten Massiv in der italienischen Lombardei. Und nicht umsonst ist dieser Viertausender für viele ein Traumberg: Umgeben von immensen Gletscherwelten, ist das Berninamassiv unbestritten das hochalpine Glanzlicht im Osten des Alpenbogens.

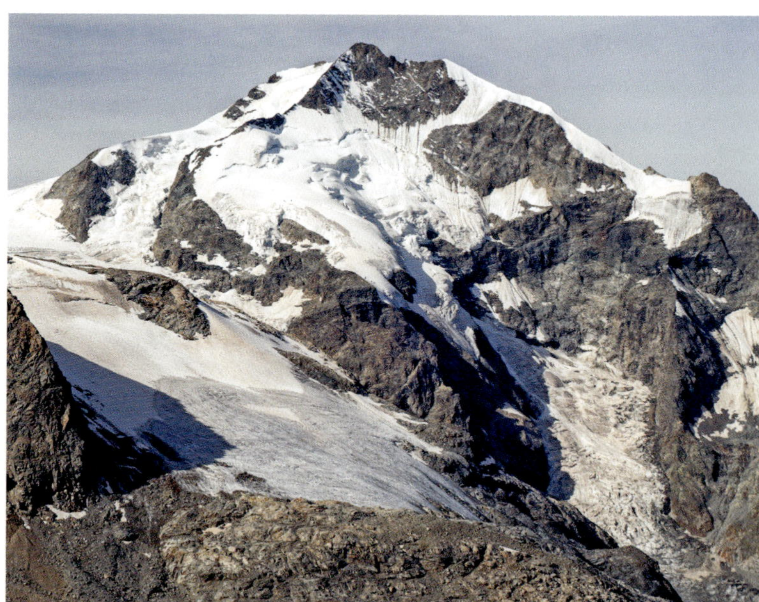

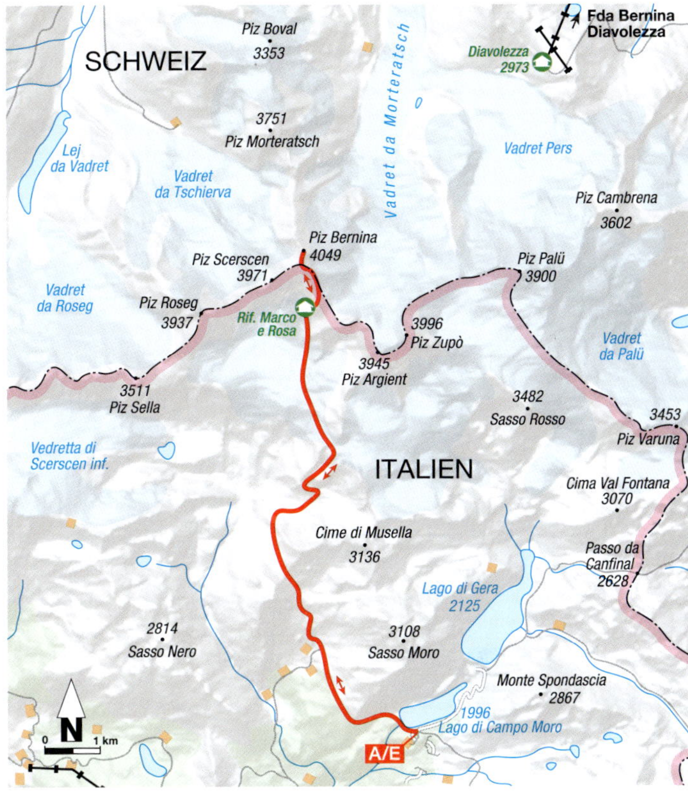

Größe ist eine Frage der Nachbarn Im Vergleich zu seinen Genossen in den Westalpen kommt der Piz Bernina fast schon zierlich daher, ist er doch ganze 200 Meter niedriger als etwa das niedliche Stecknadelhorn. Dennoch beherrscht er sein Gebiet mit Würde. Zum einen ist er der einzige Viertausender weit und breit, nachdem dem zweithöchsten Gipfel des Massivs, dem Piz Zupò (3996 m), diese Ehre Anfang des 20. Jahrhunderts aberkannt wurde; zum anderen besticht der Piz Bernina durch sein Äußeres: Allem voran bekannt ist die in perfekter Eleganz geschwungene Firnschneide des Biancograts (ZS) auf der Nordseite, während das Massiv von Süden her in mächtigen Flanken aus Fels und Eis in den Himmel ragt. So eindrücklich, dass die frühe reisende und schreibende Britin Mrs. Freshfield das Berninamassiv mit nichts Geringerem als dem Mont Blanc und dem Monte Rosa verglich.

Bianco oder Spalla? Etwas einfacher als der Biancograt – und hier beschrieben – ist der Normalaufstieg über den Südostgrat, bekannt als Spallagrat, den man am bequemsten vom italienischen Rifugio Marinelli Bombardieri (2813 m) her erreicht. Wem Nächte in großer Höhe nichts ausmachen, der kann auch im höher gelegenen Rifugio Marco e Rosa (3597 m) übernachten. Dies hat den Vorteil, dass man nicht in den Gegenverkehr der Biancograt-Überschreiter gerät, birgt jedoch das Risiko einer ungemütlich schlaflosen Nacht. Und à propos Hütte: Der Aufstieg ins Rifugio Marinelli Bombardieri wartet mit einigem Zickzack auf, was ja wiederum zu den Nähmaschinen passt …

Von Campo Moro ins Rifugio Marinelli Bombardieri Vom Parkplatz beim Rifugio Zoia, zuhinterst im östlichen Seitenarm des Valmalenco, führt der Weg erst leicht talwärts zur Staumauer des Lago di Campo Moro. Man überquert die erste Hälfte der Staumauer und zweigt dann nordöstlich von P. 1983 linkerhand ab und folgt Wanderweg Nr. 2 in Richtung Rifugio Marinelli Bombardieri. Nach einem knappen Kilometer macht dieser einen Knick nach rechts und führt dann als Höhenweg den Südwesthängen des Sasso Moro entlang, oberhalb der Alpe Musella durch, bis zum Punkt, wo der Weg von der Alpe Musella einmündet. Das folgende Wegstück führt

Linke Seite: Als bekanntester Firngrat in den Ostalpen zieht sich der Biancograt von rechts zum Piz Bernina empor; links verläuft der hier beschriebene Spallagrat.

in steilem Zickzack hoch zum Rifugio Carate Brianza und wird liebevoll Sette Sospiri – sieben Seufzer – genannt. Wer oben in der Bochetta delle Forbici (2636 m) steht, der weiß warum. Immerhin genießt man von hier aus einen schönen Blick auf Piz Bernina, Piz Scerscen, Piz Roseg und weitere Gipfel des Bernina-Massivs. Doch noch ist man nicht am Etappenziel: Weiter geht es im nun kargen Gelände in einer langen Traverse und einem anschließenden Rechtsschlenker in den Kessel nördlich der Cime di Musella, von wo aus das Rifugio Marinelli Bombardieri 200 Meter über einem sichtbar wird. An einem namenlosen Seelein (2600 m) vorbei gelangt man nordostwärts zum wieder steileren Schlussaufstieg, der nach rechts ausholend hoch zur Hütte führt.

Weiter ins Rifugio Marco e Rosa Von der Hütte steigt man auf einem Wanderweg nach Nordosten durch Geröllfelder an, immer entlang der Felsen, die auch als »Cresta del Rifugio« bezeichnet werden. Am Ende der Felswand geht es weiter über mehrere Felsaufschwünge und Felsbänder hinauf und nach links wegziehend weiter in den Passo Marinelli Occidentale. Von hier zieht man über den weiten Scerscengletscher, den Vedretta di Scerscen Superiore, nordwärts bis unterhalb der mächtigen Firnrinne, die von der Fuorcla Crast'Agüzza herabzieht und die man im Bereich ihrer Einmündung traversiert. Anschließend umgeht man die Felsbastion, auf der die Marco-e-Rosa-Hütten sitzen, in einem Linksbogen und wechselt auf einer Höhe von rund 3400 m von Norden her in den Fels, um den Fixseilen entlang nach Süd traversierend, aufzusteigen und so die alte und wenig später die neue Marco-e-Rosa-Hütte (3597 m) zu erreichen.

Manchmal ist der Hüttenzustieg abenteuerlicher als die Tour: in den Felsen unterhalb der Marco-e-Rosa-Hütte.

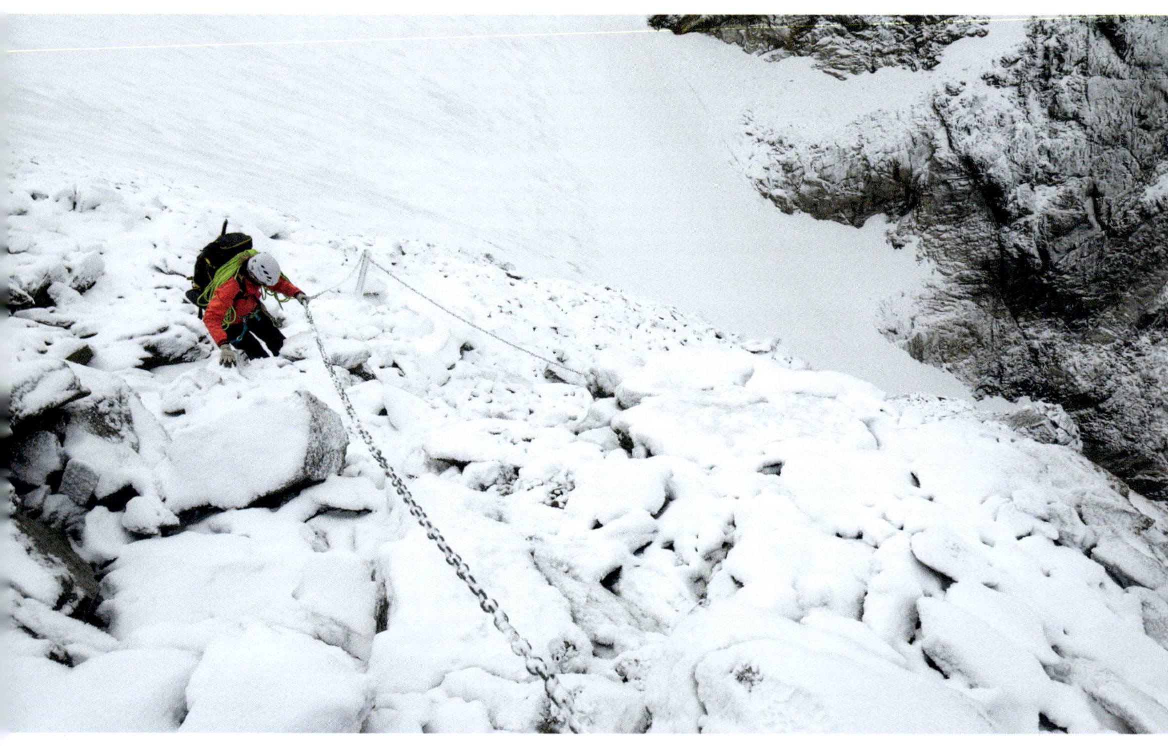

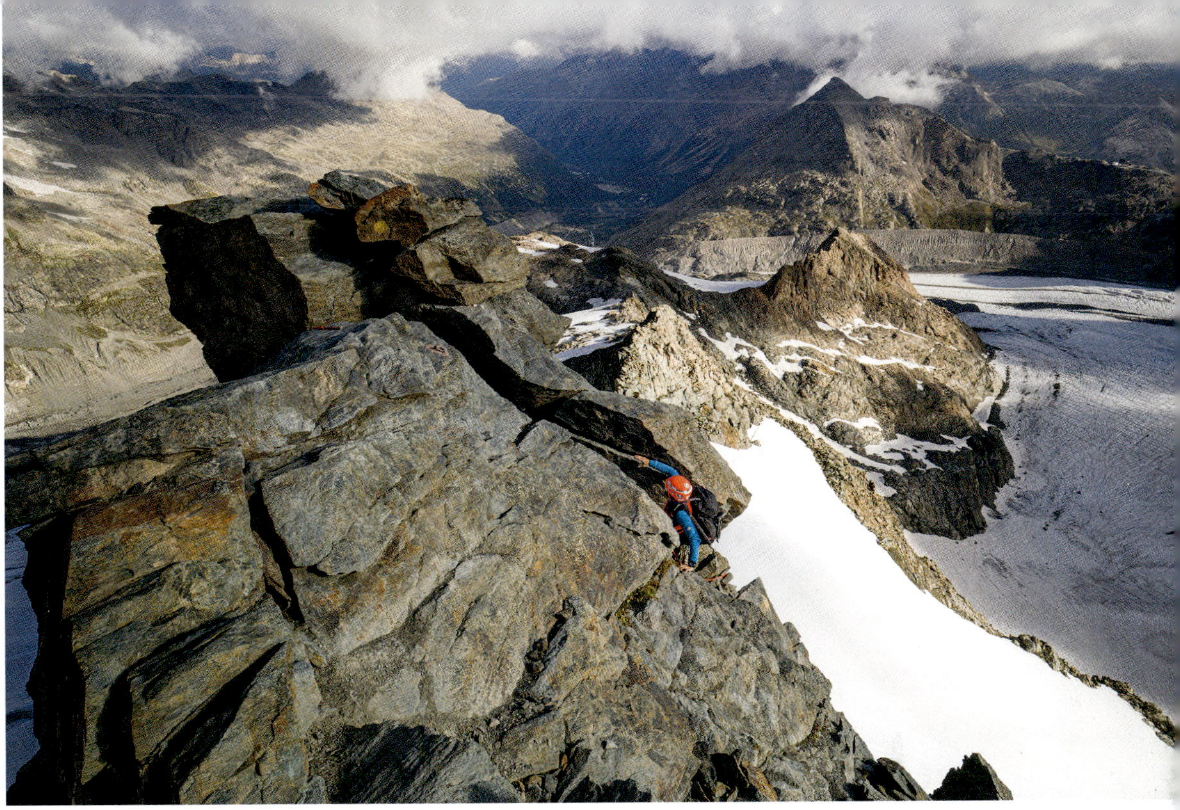

Die Fortezza bietet eine schöne Kletterei und dient als Alternativroute zur Marco-e-Rosa-Hütte (siehe Kasten unten).

Über den Spallagrat auf den Piz Bernina Von der Marco-e-Rosa-Hütte steigt man über den gleichmäßig geneigten Südosthang der Spalla – auch La Spedla genannt – bis zu den Felsen des nach Südosten herabziehenden Spallagrats. Den eigentlichen Grat erreicht man, indem man entweder über eine kurze Rampe kraxelt oder weiter im Firn nach Nordosten traversiert. Anschließend steigt man entlang des Grates bis zu einem Aufschwung, den man bei gutem Firn im Osten umgehen oder aber durch eine Verschneidung im unteren III. Grad erklettern kann. Die Stelle ist mit Bohrhaken sowie Abseilständen ausgerüstet. Ein Hauptproblem bilden hier jedoch häufige Kreuzungsmanöver mit all jenen, die über den Biancograt aufgestiegen sind und nun über den Spallagrat absteigen. Vom Gipfel der La Spedla (4020 m) aus, die kein offizieller Viertausender ist, geht es in leichter Kletterei und dem schmalen Firngrat folgend zum Hauptgipfel des Piz Bernina (4049 m). Wobei auch hier gilt: Kreuzungsmanöver machen keinen Spaß, sind heikel, aber praktisch vorprogrammiert. Je früher man unterwegs ist, desto besser. Der Rückweg erfolgt auf derselben Route oder aber über die Fortezza oder den Piz Palü auf die Diavolezza (siehe Tipp).

Fortezza, Piz Palü & Co

Alternativ bietet sich als Zustieg für die oder als Abstieg von der Marco-e-Rosa-Hütte die Route über die Felstürme der Fortezza zur Bergstation und zum Berghaus Diavolezza an (WS+). Die Route ist kürzer, jedoch technisch etwas anspruchsvoller. Die Kletterei an der Fortezza ist mit Haken und Abseilständen ausgerüstet und – im Aufstiegssinn – mit gelben Pfeilen markiert. Ebenfalls lohnend ist ein Rückweg mit Umweg entlang der langen und ausgesetzten Überschreitung von Bellavista und Piz Palü (WS+) zur Diavolezza. Immer vorausgesetzt, man ist genügend akklimatisiert, um in der Marco-e-Rosa-Hütte qualfrei zu übernachten. Im Frühjahr sind bei sehr guten Verhältnissen zudem Ski-Abfahrten über die Isla Persa sowie den Morteratschgletscher machbar.

Alle Touren auf einen Blick

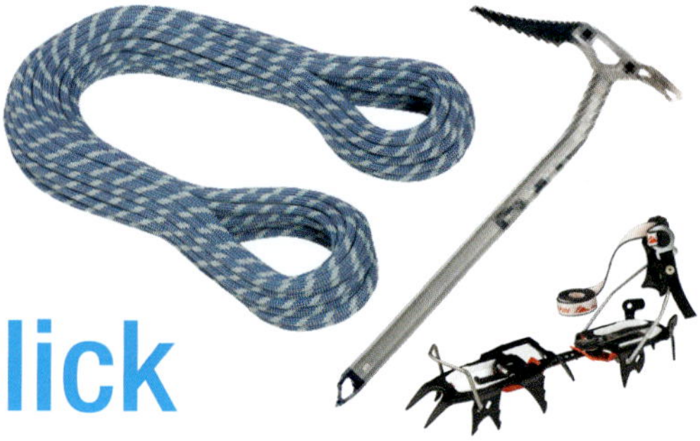

1	● Dôme de Neige	2–3 Tage	2350	•	(•)		oo	•			ooo
2	● Gran Paradiso	2 Tage	2130	•	•			•			oo
3	● Mont Blanc	3–4 Tage	2580	•	•		ooo	•			o
4	● Bishorn	3 Tage	2460/2600	•	•			•			oo
5	● Breithorn-Westgipfel	2.45 Std.	430	•	•	•	o	•			o
6	● Breithorn-Mittelgipfel	3.15 Std.	420	•	•	•	o	•			o
7	● Westl. Breithornzwilling	5.30 Std.	680		•	•	o		•	•	oo
8	● Östl. Breithornzwilling	5.30 Std.	630		•	•	o		•	•	oo
9	● Roccia Nera	5 Std.	640	•	•	•	o	•			oo
10	● Pollux	6.30 Std.	730	•	•	•			•		o
11	● Castor	7.30 Std.	900	•	•	•	o	•			o
12	● Lyskamm-Westgipfel	2 Tage	1820	•	•	•	o	•			oo
13	● Zumsteinspitze	2–3 Tage	2500	•	•		o	•			oo
14	● Signalkuppe	3 Tage	1680/2120	•	•	•		•			o
15	● Parrotspitze	3 Tage	1180	•	•	•		•			o
16	● Ludwigshöhe	2 Tage	1460/1920	•	•	•		•			o
17	● Corno Nero	6.15 Std.	1060	•	•	•				•	o
18	● Piramide Vincent	5.45 Std.	960	•	•	•		•			o
19	● Punta Giordani	4 Std.	780	•	•	•		•			o

			Gehzeit	Höhenunterschied (in m)	als Skitour möglich	öffentliche Verkehrsmittel	Seilbahn	objektive Gefahren	reine Gletschertour	Felspassagen	kombiniertes Gelände	abgelegenes Gelände, Wilderness
20	● (Mittel)	Dom	2–3 Tage	3180	•	•				•		oo
21	● (Mittel)	Nadelhorn	2 Tage	2100/2770	•	•	•			•		oo
22	● (Schwer)	Stecknadelhorn	3 Tage	2860		•		o		•	•	oo
23	● (Mittel)	Hohberghorn	3 Tage	2840		•		o		•	•	oo
24	● (Leicht)	Strahlhorn	2 Tage	1760	•	•	•		•			oo
25	● (Schwer)	Rimpfischhorn	2 Tage	1850	•	•	•			•	•	oo
26	● (Mittel)	Allalinhorn	2 Tage	1340	•	•	•		(•)	•		o
27	● (Mittel)	Alphubel	2 Tage	1340	•	•	•		•			o
28	● (Mittel)	Weissmies	2 Tage	2370/900	•	•	•	o	(•)	•		oo
29	● (Mittel)	Lagginhorn	2 Tage	1610		•	•	o		•	•	o
30	● (Schwer)	Aletschhorn	2–3 Tage	2550	•	•	•	o			•	ooo
31	● (Mittel)	Gross Grünhorn	2–3 Tage	1450/2730	•	•	•	o		•	•	oo
32	● (Schwer)	Finsteraarhorn	3 Tage	2390/3650	•	•	•			•	•	oo
33	● (Schwer)	Gross Fiescherhorn	3 Tage	1480/2740	•	•	•	oo		•	•	oo
34	● (Mittel)	Hinter Fiescherhorn	3 Tage	2180/3380	•	•	•	oo	•			oo
35	● (Schwer)	Piz Bernina	2–3 Tage	2080	•	Taxi		o		•	•	oo

Piktogramme erleichtern den Überblick:

- Gehzeit
- Höhenunterschied (in m)
- als Skitour möglich
- öffentliche Verkehrsmittel
- Seilbahn
- objektive Gefahren
- reine Gletschertour
- Felspassagen
- kombiniertes Gelände
- abgelegenes Gelände, Wilderness

- o wenig
- oo mäßig
- ooo stark

● **Leicht:** Reine Gletschertouren mit wenig steilen Firnhängen; dennoch gilt es, auf Gletschern die Spaltensturzgefahr zu beachten.

● **Mittel:** Im Fels meist Gehgelände sowie einfache, kurze Kletterstellen bis zum II. Grad, im Firn mäßig steile Hänge; Trittsicherheit und Seilsicherung in Fels und Firn nötig.

● **Schwer:** Im Fels längere exponierte und/oder kombinierte Passagen, steilere Firnhänge. Routinierter Umgang mit Seil in Fels und Firn sowie eine gute Einschätzung der Bedingungen und Erfahrung punkto Routenfindung nötig.

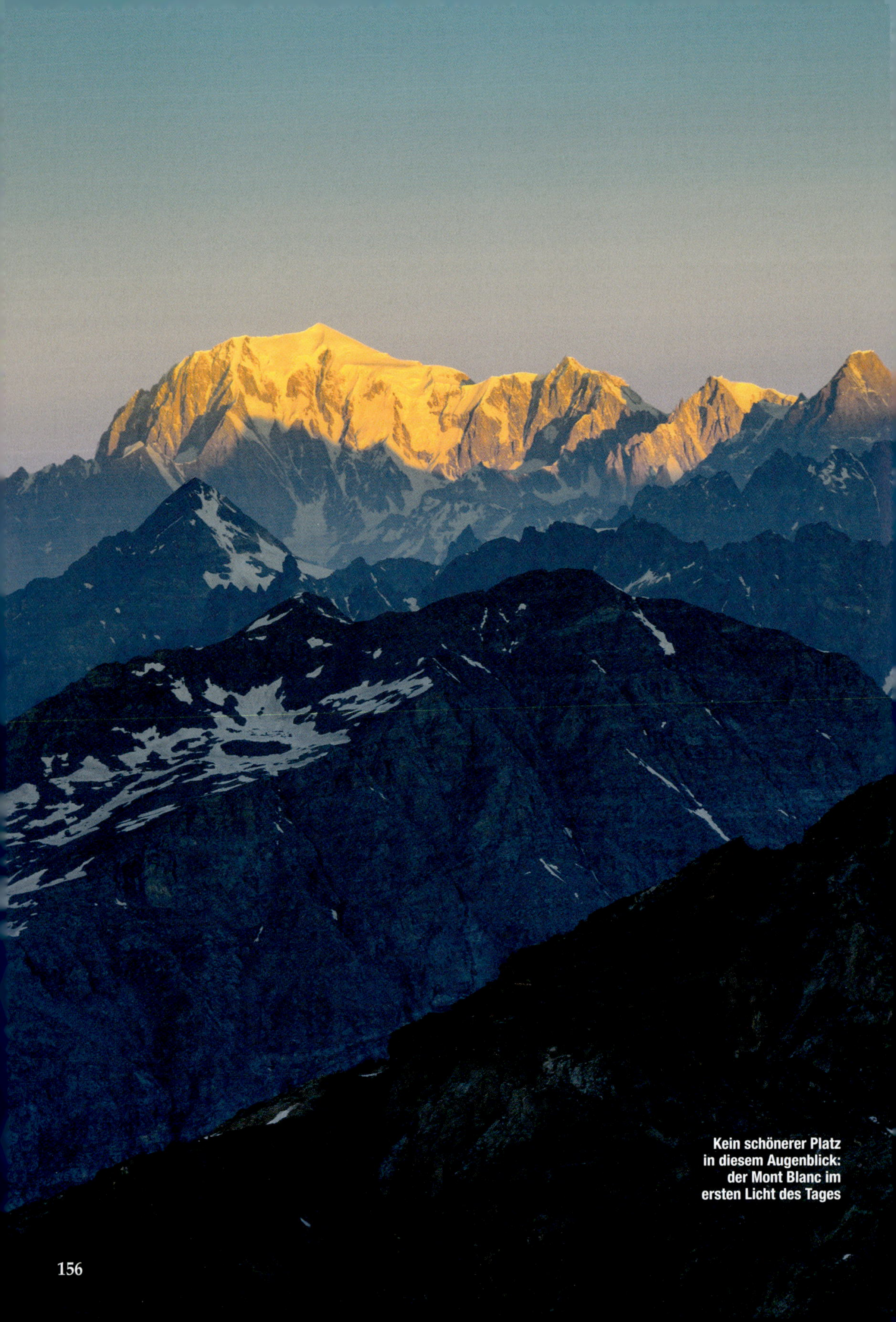

Kein schönerer Platz in diesem Augenblick: der Mont Blanc im ersten Licht des Tages

Register

Impressum

Verantwortlich: Dr. Johannes Abdullahi
Redaktion/Layout: Andreas Kubin
Repro: Cromika
Kartografie: Bruckmann Verlag GmbH, Heidi Schmalfuß
Herstellung: Alexander Knoll
Printed in Slovenia by Florjancic

★★★★★

Sind Sie mit diesem Titel zufrieden? Dann würden wir uns über Ihre Weiterempfehlung freuen.
Erzählen Sie es im Freundeskreis, berichten Sie Ihrem Buchhändler oder bewerten Sie bei Onlinekauf. Und wenn Sie Kritik, Korrekturen, Aktualisierungen haben, freuen wir uns über Ihre Nachricht an Bruckmann Verlag, Postfach 40 02 09, D-80702 München oder per E-Mail an lektorat@verlagshaus.de.

Unser komplettes Programm finden Sie unter www.bruckmann.de

Alle Angaben dieses Werkes wurden von der Autorin sorgfältig recherchiert und auf den neuesten Stand gebracht sowie vom Verlag geprüft. Für die Richtigkeit der Angaben kann jedoch keine Haftung übernommen werden, weshalb die Nutzung auf eigene Gefahr erfolgt. Insbesondere bei GPS-Daten können Abweichungen nicht ausgeschlossen werden.

Autorenempfehlung
Sie sind auf der Suche nach weiterführender Literatur? Dann empfehle ich Ihnen den Titel »4000er Tourenführer« von Richard Goedeke. Oder Sie werfen einen Blick in die Zeitschrift »Bergsteiger«. Hier werden Sie bestimmt fündig.
Ihre Caroline Fink

Bildnachweis: Alle Bilder stammen von Caroline Fink außer S. 62, 63 Katrin Widmer.
Umschlagvorderseite: Am Südgrat des Weissmies, kurz unter dem Gipfel
Umschlagrückseite: Auf dem Finsteraarhorn

Die Deutsche Nationalbibliothek verzeichnet diese Publikation in der Deutschen Nationalbibliografie; detaillierte bibliografische Daten sind im Internet über http://dnb.d-nb.de abrufbar.

3. aktualisierte Auflage

Infanteriestraße 11a
80797 München

ISBN 978-3-7654-6133-0